AF130887

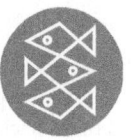

Unsere Kultur hat sich den Zugang zu Glamour, Großzügigkeit und Genuss versperrt – wir vermeintlich abgebrühten Hedonisten rufen schnell nach Verbot und Polizei, beim Rauchen, Sex, schwarzem Humor oder Fluchen. Alles Befreiende oder Mondäne dieser Praktiken geht dabei verloren.

Robert Pfaller untersucht, warum es so gekommen ist und was sich dahinter verbirgt. In Analysen u. a. zum pornographischen Pop, zu den Lektionen des Neids, zu den Triumphen paranoischer Einbildung, zum Leben als Verausgabung, zum Verhältnis von Arbeit und Spielen entlarvt er die aktuellen Tendenzen der Kultur und benennt ihren politischen Preis.

»… eine anmutige Geste im marktschreierischen Lärm der Neuerscheinungen. Sie füllt ein inhaltliches Vakuum mit dem stillen Glück echter Erkenntnis.« Annette Brüggemann, *Deutschlandfunk*

»Ein ebenso lustvolles wie lehrreiches Werk, das zum Nachdenken anregt.« *emotion*

»Ein lebensbejahendes Buch, das den Hedonismus als politische Haltung starkmacht.« *Philosophie Magazin*

Robert Pfaller, geboren 1962, studierte Philosophie in Wien und Berlin und ist nach Gastprofessuren in Chicago, Berlin, Zürich und Straßburg Professor für Kulturwissenschaften und Kulturtheorie an der Kunstuniversität Linz. Von 2009 bis 2014 war er Professor für Philosophie an der Universität für angewandte Kunst Wien. In den Fischer Verlagen liegt von ihm vor ›Das schmutzige Heilige und die reine Vernunft. Symptome der Gegenwartskultur‹, ›Zweite Welten. Und andere Lebenselixiere‹ sowie ›Kurze Sätze über gutes Leben‹. Mit Beate Hofstadtler hat er außerdem den Band ›After you get what you want, you don't want it. Wunscherfüllung, Begehren und Genießen‹ herausgegeben. Zuletzt veröffentlichte er ›Erwachsenensprache. Über ihr Verschwinden aus Politik und Kultur‹ (2017).

Weitere Informationen finden Sie auf www.fischerverlage.de

Robert Pfaller

Wofür es sich zu leben lohnt

Elemente materialistischer
Philosophie

FISCHER Taschenbuch

10. Auflage 2025

Erschienen bei FISCHER Taschenbuch
Frankfurt am Main, August 2012

© S. Fischer Verlag GmbH, Frankfurt am Main 2011
Die Nutzung unserer Werke für Text- und Data-Mining
im Sinne von § 44b UrhG behalten wir uns explizit vor.
Druck und Bindung: GGP Media GmbH, Pößneck
ISBN 978-3-596-18903-8

Kontaktadresse nach EU-Produktsicherheitsverordnung:
produktsicherheit@fischerverlage.de

»Wir sind große Narren! ›*Er hat sein Leben
in Müßiggang hingebracht*‹, sagen wir; ›*heute habe ich
nichts getan.*‹ Wie das? Haben wir nicht gelebt?
Das ist nicht nur die grundlegendste, sondern
auch unsere vornehmste Tätigkeit.«

  Montaigne (1996: 113)

»Betrachte es als die größte Schandtat, das nackte Leben
höher zu stellen als die Scham; und um des Lebens willen
die Gründe, für die es sich zu leben lohnt, zu verlieren.«

  Juvenal (2009: 164)

Inhalt

Vorwort

Wenn Prioritäten wie Sicherheit, Gesundheit, Kosteneffizienz oder der sogenannte »europäische Hochschulraum« in der Kultur der Gegenwart als höchste Güter behandelt werden, dann geschieht es nicht selten, dass Lebensqualitäten wie Bürgerrechte, soziale Absicherung, Genuss, Würde, Eleganz und Intellektualität ohne Zögern und ohne jede Diskussion geopfert werden.

Unbescholtene Menschen werden bei Sicherheitskontrollen wie Verbrecher behandelt. Auf Flughäfen müssen sie ihre Schuhe und Gürtel ausziehen. Regierungen verbieten uns das Rauchen, als ob wir Minderjährige wären. Sogar auf der Straße soll es untersagt werden, und die Zigarettenpackungen sollen anstatt liebevoller graphischer Gestaltung am besten nur noch Warnungen und drastische Bilder von Lungenkrankheit zeigen. Die Universitäten Europas verwandelt man in repressive Obermittelschulen, die nur noch auf den Prinzipien des Zwangs und der Kontrolle beruhen, wodurch die Ressourcen der freiwilligen Motivation und des neugierigen Interesses verschleudert und die Universitäten als Orte der Forschung, des freien Gedankenaustauschs und der kritischen Selbstreflexion der Gesellschaft ruiniert werden. Ist es nicht erstaunlich, was wir uns gegenwärtig alles gefallen lassen? Wir lassen uns wie Kinder behandeln – obwohl wir meistens sogar energisch protestieren, wenn Kinder so autoritär behandelt werden.

Peinlicherweise sind wir nicht ganz unschuldig an diesen Entwicklungen. Wir halten uns für Genussmenschen, rufen aber doch auffällig schnell nach Verbot und Polizei, wenn irgendetwas gegen den Strich unseres deutlich biederer werdenden Empfindens geht. Unser politischer Verzicht auf das, was wir vom Leben haben können, gründet sich also letztlich auf eine ästhetische Schwäche: die Unfähigkeit, jene Bedingungen herzustellen und zu schätzen, unter denen so anstößige Dinge wie Feiern, Tabak, Alkohol, Sex, schwarzer Humor, müßiges Nachdenken etc. als lustvoll erlebt werden können.

Daran zeigt sich, dass die reichsten Bevölkerungen der Welt es verlernt haben, sich die Frage zu stellen, wofür es sich zu leben lohnt. Das Unvermögen, diese Frage zu stellen, erscheint somit als das charakteristische Merkmal unserer Epoche; als ihr typisches Krankheitssymptom. In diesem Buch versuche ich nicht nur, Antworten auf diese Frage vorzuschlagen. Ich möchte auch klären, was das Besondere dieser Frage ist; welche Folgen es hat, sie nicht zu stellen, und aus welchen Gründen sie derzeit nicht gestellt wird.

Der beherzte Griff nach dem, was man vom Leben haben kann, ist die typische Handbewegung einer bestimmten Philosophie: des Materialismus. Wenn aber der Griff nach der Welt nicht möglich ist, dann liegt das, wie die materialistischen Philosophen übereinstimmend gelehrt haben, daran, dass man selbst von einer Einbildung ergriffen und festgehalten ist. Der Materialismus ist darum eine Theorie der Einbildung und – wie eine Schule des Ringens oder des Judo – eine Übung in brauchbaren Kunstgriffen, mit denen man sich der zwanghaften Einbildung entwinden kann. Diese Theorie und einige ihrer Kunstgriffe sollen in diesem Buch auf die beherrschenden Einbildungen der Gegenwart angewendet und zur Wirksamkeit gebracht werden.

Der Gewinn solcher materialistischer Gymnastik wäre jene ruhige, aber nicht untätige Besonnenheit, die nicht alles mit sich machen lässt, was immer neue Panikmachereien für notwendig erklären.

Dieses Buch entstand zum Teil im Rahmen meiner universitären Forschungs- und Lehrtätigkeit, zum anderen Teil im Rahmen des vom Wiener Wissenschafts-, Forschungs- und Technologiefonds WWTF geförderten Forschungsprojekts »Transferences. Psychoanalysis – Art – Society« der Forschungsgruppe für Psychoanalyse »stuzzicadenti«. Ich bin darum den Studierenden und Lehrenden der Universität für angewandte Kunst in Wien, der Kunstuniversität Linz, der technischen Universität Wien, der Kunsthochschule Oslo (KHIO), der Rietveld Academie Amsterdam, der école supérieure des beaux-arts de Toulouse sowie dem Institut für Erweiterte Kunst in Linz dankbar für lohnende Herausforderungen, Anregung und Diskussion; ebenso den Mitgliedern der Gruppe »stuzzicadenti«, Georg Gröller, Mona Hahn, Judith Kürmayr, Ulrike Kadi, Suzy Kirsch, Eva Laquièze-Waniek und Karl Stockreiter für langjährige, intensive, transdisziplinäre Auseinandersetzung. Wertvolle Hinweise, Kritik und Ermutigung verdanke ich außerdem Dieter Bandhauer, Mladen Dolar, Conny Habbel, Marlene Haderer, Carl Hegemann, Thomas Hübel, Ursula Hübner, Eva Kadlec, Jso Maeder, Peter Möschl, Urs Richli, August Ruhs, Josef Shaked, Ernst Strouhal, Malou Thilges, Christiane Voss, Gerhard Zenaty, Slavoj Žižek und Alenka Zupančič.

Einleitung

Wofür es sich zu leben lohnt.
Und was uns das vergessen lässt

1. Wofür es sich zu leben lohnt

1.

In der Kultur westlicher Gesellschaften hat etwa Mitte der 90er Jahre etwas stattgefunden, das man – mit einem Wort von Karl Marx – als einen Wechsel der »Beleuchtung«[1] beschreiben möchte. So wie im Theater, wenn noch dieselben, bereits vertrauten Dinge auf der Bühne stehen, aber in einem ganz anderen Licht plötzlich fremd oder bedrohlich wirken, war es mit einem Mal auch in der Kultur: Objekte und Praktiken wie Alkoholtrinken, Rauchen, Fleisch essen, schwarzer Humor, Sexualität, die bis dahin glamourös, elegant und großartig lustvoll erschienen, werden seither plötzlich als eklig, gefährlich oder politisch fragwürdig wahrgenommen. Diese abrupte Veränderung ins Gegenteil erinnert an bestimmte Erfahrungen in der Liebe, wo sich ja ebenfalls oft von einem Moment auf den anderen ein solcher Wechsel der Wahrnehmung ereignet, der bewirkt, dass das soeben noch Geliebte plötzlich nur noch als etwas Hassenswertes erlebt werden kann – und zwar mit dem Gefühl völliger Selbstverständlichkeit: Es ist *ganz klar*, dass man das nur hassen kann; ebenso, wie es zuvor *ganz klar* war, dass man es nur lieben konnte.

Und genau wie im Beleuchtungswechsel der Liebe sind es auch in dem der Kultur bezeichnenderweise genau dieselben Eigenschaften, die als Ursache einmal für die Liebe, dann für den Hass genommen werden: Erst ist die geliebte Person wunderbar verständnisvoll, dann unerträglich besitzergreifend; oder erst großartig autonom, dann schrecklich flatterhaft; oder erst zauberhaft liebenswert, dann unerträglich infantil. Diese Veränderung der Leidenschaften ergibt sich also nicht, wie man hätte glauben können, aus der Entdeckung neuer, bisher unbekannter Seiten an der geliebten Person. Es ist nicht so, dass man zuerst begeistert war von der Klugheit der Person, und erst später bemerken musste, dass sie unfähig ist, pünktlich zu sein. Sondern wenn sich etwas an den Affekten ändert, dann dadurch, dass die zuerst positiv wahrgenommene Eigenschaft selbst plötzlich unerträglich wird: Was zunächst als Klugheit geschätzt wurde, führt nun zu dem Urteil, der obergescheite Andere habe immer recht und wisse alles besser; das ist plötzlich das Schlimme.[2]

Auch bei den Objekten und Praktiken der Kultur, die vom Zustand hoher Wertschätzung in den der angeekelten Verfemung verfielen, war es ein und dieselbe Eigenschaft, die einmal Liebe und dann Hass auf sich zog. Dass das Rauchen plötzlich gehasst wird, ist nicht das Ergebnis eines Erkenntnisgewinns, der uns darüber informiert hätte, dass dies kein harmloses Vergnügen, sondern vielmehr eine gesundheitsgefährdende Sache ist. Wie Richard Klein in seinem schönen Buch »Cigarettes are Sublime« scharfsinnig bemerkt, haben wir nicht nur immer schon gewusst, dass Rauchen schädlich ist; mehr noch: Wenn wir das nicht gewusst hätten, so Klein, dann hätten wir niemals Zigaretten geraucht – weil es nämlich »gerade ihre Schädlichkeit ist, die sie erhaben macht« (Klein 1995: 279).

2.

Entscheidend in dieser Bemerkung ist das Wort »erhaben« (»sublime«). Damit hat Klein den Schlüssel zu jener einen, zentralen Eigenschaft geliefert, aufgrund deren viele Dinge in der Kultur einst geliebt wurden und nun gehasst werden: Es gibt hier immer etwas Negatives – im Fall der Zigaretten zum Beispiel ihre Schädlichkeit –, das zugleich (in einer anderen

Beleuchtung) als Attraktion wirken kann. Der Wechsel der Beleuchtung ändert hier, genau wie in der Liebe, nichts an der Sichtbarkeit der einen, entscheidenden negativen Eigenschaft, sondern nur etwas an ihrer Bewertung bzw. ihrer affektiven Besetzung.

Dies entspricht der Lehre, die Philosophen wie zum Beispiel Edmund Burke und Immanuel Kant vom sogenannten »Erhabenen« gegeben haben: Das faszinierende Erhabene ist immer eine solche, in einem anderen Licht wahrgenommene negative Eigenschaft. Unter diesen bestimmten Bedingungen bzw. Beleuchtungen aber wird gerade diese negative Eigenschaft außerordentlich lustvoll: Sie ruft, wie Kant schreibt, Wohlgefallen hervor – und zwar ein »gegen alles Interesse der Sinne« gerichtetes Wohlgefallen (s. Kant [1790]: 193).

3.

Nun kann man wohl ohne große Übertreibung feststellen, dass wir diese Art von Genüssen, in denen etwas Ungutes zur Quelle triumphaler Lust wird, nicht nur längst kennen, sondern *dass sie für uns sogar die Gesamtheit dessen bilden, wofür es sich überhaupt zu leben lohnt.* Ohne die Verrücktheiten der Liebe, die uns gerade die sperrigen Eigenschaften geliebter Personen anbeten lässt; ohne die Unappetitlichkeiten und Schamlosigkeiten der Sexualität; ohne die Unvernunft unserer Ausgelassenheiten, Großzügigkeiten, Verschwendungen, unserer Geschenke, Feierlichkeiten, Heiterkeiten und Rauschzustände wäre unser Leben eine abgeschmackte Abfolge von Bedürfnissen und – bestenfalls – ihrer stumpfen Befriedigung; eine vorhersehbare, geistlose Angelegenheit ohne jegliche Höhepunkte, die insofern mehr Ähnlichkeit mit dem Tod hätte als mit allem, was den Namen des Lebens verdient.

Zugleich lässt sich sagen, dass diese auf einem unguten

Element basierende Lust diejenige ist, die als kulturelle Lust bezeichnet werden kann, wohingegen alle einfache, ohne jedes Negativelement gebildete Lust (etwa dass wir froh sind, wenn wir Licht, Wärme, Ruhe oder Windstille haben) wohl unserer Tiernatur geschuldet ist.

4.

Der Beleuchtungswechsel in unserer Kultur, der uns unsere besten Genüsse zu unseren Ärgernissen werden ließ, bedeutet also nicht weniger, als dass wir es innerhalb kurzer Zeit verlernt haben, dasjenige zu schätzen und zu würdigen, wofür es sich zu leben lohnt. Schlimmer noch, wir haben offenbar verlernt, auch nur die Frage danach zu stellen. Statt zu fragen, wofür wir leben, fragen wir uns nur noch, wie wir möglichst lange leben beziehungsweise überleben können – gemäß nunmehr völlig fraglos verabsolutierten Prinzipien wie Gesundheit, Sicherheit, Nachhaltigkeit und – vor allem – Kosteneffizienz. Dies ist nicht allein ein Stück Torheit – gemäß den Worten des Epikur, wonach der Weise niemals das größte Brot wähle, sondern immer das süßeste (s. Epikur 1995: 52 f.). Wir begehen damit vielmehr genau das, was in den Augen des römischen Satirikers und stoischen Philosophen Juvenal die schlimmste ethische Verfehlung darstellte. Er schrieb: »*Betrachte es als den größten Frevel, das nackte Leben höher zu stellen als die Scham; und um des Lebens willen die Gründe, für die es sich zu leben lohnt, zu verlieren.*«[3]

5.

Die dem religiösen Leben entstammende Wortwahl bei Juvenal – der Gebrauch des Begriffs »Frevel« (nefas) – mag auf den ersten Blick erstaunen. Sie erscheint jedoch theoretisch äußerst präzise und hellsichtig. Denn auf diesem Weg lässt sich erklären, wieso das Ungute in bestimmten Kulturperioden als Erhabenes erlebt werden konnte, während es in anderen nur schlichtweg ungut anmutet.

Dasjenige, was in vielen Kulturen als etwas Zwiespältiges – manchmal Großartiges, Glänzendes, manchmal Abstoßendes, Unreines – wahrgenommen wurde, ist das Heilige. Wie der Sprachwissenschaftler Émile Benveniste gezeigt hat, gibt es in den meisten indogermanischen Sprachen dafür sogar zwei verschiedene Worte, die diese beiden Seiten bezeichnen (wie z. B. lateinisch »sanctus« und »sacer«, altgriech. »hosios« und »hagios«, französ. »sacré« und »saint«, engl. »sacred« und »saint« etc.).[4] Auffälligerweise bezeichnen diese beiden Worte aber nicht zwei verschiedene Klassen von Objekten – sondern viel eher zwei verschiedene »Beleuchtungen« jeweils ein und desselben Objekts. Dementsprechend bemerkte der Religionssoziologe Émile Durkheim:

»Es gibt zwei Arten des Heiligen, die eine ist den Menschen zugeneigt, die andere nicht. Und zwischen diesen beiden entgegengesetzten Formen gibt es nicht nur keinen Bruch; ein und dasselbe Objekt kann sich vielmehr von sich aus in die andere verwandeln, ohne seine Natur zu verändern.

Aus dem Reinen kann man Unreines machen; und umgekehrt. In der Möglichkeit dieser Umwandlungen besteht die Zweideutigkeit des Heiligen.« (Durkheim 1994: 551).

Auf der Ebene heutiger Alltagskultur lässt sich diese Zwiespältigkeit sehr deutlich an scheinbar einfachen Objekten erfahren: Das Glas Bier, das ich abends in der Gesellschaft meiner Freunde trinke, erscheint mir als großartiger Genuss – als Beweis, dass es sich zu leben lohnt. Am nächsten Morgen aber würde mir das Bier, zum Frühstück angeboten, wohl eklig erscheinen; vielleicht würde ich nicht einmal das Wort »Bier« hören wollen.

Genau aus diesem Grund haben Theoretiker wie Michel Leiris und Georges Bataille Praktiken wie das Biertrinken unter Freunden oder die erotischen Rituale unter Liebenden als Formen des »Heiligen im Alltagsleben« (»sacré quotidien«, s. Leiris [1938]; vgl. Bataille 1986: 248 ff.) begriffen. Solche Praktiken verdienen diesen Namen deshalb, weil sie genau so zwiespältig sind wie die Objekte und Praktiken der institutionalisierten Religionen; und, zweitens, weil sie, genau wie die Riten der Religionen, von den Individuen zur Unterbrechung des profanen Alltags genutzt werden. Die Zigarette, für die zwei Kollegen in der Besprechungspause zusammen vors Haus gehen, oder der Kaffee, zu dem Bekannte sich am Nachmittag verabreden, schlagen eine Bresche in die Monotonie oder Gehetztheit ihres Arbeitslebens. Sie geben den Beteiligten einen bestimmten Glanz – eine Würde, die offenbar mit dem Abstand von den erwerbsbezogenen, profanen Tätigkeiten zu tun hat.[5] Kaffee, Zigarette und ähnliche Mittel eröffnen den rund um sie Versammelten, Geselligen Momente der Muße, in denen sie kaum anders können als sich dessen bewusst zu werden, dass sie leben. Sie weisen sich damit als Menschen aus, die zu leben wissen, und als Menschen, die wissen, warum sie es gerne tun. Nicht zuletzt beweisen sie damit auch Humor: Denn man muss über sich selbst lächeln können, um zur Einsicht fähig zu sein, dass die Gründe, für die man lebt und die einen dazu bringen, es zu wissen, sehr unscheinbar und geringfügig anmuten können.

6.

Am Beispiel des Biertrinkens zeigt sich auch, wodurch der Wechsel der Beleuchtung verursacht wird: Das Heilige zeigt sich nur dann von seiner erhabenen, glänzenden, nicht unreinen oder unguten Seite, *wenn es gefeiert wird. Man muss das*

Heilige heiligen – diese paradoxe Notwendigkeit entspricht der ambivalenten Natur der heiligen Objekte und Praktiken.

Das Feiern (und nicht etwa das Glauben) bildet demnach, wie die »ritualistischen« Anthropologen gezeigt haben, die zentrale Praxis aller Religionen (s. dazu Smith 1899: 13) – und mit ihnen auch der Formen des Umgangs mit dem alltäglichen Heiligen. Diese religiöse Umgangsform beinhaltet also einen bestimmten Imperativ, ein Feier-Gebot. Und genau dieses Gebot verwandelt das ungute Kulturelement in ein großartiges. Dies bedeutet, dass das Feier-Gebot genau dasjenige befiehlt, was außerhalb der Feierlichkeit, im profanen Alltag, ungut und darum versagt bleibt: So muss zum Beispiel in totemistischen Kulturen im Rahmen der sogenannten Totemmahlzeit jenes Tier, das normalerweise »tabu« ist und nicht getötet werden darf, von den Mitgliedern des Clans feierlich getötet und verzehrt werden – ein fröhliches, von ekstatischer Freude begleitetes Fest.[6]

7.

Dieser Imperativ des Feierns, der genau das, was normalerweise verboten ist, zu einem Gebot macht, dem man sich nicht entziehen darf, ist auch in unserem Alltagsleben noch spürbar – wenn auch vielleicht in abgemilderter Form. So muss zum Beispiel, wenn ein Kollege in der Firma Geburtstag hat, genau das getan werden, was sonst untersagt ist: Man muss die Arbeit niederlegen und mit dem Jubilar ein Glas Sekt trinken. Die feierliche Situation gebietet die »Überschreitung« in dem von Georges Bataille präzise erkannten Sinn (s. Bataille 1993: 74).

Daraus erklärt es sich, weshalb zum Feiern immer ein ungutes bzw. unreines Element notwendig ist – etwas, das nicht immer verfügbar, ein wenig gefährlich, unangenehm, schmerzhaft oder kostspielig ist. Nur so kann die Ausnahmesituation des Festes gekennzeichnet und einem Überschreitungsgebot Rechnung getragen werden. Man kann den Geburtstag eines Erwachsenen nicht mit Multivitaminsaft feiern. In der Feierlichkeit »transformiert« die feiernde Gruppe das ungute Kulturelement in ein erhabenes, sublimes (und sie scheint somit zwei Dinge zugleich zu feiern: einerseits die sublime Qualität des Objekts, andererseits ihre eigene Transformationskraft).

Dies ist genau der Vorgang, der alleine den psychoanalytischen Namen der Sublimierung verdient.[7] In der Sublimierung wird das ansonsten Untersagte als etwas Gebotenes gewürdigt und dadurch zu einem momentanen, gewaltigen Glanz gebracht. Die Sublimierung führt darum nicht etwa von der Sexualität zur Kunst; sie ist vielmehr ein Vorgang, der sich innerhalb der Sexualität ebenso wie innerhalb der Kunst beobachten lässt – nämlich immer dann, wenn das, was sonst eklig, unangenehm oder unanständig wäre, zu etwas feierlich Gebotenem und dadurch triumphal lustvoll Erfahrbaren gemacht wird.

8.

Um dieses für die lustvolle Erfahrbarkeit entscheidende Gebot zu erzeugen, ist eine gesellschaftliche Situation notwendig. Man kann zwar auch alleine feiern, aber wahrscheinlich nur dann, wenn man noch eine lebhafte Erinnerung an geselliges Feiern hat und dadurch für sich selbst einen solchen außerordentlichen Moment der Eleganz herzustellen vermag. Meist jedoch verblasst diese Erinnerung schnell, und darum verwahrlosen einsame Menschen in dieser Hinsicht oft innerhalb kurzer Zeit. Sie liefern dann den anschaulichen Beweis für die Kehrseite dieses Zusammenhanges, den der Philosoph Alain in seiner Bemerkung formuliert hat, dass der Unhöfliche auch noch dann unhöflich ist, wenn er alleine ist.[8] Nur ein glücklicher Einbruch von Gesellschaft kann hier Abhilfe schaffen: Wenn eine Gruppe von Freunden vorbeikommt und mich aus meinem einsamen Abend reißt, um gemeinsam etwas trinken zu gehen, dann gelingt es mir, mich wieder meiner mondänen Möglichkeiten zu besinnen.

Die Gruppe aktiviert und stärkt den individuellen Respekt vor dem Gebot des Feierns. Dies darf allerdings nicht mit jenem »Gruppenzwang« verwechselt werden, wie er für intime, sektenartige Gemeinschaften charakteristisch ist. Die feiernde Gruppe erzeugt das Gegenteil: Sie produziert einen nicht-intimen, öffentlichen Moment. Während *Gemeinschaften* ihren Zusammenhalt durch die übereinstimmenden Überzeugungen ihrer einzelnen Mitglieder gewinnen, ist bei *Gesellschaften* der Träger ihrer bestimmenden Einbildung mit keinem der Mitglieder identisch; er ist außerhalb davon angesiedelt. Nicht die Individuen sind von dem Spektakel überzeugt, das sie inszenieren. Die Gruppe fühlt sich vielmehr einer anderen Instanz, einer Beobachtung von außen, verpflichtet, der sie Haltung schuldet. Bezeichnend dafür ist das – bereits im Zitat von Juvenal in Erinnerung gerufene – Gefühl der *Scham*: Es wäre schändlich, nun nicht mitzukommen, die Einladung auszuschlagen, keine Runden auszugeben, den anderen nicht einige der eigenen Zigaretten anzubieten.

Genau dieses Schamgefühl lässt Gruppen zu etwas größerem als bloßen intimen Gemeinschaften mit eigenen Regeln und Zwängen werden – nämlich zu Gesellschaften; es ermöglicht ihnen mondäne Eleganz: In den Augen der Welt, in deren Rampenlicht man zu stehen meint und von der man sich betrachtet fühlt, hat man das Gesicht zu wahren. Bei diesem Augenschein handelt es sich klarerweise um eine Fiktion; um eine Einbildung, die von keinem einzigen der Anwesenden geglaubt wird. Gerade deshalb aber muss der Augenschein gewahrt werden: darin ist die Gruppe solidarisch. Sie steckt (nach den Worten von Octave Mannoni) sozusagen »unter einer Decke«[9] und führt jene unsichtbare, virtuelle Beobachtungsinstanz, jenen naiven Beobachter, hinters Licht, der dem gebotenen Schauspiel Glauben schenkt.

9.

Dass die Höflichkeit eine Einbildung darstellt, die von niemandem der Anwesenden geglaubt wird, hat Immanuel Kant hellsichtig erkannt.[10] Diese Struktur einer Täuschung ohne wirkliche Getäuschte liegt sämtlichem Verhalten zugrunde, das den öffentlichen Raum als einen mondänen, eleganten und vom privaten, intimen Raum verschiedenen definiert. Darum ist das Verhalten von Menschen im öffentlichen Raum, wie Richard Sennett betont hat, immer ein Stück Schauspielerei; ihm liegt immer ein bestimmtes »als ob« zugrunde (s. Sennett [1974]: 27 ff.; 60). Dieses »als ob« unterscheidet nicht nur den »public man« Sennetts von der »private person«; es trennt auch den mondänen, mit den Fragen der Gesellschaft als ganzer beschäftigten »citoyen« bzw. die »citoyenne« der französischen Revolution von dem nur seinen ökonomischen Privatinteressen folgenden »bourgeois« bzw. der »bourgeoise«.

Auch die Großzügigkeit des Feierns gehört zu diesem Typus von nicht geglaubtem »als ob«: Als Gastgeber muss man, wie Bataille bemerkt, so tun, als ob der Champagner in unendlichen Strömen fließen könnte (und müsste – s. Bataille 1986: 201). Und in jeder Schachtel Zigaretten befinden sich einige, die man nicht selbst rauchen wird: Man muss sie anderen anbieten (etwa im Gegenzug für die Gabe von Feuer), das heißt: so tun, als ob sie allen gehörten.[11]

Nicht immer ist das »als ob«, das erzeugt und zwingend aufrechterhalten werden muss, eines, das seinen mondänen Praktizierenden schmeichelt. Es kann auch vorkommen, dass sie sich dümmer, geschmackloser oder naiver stellen, als sie wirklich sind. Wenn ganze subkulturelle, künstlerische und intellektuelle *communities* sich in den 90er Jahren versammelten, um keine Folge der doch wenig anspruchsvollen Fernsehserie »Beverly Hills 90 210« zu versäumen (eine Praxis, die sogar einen eigenen Namen erhielt: das »Beven«),[12] dann spielten sie einem unsichtbaren Beobachter beträchtliche Naivität vor. Ihre Nicht-Naivität und ihre Zivilisiertheit jedoch liegt darin, dass sie diese Illusion aufrechterhalten, ohne sie jemals zu durchbrechen. Sie sind darin solidarisch, nicht zu verraten, dass sie die Serie für Kitsch halten, und tun so, als ob es sich um ein großartiges Werk handelte. Dadurch ermöglichen sie es sich, gegen alles Interesse ihrer gebildeten geschmacklichen Sinne zu genießen – ein Triumph der Überschreitung ihrer gewohnten Geschmacksregeln und -grenzen. In dem durch das Kollektiv gestärkten, vollen Bewusstsein ihres Spiels freuen sie sich diebisch dabei, gemeinsam einen virtuellen Beobachter hinters Licht zu führen, der glauben könnte, sie wären naiv und hätten einen genauso schlechten Geschmack und ein ebenso plumpes Gefühlsleben wie die Heldinnen und Helden der Serie. Wie in der Ästhetik des Erhabenen ist auch in den (ihr strukturanalogen) Ästhetiken des Kitsches und des sogenannten »Camp«[13] das kollektive Feiergebot die entscheidende Bedingung für die lustvolle Erfahrbarkeit des unguten Objekts.

10.

Für eine allgemeine psychoanalytische Ästhetik zeigt sich hier eine grundlegende Dimension von Nichteigentum und *Alterität,* das heißt: von *Angewiesensein auf andere*: Die Individuen verfügen nicht über die Gesamtheit ihrer Lustbedingungen. So, wie zum Beispiel in einer kapitalistischen Produktionsweise die unmittelbaren Produzenten nicht über die Gesamtheit der notwendigen Produktionsmittel verfügen, haben auch auf dem Feld des Ästhetischen die Konsumierenden nicht alle Ressourcen zur Disposition, die sie zu ihrer Lust benötigen. Sie brauchen etwas, das sie nur von der Gesellschaft erhalten können – nämlich das Gebot, sich der Lust hinzugeben. Die Kultur wirkt hier nicht hemmend oder einschränkend als Verbot, gegenüber vermeintlich ungehemmten Begierden. Vielmehr verhält es sich genau umgekehrt. Die Individuen brauchen das kulturelle Gebot, um Zugang zu ihrer Lust zu finden. Gehemmt sind sie selber.

Man sollte nicht vergessen, dass die sogenannte »symbolische Ordnung« im ursprünglichen, französischen (wie auch im englischen) Wortsinn nicht nur ein System gesellschaftlicher *Regeln* bezeichnet, sondern auch ein *Gebot*: »L'ordre symbolique« beziehungsweise »the symbolic order« ist nicht nur eine *Ordnung*, sondern auch eine *Anordnung* – und zwar bezeichnenderweise eine Anordnung zur Überschreitung eben dieser Ordnung.

Diese Anordnung bezeichnet dabei keineswegs eine »obszöne Kehrseite« der Ordnung, die aus maßlosem Genießen gebildet wäre.[14] Vielmehr handelt es sich um etwas, das mit Notwendigkeit selbst zur symbolischen Ordnung gehört – mit der Funktion, gerade den Exzess des Genießens zu vermeiden und ihn stattdessen in lustvolle Erfahrung zu verwandeln. Die symbolische Ordnung ist darum nur überhaupt dann eine solche, wenn sie sich selbst sozusagen verdoppelt und auch das Gebot zu ihrer Übertretung beinhaltet. Denn es ist die Anordnung zur Übertretung, welche die Ordnung davor bewahrt, selbst zu einem obszönen Exzess zu geraten. Dies bemerkt Epikur, wenn er schreibt: »Es gibt auch im kargen Leben ein Maßhalten. Wer dies nicht beachtet, erleidet Ähnliches wie derjenige, der in Maßlosigkeit verfällt.« (Epikur 1995: 71). Auch die Mäßigung, die unser profanes Leben reguliert, kann zur Maßlosigkeit werden. Genau in dieser Situation leben wir gegenwärtig. Wir mäßigen uns maßlos. Wenn also die Mäßigung nicht verdoppelt wird; wenn man sie nicht, wie es konsequent ist, auch auf die Mäßigung selbst anwendet und sich also maßvoll mäßigt, gerät man in einen obszönen Exzess des Maßhaltens. Darum ist die Figur der Verdoppelung der symbolischen Ordnung in die beiden Seiten von *Ordnung* einerseits und *Anordnung zur Überschreitung* andererseits entscheidend dafür, dass es überhaupt eine symbolische Ordnung gibt – wenigstens eine, die ihren Namen verdient, weil sie die zentrale Funktion erfüllt, welche die Psychoanalyse ihr zuerkannt hat: nämlich dem Lustprinzip zu dienen.[15]

11.

Ein anschauliches Beispiel für dieses Überschreitungsgebot der symbolischen Ordnung hat der Schriftsteller Dario Fo einmal in einer Fernsehdokumentation über die Kultur Italiens vorgeführt. Er erklärte, dass italienische Frauen den öffentlichen Raum gern als eine Art Bühne benützen und eine entsprechende Form des glanzvollen Auftretens dafür entwickelt haben. Somit sei es dort nicht – wie es in manchen puritanischeren Kulturen empfunden wird – unhöflich, die Frauen zu betrachten, sondern im Gegenteil: Es werde von den Frauen selbst als äußerst unhöflich empfunden, wenn man ihre Bemühungen keines Blickes würdigt. Wenn er als kleiner Junge, so Fo, an der Hand seiner Mutter auf der Straße ging, dann sei es darum vorgekommen, dass die Mutter zu ihm sagte: »Bohr' nicht in der Nase! Schau dir die Frauen an!«

Das Gebot der Mutter riss den kleinen Dario offenbar aus seinem Narzissmus, durchbrach seine autoerotische Borniertheit und ermöglichte ihm einen Weg zum Objekt. Zugleich befahl das Gebot die Inszenierung einer Illusion, die nicht die seine war. Es besagte: »Benimm dich gefälligst so, als ob du schon ein Erwachsener wärst!« Eine ganze, im Narzissmus gefangene Gegenwartskultur kann sich heute den kleinen Dario zum Vorbild nehmen. Sie könnte von ihm lernen, die Gebote der Kultur nicht als heteronome Zumutungen abzulehnen, sondern als Lustressourcen zu nutzen. Dann würde es ihr, ähnlich wie ihm, gelingen, ihren Narzissmus zu verlassen, sich auch Lustmöglichkeiten gefallen zu lassen, die sie nicht unmittelbar als dem eigenen Ich konform wahrnimmt, und dadurch jene notwendigen Überschreitungen zu begehen, für die es sich zu leben lohnt.

2. Was uns das vergessen lässt

1.

In einer neoliberalen Gesellschaft, in der alles, wofür es sich zu leben lohnt, zum Objekt aggressiver Aneignungsversuche durch exklusive Minderheiten wird, sind naheliegenderweise auch die kollektiven Genussressourcen Objekte solcher asozialer Begierde. Es wäre aber wohl unmöglich, sie der breiten Mehrheit einfach gewaltsam zu entziehen. Wie die meisten übrigen Beraubungen muss auch diese listig bewerkstelligt werden – das heißt: so, dass die Beraubten ihre Beraubung nicht als solche, sondern vielmehr sogar als ihre Befreiung wahrnehmen. Dann sind sie nicht nur bereit, sie hinzunehmen, sondern setzen sich sogar noch aktiv für sie ein. An diesem Punkt werden die rechten Oberschichtsinteressen der Privatisierung gestützt von scheinbar linken – oder wenigstens sich selbst als emanzipatorisch begreifenden mittelständischen Ideologien. Diese Allianz ist bezeichnend für fast alle Erscheinungsformen neoliberaler Ökonomie: Alle diese elitären materialistischen Inbesitznahmen gesellschaftlicher Bestände sind zu ihrer Durchsetzung angewiesen auf die Beihilfe einer vermeintlich auf Gerechtigkeit ausgerichteten, idealistischen postmodernen Ideologie.[1]

Eine Form solcher List besteht nun darin, die Gebote des Feierns nicht als Lustressourcen, sondern vielmehr als heteronome Zumutungen zu charakterisieren. Die Individuen würden sich, wenn sie sich solchen Imperativen anvertrauten, doch nur von ihrem Eigensten entfernen. Sie rezipierten dann zum Beispiel nicht die Kunst ihrer identitären Gemeinschaft, sondern eine fremdere, gesellschaftlich anerkannte, von der vorherrschenden Gruppe geprägte. Sie wären in solchen Momenten nicht authentisch, sondern spielten eine nicht von ihnen selbst gewählte Rolle, zur Freude und zum Nutzen für jemand anderen – zum Beispiel machten sich die Frauen nur für die Männer schön; oder die jungen Leute benähmen sich nur für die älteren manierlich etc. Sie alle folgten dann nicht ihren eigenen, spontanen Impulsen, sondern vielmehr einem fremden Befehl zu angepasstem Benehmen. Mit dem postmodernen Hip-Hop-Refrain »Be Yourself« bringt die neoliberale Interessenslage die zu beraubenden Individuen dazu, alles Ichfremde an sich selbst abzulehnen und ihre Lustressourcen abzustoßen.

2.

Wer immer ihnen das Lustprinzip in der Kultur nahebringt und sie damit zu geteilter Lust einlädt, wird von ihnen nun fälschlich als despotischer, obszöner »Urvater« wahrgenommen, der völlig eigennützig und auf ihre Kosten genieße.[2] Jeder Universitätslehrer, der ihnen von Weltliteratur erzählt, wird als Agent einer überkommenen eurozentrischen, weißen, heterosexuellen Matrix perhorresziert. Jede Raucherin, die ihnen durch elegantes Benehmen angenehm und, indem sie ihnen vielleicht eine Zigarette anbietet, großzügig sein möchte, erscheint ihnen als gewalttätige Imperialistin eines obszönen Genießens, die ihre private Obsession in der Öffentlichkeit ausbreitet und damit nicht allein die Gesundheit der anderen bedroht, sondern auch deren seelische Reinheit und Lust-Autonomie, das heißt: deren narzisstische Integrität. Mit anderen Worten – sie scheint diejenige zu sein, die nun phallisch und urvaterhaft ihnen ihr (ansonsten als problemlos möglich imaginiertes) Genießen unterbindet. Der gesellige Altruismus mutet als rücksichtsloser Egoismus an; die weltläufige Überwindung von Intimität als Vergewaltigung durch fremde Intimität. Gerade das Angebot von Zivilisiertheit erscheint als ultimative, brutale Barbarei.

3.

Aus psychoanalytischer Sicht besteht diese Fehlwahrnehmung darin, dass *anonyme Einbildung* als die *eigene Einbildung* des Anderen aufgefasst wird: Das zivilisierte »als ob«, die Ausrichtung des Schauspiels auf den virtuellen naiven Beobachter, erscheint als selbstbezogene narzisstische Passion des Anderen, als volles Aufgehen in purer eigener Einbildung.[3] Gerade das, was die Loslösung vom Narzissmus repräsentiert, wird hier als dessen Inbegriff wahrgenommen – und als Vereitelung von jeglicher Möglichkeit der Loslösung. Diese Angst vor dem Genießen des Anderen beschäftigt im Moment eine erstaunliche Zahl von Menschen – mehr als die Suche nach ihrem eigenen Glück. Diese Angst kann wohl als die vorherrschende Form postmoderner Affektorganisation bezeichnet werden. Dies lässt es notwendig erscheinen, einige Überlegungen über den klassischen Namen dieser Angst, den Neid, anzustellen (s. dazu unten, Abschnitt 2 in diesem Band).

Darüber hinaus zeigt dieses Phänomen eine aufschlussreiche Abfolge von Einbildungen: Zunächst erscheint das zivilisierte »als ob« der anonymen Einbildung – etwa in Form höflichen Verhaltens, eleganten Auftretens oder kultivierten Gebrauchs einfacher Genussmittel. Im nächsten Schritt wird diese anonyme Einbildung, wie gesagt, einer Fehlwahrnehmung unterzogen; sie wird als eigene Einbildung des Anderen gedeutet, wodurch man diesem Anderen ein ungeteiltes, volles Genießen unterstellt. Aber diese Fehldeutung sieht nicht nur etwas Eingebildetes beim Anderen; sie ist auch selbst etwas, und zwar sogar etwas Wirkliches: eine Angst, eine Panik, eine zu hastigem Agieren treibende Besessenheit. Wir möchten für sie die Bezeichnung »paranoische Einbildung« vorschlagen. Die Fehlwahrnehmung *anonymer Einbildung* führt also zum Trugbild *eigener Einbildung beim Anderen*, und zur *Paranoia* bei den Wahrnehmenden selbst. Die paranoische Einbildung aufseiten der Massen begünstigt die charakteristischen, ständig unter dem Vorzeichen der Dringlichkeit auftretenden Sofortmaßnahmen aktueller Pseudopolitik.

4.

Politisch handelt es sich bei dieser Struktur gesellschaftlicher Affektorganisation um *negative Hegemonie*.[4] Es verhält sich genau umgekehrt zu den Fällen klassischer, »positiver« Hegemonie, wie Antonio Gramsci sie vor Augen hatte: Dort brachte eine herrschende Klasse alle übrigen auf ihre Seite, indem sie *ihre partikularen Interessen als allgemeine Interessen der Gesellschaft* darstellte (zum Beispiel den Imperialismus, von dem nur die Bourgeoisie profitierte, als nationale Angelegenheit). Heute ist es, wie gesagt, genau umgekehrt: Es ist den Profiteuren der aktuellen Umverteilungen gelungen, *die allgemeinen Interessen der Gesellschaft als bloße Partikularinteressen der herrschenden Klassen* darzustellen (z. B. Menschenrechte, Bildung, Zivilisiertheit etc. als bloß weiße, europäische, männliche, bürgerliche Angelegenheiten). Dadurch haben sie alle übrigen Klassen dazu gebracht, von sich aus, spontan und mit dem Gefühl der Befreiung von Heteronomie, davon Abstand zu nehmen und auf die Beute der gesellschaftlichen Kämpfe zu verzichten.

5.

Damit alles Allgemeine, woran die Individuen neoliberaler Gesellschaften teilhaben könnten, von ihnen als fremdes Besonderes wahrgenommen wird, und damit alles, was sie selbst haben wollen, nur ihr Eigenes ist und nichts sonst, hat die postmoderne Ideologie einen besonderen, neuartigen Typ von »Anrufung« entwickelt: Sie lädt sie nicht ein zur Veränderung, zur Identifizierung mit einem neuen symbolischen Mandat (à la »Sei auch Du ein/e Soldat/in!«); sie ermutigt sie vielmehr, darauf zu beharren, was sie sind, und jedes Angebot eines symbolischen Mandats als Übergriff zu beklagen. So werden Menschen ins Privatfernsehen eingeladen, nicht um dort als *public men* bzw. als *citoyens* Fragen von allgemeinem gesellschaftlichen Interesse zu erörtern, sondern um als *freaks* ihre Privatmarotten vorzuführen – mithin, um sich zu dem machen zu lassen, was im antiken Griechenland der Terminus für Leute war, die nichts als ihr Eigenes, Privates pflegten: zu *Idioten*.

Ohne jede Ermutigung durch die Gesellschaft hätten die Leute sich wohl geschämt, so etwas zu tun. Erst seit die postmoderne Kultur ihnen suggeriert, dass sie genau dadurch authentisch, mithin frei von Fremdbestimmung und liebenswert wären, treten scharenweise Personen auf, die bereit sind, sich dazu enthemmen zu lassen. Auch hier war somit eine gesellschaftliche Lustbedingung notwendig, damit die Individuen zu dieser Lust gelangen konnten. Allerdings ist es eben eine paradoxe Bestärkung: eine soziale Ermunterung zum Asozialen; ein gesellschaftlicher Aufruf zum individuellen Narzissmus.

6.

Dies hat zu dem bekannten Effekt geführt, den der amerikanische Kunstkritiker Robert Hughes treffend als »culture of complaint« bezeichnet hat (s. Hughes 1994). Und Slavoj Žižek hat die entsprechende Struktur analysiert: Es ist eine Situation, in der allen Menschen ein neues Recht eingeräumt wird – allerdings auch nur noch dieses: nämlich das universelle Menschenrecht, vom Anderen nicht belästigt zu werden (s. Žižek 2002: 21 f.). Und als Belästigung gilt unter postmodernen Bedingungen, wie gesagt, nichts so sehr wie die Zivilisiertheit des Anderen.

Dadurch kommt es zu einer Situation, in der dem, was der Gesellschaft als ganzer dient, keine Materialität mehr zugestanden wird. Alles, was materiell existiert, so die verbreitete Wahrnehmung, muss eben darum privat sein. In der Folge wird dem Staat (bzw. supranationalen Formationen wie etwa der Europäischen Union) die Aufgabe übertragen, die Individuen vor Belästigungen durch andere zu schützen. Dies bedeutet allerdings, dass sie vom öffentlichen Raum nichts mehr fordern oder auch nur erwarten können. Die Öffentlichkeit ist nicht mehr dazu da, ihnen etwas Positives zu bieten, das sie alleine nicht aufbringen könnten – wie etwa soziale Sicherheit und Solidarität im Krankheitsfall, Altersvorsorge, Infrastruktur, Zugang zu Bildung etc. Die öffentliche Hand hat nur noch dafür zu sorgen, dass im öffentlichen Raum nichts mehr vorkommt, was den Individuen nicht auch von ihrem Privatraum her bereits vertraut ist. Darum wird die Funktion des Staates nur noch zu einer negativen: Er hat zu beseitigen und zu verbieten, was immer einer von der postmodernen Ideologie enthemmten Narzisstin oder einer männlichen Mimose als belästigend erscheint. Damit beseitigt er freilich unter anderem auch genau die zuvor genannten positiven Qualitäten: Die staatlich verhängten Rauchverbote beispielsweise dienen ja nicht dazu, die Individuen vor Krankheit zu schützen, sondern vielmehr dazu, das Solidaritätsprinzip bei der Krankenversicherung zu durchlöchern und die Individuen für ihre eigene Krankheit haftbar zu machen. Wenn sie an Lungenkrebs erkranken, müssen sie selbst schuld sein und zu Hause geraucht haben, denn im öffentlichen Raum kann ihnen ja kein Rauch mehr begegnet sein; also sollen sie auch selbst für ihre Behandlungskosten aufkommen. Der scheinbar schützende Staat beseitigt selbst eifrig die wichtigsten materiellen Einrichtungen gesellschaftlicher Solidarität.

7.

Diese Veränderung von der Produktion positiver Qualitäten hin zur Beseitigung von solchen, die als störend empfunden werden, zeigt sich nicht nur im Politischen, sondern auch im postmodernen ästhetischen Empfinden. In einem anderen Sinn als Jacques Rancière könnte man darum zu dessen Feststellung gelangen, »daß der Politik eine Ästhetik zugrundeliegt«:[5] Was wir politisch hinnehmen, ist gegründet auf die neu erworbenen Defekte unseres Lustempfindens. Diesbezüglich sind wir übergegangen von einer Kultur der Schönheit zu einer Kultur der Makellosigkeit. Solange Individuen den öffentlichen Raum wie Sennett als eine Sphäre des »als ob« begreifen konnten, setzten sie dort die Mittel des Theaters ein, um die Aufmerksamkeit, den Respekt und das Wohlwollen der anderen zu erreichen: Sie kostümierten und schminkten sich und kultivierten ihren Umgang mit Frisuren und Perücken. Seit dem »Beleuchtungswechsel« in der Kultur etwa Mitte der 90er Jahre hingegen erscheint Schönheit nicht mehr als ein Effekt des »als ob«. Man muss nicht anderen etwas vorspielen, sondern selbst etwas sein. Darum tritt an die Stelle des theatralischen Scheins die bittere Wahrheit der kosmetischen Chirurgie. Es werden nicht mehr unerwartete neue Möglichkeiten erzeugt, sondern lediglich Mängel behoben und Störendes beseitigt. Damit ist klar, dass man nun in der Bilanz der Schönheit sozusagen nie mehr ins Plus gelangen, sondern bestenfalls unter großen Anstrengungen ein »Nulldefizit« erreichen kann. Jedoch lässt sich die neu erwachte bzw. geweckte postmoderne Sensibilität für alles, was stören könnte, kaum jemals zufriedenstellen: Kaum sind die Ohren angelegt, erscheint die Nase als krumm, oder die Zähne erfordern mehr Regelmäßigkeit. Und spätestens wenn die obersten, äußeren Regionen umgebaut sind, geraten andere Körperzonen unter Verdacht: Selbstverständlich müssen zum Beispiel auch Schamlippen heutzutage streng symmetrisch gestaltet sein; und sei es nur, damit nicht die naturwüchsige Unregelmäßigkeit daran schuld ist, wenn sie – unter den Bedingungen grassierender Sexualarmut – niemand mehr zu sehen bekommt.

8.

An dieser niemals zufriedenzustellenden Unzufriedenheit zeigt sich die Untauglichkeit der postmodernen Affektorganisation im Ästhetischen. Wenn man den Narzissmus der Individuen ermutigt, so dass sie nur noch ihr Eigenstes wollen und nichts Ichfremdes mehr an sich ertragen, dann wird ihnen keine Lust mehr als Lust erfahrbar. Sie können das Sublime nicht mehr sublimieren und das alltägliche Heilige nicht mehr feiern. Freilich ist die Lust damit nicht verschwunden: Sie kehrt wieder als neurotische Unlust, in ihrer verkehrten Gestalt des Abscheus, des Ekels und des Gefühls der Belästigung. Die früheren Götter sind, wie Freud unter Verweis auf Heine schrieb, durch ihren Sturz zu Dämonen geworden und bedrängen nun auf ungute, ekelnde, anstoßerregende oder ängstigende Weise.[6]

Die Individuen, die keine geselligen Gebote der Lust mehr erhalten, werden in der Folge zu schutzlosen Opfern ihres Über-Ich. Dieses bestraft uns bekanntlich umso strenger, je mehr wir ihm gehorchen.[7] Darum ist keine kosmetische Operation jemals zufriedenstellend oder gar beglückend. Die Individuen kennen keine Gnade mehr, mit sich selbst ebenso wenig wie mit anderen. Sie können sich nicht, wie es für Erwachsene eigentlich selbstverständlich wäre, kleine heitere Momente der Ausgelassenheit oder der Übertretung gönnen. Solchen Humor kennen sie nicht, sondern verfolgen sich und andere unerbittlich und paranoid mit den Reinheits-, Gesundheits-, Korrektheits- und Sicherheitsgeboten dessen, was sie für ihre Vernunft halten.

9.

Fragen des ästhetischen Empfindens – sowie deren Ersetzung durch Fragen nach Gesundheit, Sicherheit, Korrektheit etc. – sind heute von entscheidender politischer Bedeutung. Denn es geht um die zentralen menschlichen Lustmöglichkeiten; diese aber sind von Bedingungen der Geselligkeit abhängig. Gerade diese Geselligkeit wird jedoch gegenwärtig – im Rahmen einer neoliberalen Politik der Privatisierung – zerstört. Diese Politik hat alles, was als öffentliches Gebot des Humors oder der lustvollen Überschreitung dienen konnte, beseitigt und mit dem Zuruf »Wenn Sie das schon machen müssen, dann tun Sie es bitte zu Hause!« aus der Öffentlichkeit verbannt. Eine scheinbare Rücksicht auf vermeintlich Schwache, deren Betroffenheit und deren Beschwerden man ernst nehmen müsse, hat dieser autoritären Politik dabei als verlogene Rechtfertigung gedient. Peter Sloterdijk scheint diesbezüglich nicht unrecht zu haben, wenn er bemerkt, dass sich dogmatische Autorität heute gerne mit Schwäche verbindet.[8] Jede

Beschwerde und jede Rücksichtnahme auf einen angeblich Schwachen dient gegenwärtig als Vorwand zur Demontage eines sozialen Standards.

Dies gilt nicht allein für die aktuelle Pseudopolitik der staatlichen Rauchverbote, mit denen man unter anderem angeblich das Servierpersonal der Gaststätten schützen will – so, als ob man sich um dessen ökonomisch meist äußerst prekäre Arbeitsbedingungen bisher auch nur im geringsten gekümmert hätte. Vergessen wir nicht, dass auch die sogenannte »Bologna-Reform« an den Universitäten, gegen die sich seit dem Herbst 2009 die Studierenden und Lehrenden in vielen Ländern Europas in so großer Zahl zur Wehr setzen, weil sie so gut wie alles zerstört, was die Qualität eines Studiums ausmacht – nämlich die Gleichheit aller Studierenden; die Möglichkeit, von Anfang an nicht nur sogenannte »basics« zu erlernen; die Möglichkeit, mit Studierenden höherer Semester in Austausch zu treten; die Freiheit, eigene Interessen auszubilden und zu verfolgen; die Verbindung von Forschung und Lehre; dass auch diese Reform von einer neoliberalen Politik, die eine gesellschaftliche Ressource privatisieren will, von Anfang an im Namen angeblich Schwacher durchgeführt wurde: nämlich im Namen der Studierenden aus den sogenannten »bildungsfernen Schichten«, die angeblich von so viel Freiheit an der Universität überfordert wären und denen man darum zu ihrem eigenen Besten alles vorenthalten muss, was den Aufenthalt an einer Universität lohnend – und das dort erworbene Wissen gesellschaftlich nützlich – macht. Klarerweise hat man diese angeblich bildungsfernen Schwachen gerade durch alle in ihrem Namen getroffenen Maßnahmen letztlich jeglicher Möglichkeit beraubt, an der Universität so etwas wie universitäre Bildung jemals auch nur kennenzulernen.

Dabei ist es übrigens keineswegs sicher, dass es diese Schwachen in dieser Form überhaupt gibt; d. h. ob nicht auch die bildungsfernsten Studierenden durchaus ein bestimmtes

Maß an Neugier und Ansprechbarkeit mitbringen, auf dem man aufbauen könnte, anstatt ihnen alles nur stumpf vorzuschreiben. Ja, erst wenn man Letzteres macht und sie damit wie Idioten behandelt, fangen manche vielleicht – unter den psychoanalytisch bekannten Bedingungen der Gegenübertragung – an, sich auch tatsächlich so zu verhalten.

10.

Mit hellsichtigem Zorn aber haben die streikenden Studierenden und Lehrenden des Herbstes 2009 diese Verdrehung entlarvt und gezeigt, dass sie nicht zu allem gezwungen werden möchten. Und wenn man die Lehre, die aus ihrer Klarstellung zu ziehen ist, auf ein allgemeines Prinzip bringen kann, dann ist dies eine Abwandlung von Hannah Arendts großartigem Satz »*Kein Mensch hat [...] das Recht zu gehorchen*«.[9] In seiner auf die neoliberalen Beraubungen bezogenen Variante lautet dieser Satz heute: *Niemand hat das Recht, ein kompletter Idiot zu sein. Und keine Politik hat das Recht, ihn als solchen zu behandeln.* Denn niemand besteht nur aus der eigenen, idiotischen Identität und aus nichts sonst. Alle sind fähig, sich selbst nicht nur aus ihrem eigenen, sondern auch aus dem mondänen Blickwinkel der Welt zu betrachten und sich dementsprechend zu verhalten; das heißt: ein elegantes, theatralisches »als ob« zu entwickeln. Von jedem und von jeder darf etwas erwartet werden. Eine Politik, die sich emanzipatorisch gibt, indem sie im Namen des kompletten Idioten oder des grenzenlos Schwachen agiert, muss darum als Beraubungsversuch an der Gesellschaft betrachtet werden – und als Ausdruck infamster Verachtung derjenigen, in deren Namen sie zu sprechen behauptet.

Aus psychoanalytischer Sicht verrät diese Politik ihre spezifische autoritäre Natur durch die – für das tyrannische Über-

Ich charakteristische – Unfähigkeit, bestimmte Ansprüche zu relativieren und zu mäßigen. Wenn sie wie in paranoischem Wahn plötzlich nur noch »die bildungsfernen Schwachen« oder »die Gesundheit« oder »die Sicherheit« oder »den europäischen Hochschulraum« und dessen »Wettbewerbsfähigkeit« in ihrem verengten Blick hat und alle anderen Fragen vernachlässigt, um ein Agieren in Form hastiger, unüberlegter Reform-, Säuberungs- und Sofortmaßnahmen zu beginnen, dann demonstriert sie ihre Abhängigkeit von einer psychischen Instanz, die kein vernünftiges Abwägen und keine relativierende Anbindung an Bedingungen duldet.

Genau wie in der individuellen psychoanalytischen Klinik muss darum auch auf der Ebene des gesellschaftlichen Imaginären der Versuch unternommen werden, das infantile, humorlos-tyrannische Über-Ich aus seiner Besessenheit zu lösen und es mit Hilfe eines reifen, humorvollen Über-Ich zu beruhigen und zu mäßigen: das heißt, mit Hilfe jener Instanz, die imstande ist, jene Fragen zu stellen, die erwachsenen Menschen angemessen sind.[10] Dazu gehört zum Beispiel die Frage, *ob ein so europäisch standardisiertes, gesundes, sicheres und kostengünstiges Leben*, wie es die aktuelle Politik so emsig fabrizieren will, *sich denn überhaupt zu leben lohnt.*

11.

Diese Frage nach dem guten Leben, die für alle materialistische Philosophie die entscheidende Grundfrage bildete, müssen wir den exzessiven, letztlich dem Todestrieb dienenden Säuberungstendenzen des tyrannischen Über-Ich entgegenhalten. Nur auf der Grundlage dieser Frage werden wir dem Humor und mithin dem scheinbar Schmutzigen und Unreinen, dem Nicht-Ichkonformen jenen Platz einräumen können, der für ein Leben, das sich lohnt, notwendig ist. Und wenn uns die Opfer der postmodernen Ideologie wirklich einmal begegnen, die unter der Bedingung der Gegenübertragung sich selbst als grenzenlos Schwache imaginieren und als völlige Idioten agieren, dann müssen wir uns an die geglückte Intervention der Signora Fo erinnern. Wenn wir zum Beispiel Studierende antreffen sollten, die an der Universität alles vorgeschrieben bekommen möchten, weil die Aufforderung, eigene Interessen zu entwickeln und ihnen nachzugehen, sie aufgrund ihrer Bildungsferne verwirre, dann müssen wir ihnen mit liebevoller Strenge zurufen: »Bohr nicht in der Nase! Schau dir an, was die Universität dir bieten kann!« – Wir müssen also denjenigen, die sich selbst auf jene neue Schlichtheit des Gemüts beschränken möchten, die man ihnen eingeredet hat und in der sie sich darum liebenswert vorkommen, zeigen, dass wir ihnen mehr zutrauen als sie sich selbst und dass sie für uns in größerer Komplexität noch weitaus liebenswerter sind als in der trügerischen Einfachheit ihrer künstlichen Idiotie.

12.

Bertolt Brecht, der lehrte, das Leben zu lieben, aber oft gezwungen war, dieses Programm unter den denkbar kargen Bedingungen von Armut, Flucht und Exil zu verwirklichen, konnte vom gemeinsamen Philosophieren beim »Theetrinken« schwärmen. Und in seinem Gedicht »Tahiti« heißt es: »*Der Schnaps ist in die Toiletten geflossen / Die rosa Jalousien herab / Der Tabak geraucht, das Leben genossen / Wir segelten nach Tahiti ab. / Wir fuhren auf einem Roßhaarkanapee / Stürmisch die Nacht und hoch ging die See [...]*« (Brecht 1984: 105). Aus der simplen Anordnung dieser überschwänglichen Freuden lässt sich eines erkennen: So sehr die Dinge (und Praktiken), für die es sich zu leben lohnt, Überschreitungen einer profanen Ordnung des Alltags darstellen, so sehr sind sie andererseits einfache, leicht herstellbare oder zu beschaffende Dinge (und Praktiken).

Das heißt allerdings nicht, dass sie nicht leicht verlorengehen können. Unter den Bedingungen neoliberaler Ökonomie und der sie begleitenden postmodernen Ideologie gehen sie in kaum für möglich gehaltenem – und weltgeschichtlich vielleicht noch nie dagewesenem – Ausmaß verloren; teilweise sogar für die privilegiertesten Eliten, und umso mehr für alle anderen. So werden durch sogenannte »General Agreements in Trades und Services« (GATTS) sogar Ressourcen wie Trinkwasser oder traditionelle Heilmethoden plötzlich privaten Verwertungsinteressen unterworfen und dadurch künstlich verknappt. Die Kommerzialisierung des Freizeitbereichs macht einfache Vergnügungen wie Turnen, Laufen oder Radfahren zu teuren, hochspezialisierten Hobbys; zugleich sind sie nicht mehr einfach Hobbys, sondern gehorchen als neue Pflichten dem Imperativ durchgehender Fitness und sportlicher Einsatzbereitschaft, die bei beruflichen Bewerbungsgesprächen zunehmend abgefragt werden – und die darum unter Umständen – z.B. wenn auch Risikobereitschaft zum Anforderungsprofil zählt – durch neue, riskantere wie z.B. »Bouldern«, »Rafting« oder »Parcours« ersetzt werden müssen. Und die ideologische Präformierung der Individuen lässt sie solche Genüsse wie den einer üppigeren Mahlzeit, einer Zigarette, eines Glases Wein oder eines erotischen Abenteuers pauschal als ungesund, unvernünftig, moralisch indiskutabel und ekelhaft empfinden und von sich aus ablehnen.

Was die menschlichen Wünsche und die Möglichkeiten ihrer Erfüllung betrifft, stoßen wir also in der Gegenwartskultur auf eine eigentümliche Diskrepanz. Sie ist so speziell, dass sie späteren Epochen geradezu als Erkennungszeichen unserer Zeit dienen könnte. Einerseits befinden wir uns im Sog einer ganzen Industrie, die – wie Günter Anders bemerkte[11] –

nichts anderes tut, als neue Bedürfnisse und Wünsche zu generieren. Auf der anderen Seite werden den Menschen selbst einfachste Ressourcen entzogen, oder sie lehnen sie, unter dem Einfluss postmoderner Ideologie, plötzlich von sich aus ab. »Oversexed and underfucked«, diese sprichwörtlich gewordene Formel bringt die Misere der Subjekte zeitgenössischer Überflussgesellschaften in drastischer Weise auf den Punkt. Würde durch die Generierung und Vermehrung unerfüllbarer Wünsche nicht spürbar mehr Unzufriedenheit erzeugt, müsste man wohl sagen, dass sie eine geradezu tröstende Funktion zu erfüllen scheint: Denn sie übt uns ein in die durch die neoliberalen Beraubungen notwendig gewordene neue Gewohnheit, uns auch erreichbare Glücksmöglichkeiten als unerreichbar vorzustellen.

13.

Von Mahatma Gandhi stammt der schöne Satz: »There is enough for everybody's need, but not enough for anybody's greed«.[12] In diesem Insistieren auf der Erfüllbarkeit der Bedürfnisse und Wünsche zeigt sich Gandhi als würdiger Nachfahre des Philosophen Epikur, der lehrte, dass das, was für die menschliche Lust notwendig ist, für alle Menschen auch jederzeit leicht zu beschaffen ist.[13] Die Verfolgung der Lust hatte für Epikur dementsprechend zwei Seiten. Einerseits bestand sie in der Kritik jener »Einbildungen«, »haltlosen Ansichten« und »Wahnvorstellungen«,[14] durch die die Menschen sich ihr bestehendes Glück verderben, indem sie unerfüllbaren Chimären und illusorischen Standards gierig nachjagen: »Was vorhanden ist, sollen wir uns nicht verderben durch das Verlangen nach anderem, das nicht vorhanden ist.«[15] Andererseits erinnerte Epikur eben daran, dass wir das, was wir wirklich wollen, auch bekommen können. Sein Satz »Wem weniges nicht genug ist, dem ist nichts genug«[16] darf darum nicht bloß als Programm einer asketischen Selbstbeschränkung oder eines weltvergessenen Aussteigertums verstanden werden. Es ist eine Kampfansage an die Einbildungen, aber zugleich auch an jene Verhältnisse, welche den Menschen die erreichbaren materiellen Lustbedingungen versperren. So genügsam man darum, Epikur zufolge, in Bezug auf die Einbildungen werden muss, so wenig genügsam darf man andererseits in Bezug auf die Verhältnisse sein. Und in seiner hohen Wertschätzung der Freundschaft[17] erkannte Epikur die Tatsache an, dass die Lust unter Bedingungen der Geselligkeit steht. Wenn Epikur also die »Lust des Bauches« zum Ur- und Vorbild auch der »weisen und überfliegenden« Lüste erklärt,[18] dann bedeutet das nicht, dass diese Lust nur von Brot, Fisch oder einem Stück Käse (den Beispielen Epikurs) abhängt. Man will auch in angenehmer Gesellschaft essen, sonst hat man kaum Appetit. »Jetzt wird gegessen«, dieser soziale Imperativ zur rituellen Unterbrechung des Arbeitstages ist sogar für die bloße Nahrungsaufnahme notwendig, um sie für Menschen zu etwas Lustvollem zu gestalten.[19] Wenn viele Lüste durch Verbannung aus der Öffentlichkeit diese feierliche Dimension verlieren, werden sie den Menschen darum entweder unzugänglich oder nicht mehr als lustvoll erfahrbar. Das Beharren auf den »natürlichen« Bedürfnissen im Sinn von Epikur[20] macht darum den Kampf um diese Dimension der Öffentlichkeit erforderlich. Nicht nur gutes Brot oder die sogenannten »Gebrauchswerte« müssen erkämpft werden, sondern vor allem auch jene Bedingungen von Sozialität, an denen die Gründe hängen, für die es sich zu leben lohnt. Das eine gibt es nicht ohne das andere.[21]

Der Umstand, dass Öffentlichkeit zugleich, wie wir gezeigt haben, eine Sphäre des »als ob« ist, erklärt andererseits, weshalb die Lüste leicht zu beschaffen sind: Wir müssen nicht wirklich aussehen wie Faye Dunaway oder Steve McQueen, und wir müssen nicht trinken, bis wir halbtot umfallen. Um eine Menge Freude zu haben, genügt es vielmehr, wenn wir – wie Brechts Tahitireisende auf dem Kanapee – eine Weile lang bloß so tun als ob.

14.

Immanuel Kant hat einen Gedanken entwickelt, der ihm oder anderen Menschen helfen sollte, sinnliche Neigungen nicht für unwiderstehlich zu halten: »Wäre ich bereit, mich dafür hängen zu lassen?« – dieser Frage oder besser gesagt: dieser »Galgenprobe« unterzog Kant alles, was sich als absolute Notwendigkeit von Leidenschaft aufzudrängen schien. Ob diese Probe als theoretisches Kriterium geeignet ist, jegliche Leidenschaft als geringer und mithin schwächer als den Gedanken an die Pflicht einzustufen, wie Kant beabsichtigte, ist eine andere Frage. (Jacques Lacan hat darauf geantwortet, dass Libertinage im Sinn des Marquis de Sade genau darin besteht, Leidenschaften zu einer solchen Stärke zu kultivieren, dass man sogar bereit wäre, sich für sie hängen zu lassen.)[22]

Interessant und lehrreich für die Kultur der Gegenwart erscheint vielmehr die praktische Funktion, die dieses Gedankenexperiment zu erfüllen vermag. Es ist ein typischer philosophischer »Entkräftungsgedanke« – ein Instrument für eine gedankliche Operation, die einen davor schützen kann, sich automatisch der Macht einer Illusion zu unterwerfen, einem Schein von Unausweichlichkeit aufzusitzen und in paranoische Blickverengung und blindes Agieren zu verfallen. Es gibt verschiedene Gedanken, die diese Art von Entkräftungsfunktion erfüllen. Man kann sich zum Beispiel auch sagen, dass Gott so furchtbar ist, dass, verglichen mit seinem Schrecken, jede andere Furcht, die einen bedrängen mag, sich sofort lächerlich ausnimmt.[23] Oder man erinnert sich an die blinde,

absichtslose Notwendigkeit, die allen Vorgängen innewohnt.[24]
So bemerkt Alain: »Schließlich läßt sich Bauchweh leichter
ertragen als ein Verrat. Sagt man nicht besser, es fehle einem
an Blutkörperchen, als es fehle einem an wahren Freunden?«
(Alain 1982: 13 f.)

Oder man vergegenwärtigt sich die notwendige Verblendung desjenigen, der einem geschadet hat, um sich vom maßlosen Zorn auf ihn zu befreien: »Es schien ihm eben richtig
so«, pflegte Epiktet sich in einem solchen Moment zu sagen.[25]
Dieselbe Funktion erfüllen auch Denkfiguren des Zweifels –
»skeptische Tropen« wie die Formel »Was weiß ich?« (»Que
scay-je?«), die Montaigne zu seinem Motto erhob. Wo etwas
zur fixen Idee zu werden und in Besessenheit auszuarten droh-
te, konnte der Philosoph sich, indem er sich selbst an diese
Frage erinnerte, wieder Seelenruhe verschaffen.

Genau das ist die Bedeutung, die wir der Frage, wofür es
sich zu leben lohnt, geben möchten. Wir stellen diese Frage
nicht nur, weil es notwendig scheint, an die – wie gesagt relativ
einfachen – Antworten zu erinnern, die darauf gegeben werden können. Sondern vor allem auch deshalb, weil diese Frage
sich ausgezeichnet als Entkräftungsgedanke eignet – und zwar
gegenüber den in der Gegenwart dominierenden Ideologien.
Ihnen gegenüber erscheint es ratsam, sich im Stellen dieser
Frage zu üben.

»Wofür lohnt es sich zu leben?« – Im Gegensatz zu Kants
gedanklicher Erprobung am Tod ist diese Frage eine Probe
auf das Leben. Sie relativiert und mäßigt nicht die Anhänglichkeit ans Leben, sondern den – wie Brecht betonte[26] und
wie alle heutige Erfahrung lehrt – nicht minder verführeri-
schen Hass auf dieses Leben. Überall dort, wo dieser Hass auf
das Leben sich in den atemlosen Besessenheiten der Gesundheit, der Sicherheit, der Korrektheit etc. ausdrückt, kann man
sich durch das Stellen dieser Frage etwas Luft, Ruhe und Besonnenheit verschaffen. Aus dieser Besonnenheit aber kann

hellsichtiges Handeln entspringen. Nicht viele der Zumutungen, mit denen eine neoliberale Ökonomie die Menschen elementarer Lebensqualitäten beraubt, werden noch hingenommen werden, und nicht viele der Dummheiten, mit denen eine postmoderne Ideologie diesen Beraubungen Akzeptanz verschafft, werden noch geduldet werden, wenn es uns gelingen sollte, uns wieder daran zu gewöhnen, diese Frage zu stellen.

1. Abschnitt:

Beweggründe und Tricks der Glücksfurcht

3. Die Dürftigkeit und das Grelle
Über die Rolle des pornographischen Pop
in einer prüden Kultur

Es ist nicht ganz unkomisch zu beobachten, wie sehr die westliche Gegenwartskultur, die sich selbst doch gern als besonders aufgeklärt und postmodern-lustbezogen versteht, seit Beginn der 90er Jahre in eine Tendenz zu Lustfeindlichkeit und Prüderie verfällt: Immer mehr Leute ekeln sich »spontan« vor Sexualität oder Tabakkultur, wenn nicht gar vor den Eigenheiten ihres Körpers; den meisten Genüssen ist der Zahn gezogen, so dass wir (wie Slavoj Žižek bemerkt hat) Schlagsahne vorzugsweise ohne Fett, Bier ohne Alkohol, Kaffee ohne Koffein, Sex ohne Körper etc. serviert bekommen; und ganz wie das iranische Fernsehen überträgt auch so manche westliche Anstalt seit der sogenannten *nipplegate*-Affäre der Sängerin Janet Jackson Sportveranstaltungen nur noch mit einigen Sekunden Zeitverzögerung, damit nur ja keine unvorhergesehene Nacktheit auftaucht. (Und Letzteres erscheint nicht einmal denjenigen als auffällige und bedenkliche Parallele, die sich sonst gern in der Rede von einem unüberbrückbaren Gegensatz der Kulturen, einem »clash of civilizations« gefallen.)

Dem gegenüber hat Paul-Philipp Hanske jedoch vor kurzem daran erinnert, dass es paradoxerweise zugleich auch einen Boom von Amateurpornographie à la *youporn*, programmatischen Interesses an schmutziger Sexualität und politischer Unkorrektheit wie etwa im Magazin *Vice*, des Gebrauchs von Porno-Outfits durch Popstars wie Britney oder Rihanna etc. gibt (Hanske 2009). Wie hängt nun das eine mit dem anderen zusammen? Wieso ist die erotische Austrocknung der Kultur begleitet durch das massive Auftauchen von grellem, pornographischem Pop? – Vielleicht könnte man

sagen: Je mehr die Gesellschaft als ganze ihre kulturellen Be-
züge zur Sexualität verliert, desto drastischer sind die Bilder
davon, die auf ihren Bühnen erscheinen. Und zwar mit einer
doppelten Funktion: sowohl um der verbliebenen Sehsucht
Nahrung zu geben, als auch um von der Sache abzuschrecken
und über ihren Verlust zu trösten. Es verhält sich wie bei der
aktuell beobachtbaren Entwicklung von verlorengehendem
Genuss zu verstärkt wahrgenommener Sucht: Wenn es keine
Normalvorbilder des Genusses mehr gibt, dann treten nur
noch deren Zerrbilder in Erscheinung. Das Zerrbild des Genusses ist der Süchtige; das Zerrbild der Sexualität ist der
Popstar – oder der Talkshowgast.

1. Fiktionskino und Reality-Fernsehen:
   Sex als Muster und als Marotte

Wenn man zum Beispiel den Spielfilm mit aktuellen Fernseh-
formaten vergleicht, so lässt sich sehen, dass hier eine gegen-
läufige Entwicklung stattgefunden hat: Je weniger Sex es im
Film gibt, desto mehr dafür in der Talkshow (sowie in den
Reality-Formaten). Der Spielfilm von heute kann keine frivole
Heiterkeit mehr entwickeln, keine knisternden Spannungen
in den Geschlechterverhältnissen aufbauen, keine komplexeren erotischen Verwicklungen thematisieren, wie es Filme der
60er und 70er Jahre vermochten. Dagegen ist die Sex-Präsenz
in der Talkshow nun massiv.

Das Verhältnis dieser beiden Phänomene ist allerdings
komplex: Das eine Medium hat keineswegs bloß die Aufgaben
des anderen übernommen. Vielmehr bekommt der gezeigte
Sex im (Privat-)Fernsehen eine ganz andere Funktion, als er
früher im Film hatte – entsprechend der unterschiedlichen
Natur der Medien. Der Spielfilm proklamiert mit seiner Darstellung von Erotik immer einen gesellschaftlichen Standard –

er enthält, wie das ästhetische Urteil im Sinne Kants, eine Forderung nach allgemeiner Übereinstimmung. Er mag dabei mitunter zu weit gehen, und oft werden viele ihm nicht folgen wollen. Aber immerhin macht er bestimmte Verhaltensformen gesellschaftlich diskutierbar und legt zitierbare Muster für sie vor, auf die man im eigenen Verhalten anspielen oder sich berufen kann.

Die Talkshow hingegen präsentiert sämtliche ihrer Themen als ausgefallene Privatmarotten. Sie ist die Konsequenz eines postmodernen öffentlichen Raumes, der durch die neue allgemeine Regel »Wenn Sie das schon unbedingt tun müssen, dann machen Sie es bitte zu Hause!« (wie sie z. B. in Bezug auf das Rauchen geäußert wird) vollkommen entleert und verödet ist. Wenn die Leute also alles irgendwie Anstößige oder dafür Infragekommende nur noch zu Hause machen, dann ist freilich eine bestimmte Öffentlichkeit neugierig, zu erfahren, was denn da nun überall zu Hause so getan wird. Wie immer in solchen Situationen, finden sich prompt Individuen, die bereit sind, Derartiges willig bekanntzumachen. In diesem Setting aber bleibt das Dargebotene nun – trotz Veröffentlichung – die Privatmarotte, als die es präsentiert wird. Mag das *Outing* der Protagonisten auch von der Hoffnung getragen sein, für die eigene Passion in der Öffentlichkeit Verständnis und Sympathie zu finden, d. h. wenigstens ansatzweise einen gesellschaftlichen Standard zu prägen (und dadurch das zu erzielen, was Sigmund Freud eine »Schiefheilung« genannt hat), so passiert doch hier notwendig immer das Entgegengesetzte: Die Öffentlichkeit guckt interessiert hin, aber mit dem Interesse, sich in der Folge am mitteilungsbedürftigen, vermeintlich »primitiven« Individuum abzuputzen und mit dem Finger auf es zu zeigen. Wenn es Sympathie gibt, dann allenfalls für den Unterhaltungswert der Marotte, ihre Ausgefallenheit; sowie für die Tatsache, dass der andere die Verantwortung dafür übernommen hat und man sich selbst nun entlastet fühlen kann.

2. Die Primitiven und ihre Zuschauer

Das Primitive und Vulgäre im heutigen Fernsehen ist oft ein komplexes Produkt. Denn die meisten Primitiven sind, psychoanalytisch gesehen, »Übertragungsobjekte« ihrer Beobachter. Das heißt, sie spielen ihnen immer genau jene Primitivität vor, von der sie meinen, dass diese sie sehen wollen.[1] In dieser mehr oder verzweifelten Reaktion auf eine vermutete Erwartung steckt, wie Stephen Greenblatt gezeigt hat, sowohl eine Unterwerfungsgeste gegenüber dem anderen als auch der Protest gegen diese Unterwerfung (s. Greenblatt 1995: 36). Wenn amerikanische Indianer im 19. Jahrhundert ihren interessierten weißen Beobachtern, von denen sie besiegt worden sind, unappetitliche »skatologische« Riten vorführen, dann akzeptieren sie ihre Niederlage und protestieren zugleich dagegen. Kaum anders ist das Verhalten der Verlierer von heute in den Talkshows und Reality-Containern. Die Angehörigen der sogenannten Unterschicht machen sich provokant jenes primitive, ungehobelte Verhalten zu eigen, das ihnen als kollektive Erwartung derjenigen gegenübertritt, die dieses loswerden und zugleich festhalten wollen, indem sie sich seiner Präsenz beim Anderen versichern. Auch die popkulturellen Diven und Stars, deren Bezeichnungen an das Göttliche bzw. Heilige erinnern, haben die – traditionell dem Göttlichen und Heiligen vorbehaltene – Aufgabe, die Erwartungen, Hoffnungen und Befürchtungen ihrer jeweiligen Gesellschaft zu repräsentieren. Je realitätsferner und verzweifelter aber die Hoffnungen einer Gesellschaft auf Sexualität sind, und je größer ihre Furcht vor ihr, desto greller müssen die Popikonen diese Sexualität verkörpern. Sie führen ihnen damit, ähnlich wie die Heldinnen der klassischen Tragödie, zugleich die Unerreichbarkeit ihres Ideals und dessen Verderblichkeit vor Augen – sowie auch den Vorteil, der darin liegt, kein Held, sondern bloß Zuschauer zu sein.[2]

3. Die Bilder des Sex nach dessen Umverteilung

Realitätsfern sind die sexuellen Hoffnungen großer Teile der Gesellschaft, in der wir leben, weil in diesem Bereich, ähnlich wie in vielen anderen (wie z. B. der Bildung), eine massive Umverteilung stattgefunden hat – nicht nur auf der Ebene der realen Praktiken, sondern vor allem in Bezug auf deren »Deckung« durch kulturelle Vorbilder. Während es in den 60er und 70er Jahren noch breiten Teilen der Bevölkerung möglich war, sich im erotischen Verhalten an Loren, Mastroianni, Dunaway, McQueen, Schneider, Piccoli und anderen wenigstens perspektivisch zu orientieren, bleibt den Bewohnerinnen und Bewohnern der postmodernen, postsexuellen Welt diesbezüglich wenig übrig. Die Sexualität hat sich aus der breiten Mitte der Gesellschaft verflüchtigt; nurmehr an ihren Extremen ist sie jetzt auffindbar: einerseits an der Reichtumsspitze der Gesellschaft, etwa in der »Flavio-Briatore-Klasse«, und andererseits am immer breiter werdenden unteren Rand. Die sogenannte »Unterschicht« hat begonnen, gleichsam als ihr Klassenbewusstsein, eine neue, internet-gestützte Expertise für das Pornographische zu leben. Dem bekannten Artikel »Voll Porno!« im »Stern« zufolge halten Vierzehnjährige nicht mehr Händchen, sondern treffen sich lieber am Wochenende zum Gangbang (s. Wüllenweber 2007). Reifere Bildungsferne bewerben sich für Reality-Shows. Dem zuschauenden Rest der Gesellschaft dient dies zur Unterhaltung; zugleich aber auch als gefährliche Drohung: Wenn ihr euch nicht zusammennehmt, dann sitzt ihr morgen schon selber im Container.

Hier lässt sich erkennen, weshalb die meisten Angehörigen der postmodernen Kultur sich ständig, wie es neudeutsch heißt, als »oversexed and underfucked« empfinden. Das Grelle hat die Funktion, vernünftige Beleuchtungen, in denen man das eine oder andere erkennen, in Bezug auf gesellschaftliche

Standards diskutieren sowie für sich gewinnen und nutzbar machen könnte, zu verhindern. Dadurch fungiert der Porno-Pop als Stütze für die erotische Verelendung in der postmodernen Kultur. Ebenso hat die Vorführung pronizierter, in die Extreme getriebener Sexualität wie in den Romanen von Cathérine Millet oder Michel Houellebecq oder in Filmen wie Patrice Chereaus »Intimacy« auf bildungsnäherer Ebene die Funktion, die Sehnsucht nach diesem der Mehrheit entzogenen gesellschaftlichen Beutegut zu nähren. Aber immer in genau jener Form, die geeignet ist, die Sexualität zu diffamieren – ein Bild von ihr zu zeichnen, das die Sehnenden dazu veranlasst, von sich aus erschrocken von ihr Abstand zu nehmen.

4. Anhang: Die Kinder mit dem Elternschnaps.
Wir und die Genüsse

An jedem Wochenende bietet sich in den meisten europäischen Metropolen derzeit ein ähnliches Bild: Horden von Jugendlichen und Nichtmehrjugendlichen aus der Peripherie fallen ins Zentrum ein und verblüffen die dort Ansässigen durch die Lautstärke ihres Auftretens, die Intensität ihres – oft teilweise auch schon bei der Anreise absolvierten – Alkoholkonsums und die Dämlichkeit ihrer Ziele. Besonders beliebte Hauptstädte erhalten solchen scharenweisen, karnevalesken Besuch via Billigflug auch aus dem entfernteren Ausland, so dass Philip Meinhold in der »taz« kürzlich mutmaßte, in Berlin verübten die Spanier derzeit ihre Rache für das, was Deutsche Vergnüger seit langem auf Mallorca angerichtet haben (Meinhold 2010). Besitzer von Ferienwohnungen wundern sich, dass ihre temporären Mieter dort offenbar Fetischpartys gefeiert haben müssen, nicht ohne bei der Abreise alle Utensilien in die Mülltonne zu werfen, um sozusagen »rein«

in ihr normales Leben zurückzufahren. Das legt Fragen wie die folgenden nahe: Was hat es mit solchem Verhalten auf sich? Führen wir alle Doppelleben?[3]

Nun sind Situationen wie Urlaube oder Feste schon traditionell genau die Gelegenheiten, in denen nicht nur getan werden darf, was man nicht immer gut findet, sondern wo es sogar getan werden muss. Das Feiern unterliegt beim Fest ebenso strengen Geboten wie das Nichtfeiern im profanen Alltag. Darüber hinaus ist es wichtig, festzuhalten, dass das Naserümpfen der Urbanen über die Primitivität der Provinzler auf einer perspektivischen Illusion beruht: Es tut so, als ob der Blick der Beobachtenden nichts mit dem zu tun hätte, was sie da zu sehen bekommen. Aber klarerweise würde ohne diesen Blick das Beobachtete nicht existieren; es ist ein Spektakel, das für ihn inszeniert wird. Die feiernden Besucher benehmen sich betont schamlos – eben *weil sie sich schämen*.

Diese zur Schau gestellte, prononcierte Selbsterniedrigung derjenigen, die sich selbst für niedriger halten als die Leute, von denen sie sich beobachtet fühlen, gehört in den weiteren Kreis der zuvor erwähnten, von Greenblatt untersuchten »schmutzigen Riten«. Die feiernden Gruppen aus der Peripherie dürften sich den Ansässigen gegenüber unterlegen oder zumindest fremd fühlen. Diesen gefühlten Mangel versuchen sie dadurch zu überkompensieren, dass sie das Geschehen, und sei es ein wenig anmutendes, in die eigene Hand nehmen und wenigstens als Gestalter ihrer unentrinnbaren Rolle, Beobachtete zu sein, auftreten.

Ebenso dürften die schmutzigen, rassistischen oder sexistischen Worte, die von heutigen Hip-Hoppern – zum Erstaunen ihrer liberalen Beobachterinnen und Beobachter (s. Radisch 2007) – gebraucht werden, in erster Linie solche protestgeladenen Schambotschaften sein. Sie signalisieren: »Wenn ihr mich schon, wie ich vermute, für einen Primitiven haltet, dann spiele ich euch jetzt mal einen richtigen Primitiven vor.«

Dies geschieht ganz in dem Sinn, den die Figuren des »Ali G« oder des »Borat« des Entertainers Sasha Baron Cohen, wenngleich wohl mit klarerem Bewusstsein, ihren staunenden Gesprächspartnern vorleben. Und dass Jugendliche sich mit Vorliebe Hip-Hop-Texte vorsingen lassen, in denen das Wort »motherfucker« vorkommt, hat – ganz wie die Monster an den Außenfassaden der gotischen Kathedralen – auch etwas »Apotropäisches« an sich; es ist ein Stück Abwehrzauber: Darin manifestiert sich der verständliche Wunsch, am Ort des Konzerts einen garantiert elternfreien Raum vorzufinden. In all diesen Situationen finden wir also eine durch den Anlass und durch die Beobachtung bedingte Verhaltensweise, die ohne diese Faktoren nicht existieren könnte. Andererseits ist diese Verhaltensweise heute vielleicht die allgemeine Regel. Nahezu jeder ist heute der lärmende Partytourist für irgendjemand anderen.

Insofern scheint sich beim Feiern etwas geändert zu haben. Wir alle benehmen uns wie Kinder, die sich über die Spirituosen ihrer ausgegangenen Eltern hermachen und sich dabei bis zur Vergiftung betrinken. Diese Maßlosigkeit ist die Kehrseite unserer vorherrschenden Abstinenz. Nach beiden Seiten hin beweisen wir, daß wir kein vernünftiges Verhältnis zum Genuss herstellen können. Und was wir führen, ist kein Doppelleben, sondern vielmehr ein extrem homogenisiertes, humorloses.

Viele unserer heutigen Exzesse geschehen offenbar aus Furcht, die Anderen könnten glauben, wir hätten keinen Spaß, wenn sie ihn nicht sehen. Um Zugang zu unseren Genüssen zu finden, brauchen wir dringend den Blick solcher Anderen. Aber wir brauchen die Anderen nicht, um – wie es in lustfreundlichen Kulturen üblich ist – solidarisch *mit ihnen* zu feiern, sondern vielmehr, um *gegen sie* und gegen ihr Entsetzen zu feiern. Möglicherweise kann heute niemand mehr feiern, ohne dabei »skatologisch« zu agieren. Die Fetischparty-Mieter wollten nicht nur »rein« in ihr Normalleben zurückkehren; sie wollten wohl auch, dass jemand ihre Requisiten in der Mülltonne findet und abfällige Mutmaßungen über sie anstellt.

Wir brauchen das Entsetzen der Anderen, weil wir die öffentliche, niemals ganz ich-konforme Dimension der Lust überhaupt nicht mehr an uns selbst dulden können. Die Anderen werden dann an die Stelle unserer Selbstbeurteilung gesetzt; ihre Missbilligung unseres Verhaltens erspart uns dann bequemerweise unsere eigene, noch schlimmere. Das ist das Kindliche an uns: Uns fehlt jeder Humor, insofern der Humor die Fähigkeit ist, liebevoll auf das Fremde an sich selbst herunterzublicken. Darum können wir uns keinen Anderen vorstellen, der uns unsere Freude gönnt.

4. Die Ordnung des Erscheinens
Die Komödie des Materialismus

Ein typisches Kennzeichen des Materialismus ist seine wort-
karge, lakonische Haltung in Fragen der Philosophie. Der
Materialismus hat immer versucht, sich so kurz wie möglich
zu fassen. Wie Louis Althusser einmal formuliert, müssen die
materialistischen Argumente so knapp gehalten sein, dass sie
in einer »hohlen Hand« Platz finden (s. Althusser 1975: 81).

In der Philosophie lakonisch zu sein beinhaltet eine materialistische Auffassung vom Philosophieren – und zugleich von
der Differenz dieses Geschäfts von jenem der Wissenschaften.
Denn offenbar erreichen die Wissenschaften ihre Schärfe durch
Verfeinerung. Die Philosophie hingegen erreicht ihre Schärfe –
nach materialistischer Auffassung – dadurch, dass sie versucht,
so grob wie möglich zu werden. So scharf zu sein wie möglich,
indem man so grob wird wie möglich – diese doppelte Aufgabe
der Philosophie lässt sich vielleicht vergleichen mit der doppelten Aufgabe der Kunst, wo es bisweilen darauf anzukommen
scheint, *so klug wie möglich* zu sein, indem man zugleich *so
mühelos wie möglich* wird.[1]

Dank ihrer durch Knappheit und Grobheit erzielten Ein-
dringlichkeit versuchen die materialistischen Thesen, wirksamer und beweglicher zu sein als die umfassenderen, diffe-
renzierteren und behäbigeren Darstellungsformen des Idealismus. Das ist nicht zuletzt deshalb notwendig, weil die
materialistische Philosophie beansprucht, sofort wirken und
helfen zu können.[2] Während die idealistische Philosophie bekanntlich gerne in Dimensionen von Ewigkeiten denkt und
darum viel Zeit hat für ihre Systeme, legt es der Materialismus
auf Sofortwirkung an. Um sich möglichst noch in diesem
Leben zu lohnen, fasst er sich kurz.

Um mich also kurz zu fassen, möchte ich versuchen, ein materialistisches Programm in Form von zwei Thesen zu präsentieren. Um sie jedoch scharf zu machen – das heißt: kritisch in Bezug auf die vorherrschende Ideologie der Gegenwart – werde ich die Hilfe einer besonderen Verbündeten in Anspruch nehmen, die der Materialismus im Feld der Kunst sowie des Alltagslebens besitzt. Diese Verbündete ist die Komödie.

Die Komödie ist die Vertreterin des Materialismus auf der Bühne des Theaters, der Kinoleinwand und auf den diversen Bildschirmen. Und nicht nur das: Sie erfüllt nicht einfach bloß als brave Soldatin ihr philosophisches Programm, sondern vielmehr macht sie – oft besser, als manche Philosophen es verstanden haben – deutlich, worin dieses Programm besteht. Die Komödie präzisiert den philosophischen Materialismus. Die beiden zusammenhängenden Thesen, mit denen die Komödie ihn zur Darstellung und Präzisierung bringt, sind die These von der einen Welt sowie die These vom Vorrang der Erscheinung.

1. Die These von der einen Welt:
»Her mit dem schönen Leben!«

Philosophischer Materialismus wird oft in dem Satz zusammengefasst: *»Die Dinge da draußen existieren unabhängig von unserem Bewusstsein; sie sind also auch dann da, wenn wir sie nicht wahrnehmen oder an sie denken.«* – In dieser Form erscheint die These von der Materialität als eine ontologische oder erkenntnistheoretische. Die Komödie aber lehrt uns, dieser These einen etwas veränderten Akzent zu geben und sie nicht in erster Linie als ontologische bzw. erkenntnistheoretische These zu begreifen, sondern vielmehr als eine *ethische*.[3]

Mit diesem Akzent lässt sich die These von der Materialität

dann wie folgt formulieren: »*Diese Welt ist die einzige und beste, die wir haben.*« So gelesen und formuliert, zeigt die These von der Materialität deutlich ihre Stoßrichtung an – sie zeigt, auf welche praktischen Konsequenzen sie abzielt. Während bei ihrer erkenntnistheoretischen Fassung kaum klar ist, welchen Unterschied im Handeln es jemals ausmachen soll, wenn es sich so verhält, wie die These behauptet, wird das bei ihrer ethischen Fassung sofort deutlich: Leute, die davon ausgehen, dass das die einzige Welt ist, die sie haben, werden sich in dieser Welt anders verhalten als zum Beispiel solche, die auf eine andere, bessere Welt spekulieren.

Der Satz »Diese Welt ist die beste, die wir haben« bedeutet natürlich nicht, dass diese Welt in Ordnung wäre. Er sagt nicht, wie Leibniz behauptete, dass wir in der besten aller möglichen Welten leben. Er sagt nur, dass wir keine andere Welt haben, und dass folglich, wenn es überhaupt ein gutes Leben gibt, dieses gute Leben sich hier und jetzt abspielen muss. Die Frage aus dem Song Wolf Biermanns, »Gibt es ein Leben vor dem Tod?« – das ist die Frage des Materialismus.

Die Komödie vertritt diese Position, indem sie von der Annahme ausgeht, dass alles, was großartig ist, auch von dieser Welt ist. Darum herrscht in der Komödie das Paradigma des Gelingens:[4] die unwahrscheinlichsten Vorhaben und gewagtesten Hochstapeleien führen zum Erfolg; die Liebespaare – oder auch die Dreiecksbeziehungen und andere polygone Verhältnisse, welche die Komödie mindestens ebenso großartig findet – kommen am Ende zusammen; es gibt ein *Happy End*, wie merkwürdig oder fremd das gegenüber den sogenannten guten Sitten auch erscheinen mag; nichts – oder jedenfalls kein Gebot guter Sitten – kann dieses *Happy End* verhindern. (Denn schließlich, wie Billy Wilders Held aus »Some Like It Hot« am Ende sagt: »Nobody is perfect.«)

In der Tragödie dagegen herrscht bekanntlich das Prinzip des Scheiterns: Ihre vordergründige Traurigkeit entwickelt die

Tragödie aus der Annahme, dass nichts, was großartig ist, von dieser Welt sein kann und dass alles wahrhaft Großartige eben darum in dieser Welt scheitern muss. Damit insinuiert die Tragödie klarerweise auch den Umkehrschluss, nämlich, dass alles, was scheitert, großartig wäre – und das macht ihre Traurigkeit zu einer nur vordergründigen: Denn immerhin kann man sich dann einreden, dass man beim Zusehen, wie etwas schiefging, etwas Großartiges gesehen hätte. Das kann erklären, weshalb Leute sich freiwillig Tragödien ansehen – der damit verbundene Lustgewinn wäre also begreiflich gemacht, und das libido-ökonomische Paradoxon, auf das Sigmund Freud in diesem Zusammenhang hingewiesen hat, gelöst (s. Freud [1920 g]: 227).

Wenn die Komödie vom Gelingen des Großartigen handelt, während die Tragödie dessen notwendiges Scheitern postuliert, so zeigt sich daran ein religionsgeschichtlicher Hintergrund: Der »Geist der Komödie« entspricht einer heidnischen Weltauffassung. Denn es ist eine heidnische Auffassung der Welt, die vom Gelingen des Großartigen ausgeht. Dort ist es möglich, dass das Großartigste, das Göttliche bzw. Heilige, sichtbar wird und sich nicht nur höchstens einmal, sondern immer wieder und an vielen Orten zeigt – wobei es sich übrigens auch lachend zeigen kann: Denn bei den Heiden haben die Götter Humor.[5] In der heidnischen Weltauffassung ist es folglich auch problemlos denkbar, dass dieses Göttliche dargestellt werden kann – Olympiasieger oder Hetären konnten darum einem Praxiteles als geeignete Vorbilder für seine Statuen des Apollon oder der Aphrodite Modell stehen. Das Göttliche kann eben deshalb erscheinen, weil Erscheinen in dieser Welt nicht als Makel, Abstrich oder Verlust aufgefasst wird. Denn diese Welt wird in der heidnischen Auffassung eben selbst als großartig begriffen. Die heidnische Grundstimmung angesichts dieser Welt ist deshalb, wie Nietzsche gezeigt hat, die einer exzessiven Dankbarkeit:

»Das, was an der Religiosität der alte Griechen staunen macht, ist die unbändige Fülle von Dankbarkeit, welche sie ausströmt: – es ist eine sehr vornehme Art Mensch, welche so vor der Natur und vor dem Leben steht! – Später, als der Pöbel in Griechenland zum Übergewicht kommt, überwuchert die Furcht auch in der Religion; und das Christentum bereitete sich vor. –« (Nietzsche [1886]: 59)

Es ist die heidnische Auffassung der Welt, die lehrt, diese Welt als großartig zu begreifen und sie dankbar als das Beste zu schätzen, was wir haben. Die heidnische Weltauffassung ist darum der Welt zugewandt oder »physisch«; ihre Haltung ist diejenige, aus der der philosophische Materialismus gelernt hat.

Furcht oder Abscheu angesichts der »Schlechtigkeit der Welt« hingegen, das Gefühl, in einem »Jammertal« zu leben, auf eine bessere oder wahrere ideale Welt hinter dieser erscheinenden Welt zu hoffen – dies sind die Kennzeichen einer weltabgewandten, metaphysischen Auffassung; charakteristisch für Religionen wie das Christentum, die davon ausgehen, dass die erscheinende Welt mangelhaft sei und dass das Göttliche darum nicht (bzw. nur in Ausnahmefällen) erscheinen und auch in seiner Göttlichkeit nicht adäquat dargestellt werden könne. Wenn diese Welt so schlecht ist, dann kann das wahrhaft Große oder Gute in dieser Welt nur scheitern – und konsequenterweise ist der Gott einer solchen Weltauffassung dann keine gefeierte Diva, kein Olympiasieger, sondern ein tragischer Verlierer, den man selten lachen sieht, und er hat seinen großen Auftritt nicht in einer Siegerehrung, sondern in der Todesstrafe.

1.1. Sadness for Fighters?

Interessant erscheint vor diesem Hintergrund die Frage, welche der beiden Weltanschauungen – ungeachtet dessen, welche wahrer sein mag – geeigneter erscheint, ihre Vertreter zur Militanz zu befähigen.[6] Wer ist wohl eher bereit, engagiert zu kämpfen: die Materialisten der Komödie oder die Tragiker? Die Physiker oder die Metaphysiker? Die Bejahenden des Lebens oder die Verneiner der Welt? – In der Antike sollen die Heiden – so behauptet es jedenfalls der frühchristliche Schriftsteller Tertullian – darüber erstaunt gewesen sein, mit welcher mutigen Todesverachtung die Christen an ihrer religiösen Überzeugung festgehalten haben. Nur wer diese Welt und dieses Leben nicht für alles nimmt, könne unerschrocken dem Leid und dem Tod begegnen – wie eben zum Beispiel die Christen, »ein zum Sterben stets bereiter Menschenschlag« (Tertullian 2008: 5). Dieselbe Überlegung taucht in der Philosophie der Gegenwart wieder auf – zum Beispiel wenn Slavoj Žižek, um den postmodernen apolitischen Zynismus zu bekämpfen, das Christentum für den Materialismus in Anspruch nimmt und meint, nur dieses könne zu einer wahrhaft asketischen, militanten Haltung anleiten (s. Žižek 2004). Und haben nicht erst vor kurzem die Verfechter des islamischen Fundamentalismus mit demselben Argument der westlichen Kultur höhnisch deren angebliche Dekadenz und Wehrlosigkeit vorgeworfen (»Ihr liebt das Leben, wir lieben den Tod«)?

Allerdings sind die Metaphysiker nicht die Einzigen, die der Militanz und sogar der Todesverachtung im Kampf fähig sind. Es ist eine irrige, idealistische Annahme, dass Menschen, die das Leben lieben, eben deshalb nicht imstande wären, es aufs Spiel zu setzen.[7] Man muss nicht etwas jenseits des Lebens im Blick haben, um dieses Leben zu riskieren. Es kann vielmehr schon genügen, dass dieses Leben, das doch nach materialistischer Auffassung das beste ist, was wir haben, in seiner aktuellen Form als unerträglich erscheint. In diesem Sinn heißt es in dem Gedicht »Resolution der Kommunarden« von Bertolt Brecht:

»In Erwägung daß ihr uns dann eben
Mit Gewehren und Kanonen droht
Haben wir beschlossen, nunmehr schlechtes Leben
Mehr zu fürchten als den Tod.« (Brecht 1984: 653)

Darin besteht der massivste und verlässlichste Antrieb einer materialistischen Kampfbereitschaft: in der Furcht vor schlechtem Leben in dieser besten Welt, die wir haben. Diese Furcht lässt selbst die Todesfurcht klein werden. Wenn also die Materialisten den Metaphysikern in der Fähigkeit zur Todesverachtung nicht nachstehen, so haben sie ihnen andererseits vielleicht noch etwas voraus – nämlich ein Bild dessen, was sie erreichen wollen. Dieses Bild hingegen scheint den tragisch gesinnten Metaphysikern zu fehlen: Sie können kaum angeben, was für sie eigentlich ein Erfolg wäre. Sie haben keine Idee davon, wie die Welt nach ihrem Sieg aussehen sollte und wie sie darin leben wollen. In dem regelmäßigen Scheitern ihrer Hoffnungen verrät sich darum eine Hoffnung auf das Scheitern.[8] Ihre Todesverachtung ist in Wahrheit eine Verachtung des Lebens.

Dementsprechend sind die militanten Tragiker, die zwar kämpfen, aber sich keinen wünschenswerten Zustand dieser Welt vorstellen können, die Zwillinge jener politisch abstinenten Postmodernen, die meinen, dass es auf der Welt nichts gäbe, wofür es sich ernsthaft zu kämpfen lohnt. Es besteht eine grundlegende Komplizenschaft zwischen metaphysischer Askese und Spaßkultur. Darauf hat bereits der Kulturtheoretiker Johan Huizinga hingewiesen, als er betonte, dass die vermeintlich hedonistische Idee, es gäbe keine Wahrheit und die ganze Welt sei bloß Spiel beziehungsweise Theater (oder – wie die Dekonstruktivisten meinen: Literatur), zugleich die Ausgangsannahme der finstersten asketischen christlichen Metaphysiker ist (s. Huizinga 1956: 7, 12). Denn die grundlegende metaphysische Operation besteht darin, Wahrheit und Freiheit anderswo anzusiedeln als auf der Welt und im Glück. Alle

Spielarten der Metaphysik (das heißt: des philosophischen Idealismus) beruhen auf der Annahme einer solchen Spaltung. Sie unterscheiden sich lediglich untereinander durch die Präferenz, die sie einer der beiden Seiten zuerkennen (z. B. für die Freiheit und gegen das Glück; oder für das Glück und gegen die Wahrheit etc.).

Für die Theorie der Komödie lässt sich daraus die Schlussfolgerung gewinnen, dass die postmoderne Spaßkultur, die alles ins Lächerliche oder ins Dekonstruktiv-Ungewisse ziehen will, keineswegs, wie sie selbst oft glaubhaft machen möchte, eine Verbündete der Komödie ist. Vielmehr ist diese Spaßkultur metaphysisch. Sie steht damit der Tragödie nahe und ist eine philosophische Hauptgegnerin des Materialismus, den die Komödie behauptet. Daraus wird verständlich, weshalb eine Epoche, die den Spaß so sehr auf ihre Fahnen geschrieben hat wie die Postmoderne, im Vergleich zu den von ihr selbst als viel ernsthafter eingestuften Perioden der 60er und 70er Jahre in Film und Theater so verschwindend wenig gute Komödien hervorgebracht hat. Allgemeiner lässt sich daraus erkennen, weshalb der postmoderne Hedonismus in eine Kultur voller Ängstlichkeiten, Hemmungen, Ekelgefühle und Verbote geführt hat. Er ist eben kein materialistischer Hedonismus, der als Erstes die Frage nach dem guten Leben stellt.

Für die politische Theorie lässt sich die Konsequenz ziehen, dass Christentum und militante Askese keine geeigneten Gegenmittel zu postmoderner Beliebigkeit und spaßkulturellem Hedonismus sein können. Anstatt deren Gegenteil zu sein, ist die christliche Askese nur ihr seitenverkehrtes Spiegelbild – ihr »epistemologisches Double« im Sinn Gaston Bachelards (s. Bachelard 1949: 5). Mit der Spaßkultur wirklich zu brechen bedeutet darum auch, mit dem tragischen Paradigma der christlichen Weltauffassung zu brechen. Daraus erklärt es sich, weshalb Slavoj Žižek seine ersten, emphatischen, aber

nicht ohne Humor vorgetragenen philosophischen Parteinah-
men für das Christentum später stark relativiert und präzisiert
hat (s. Žižek 2004 a).

1.2. The Awful Truth?

Aus der von der Komödie vertretenen materialistischen These, dass diese Welt die einzige und beste ist, die wir haben,
und dass alles Großartige, wenn überhaupt, dann nur auf
dieser Welt großartig sein kann, folgt schließlich auch eine erkenntnistheoretische Position. Wie jeder echte Materialismus
unterhält die Komödie ein unproblematisches Verhältnis zur
Wahrheit.[9] Die Komödie lehrt, man kann die Wahrheit erkennen. Das zeigt sich zum Beispiel schon an den einfachsten
Formen der Verwechslungskomödie: Dort ist zu sehen, wie
jemand eine andere Person, etwa aufgrund eines Kostüms,
für eine dritte Person hält – und damit wird den Zuschauern
in elementarer, hellsichtiger Weise das gesamte Prinzip des
Theaters selbst vor Augen geführt. Die Komödie ist voll von
solchen selbstreflexiven Momenten und Verfremdungs-Effek-
ten, und gerade diese Erkenntnisse sind in der Komödie das
Amüsante und erzeugen die für sie charakteristische Lust.[10]

Das ist besonders deutlich im 18. Jahrhundert an den extrem selbstreflexiven und eben darin dem Prinzip der Komödie verpflichteten Romanen Lawrence Sternes und Denis Di-
derots zu sehen; aber ebenso, auf aktueller alltagskultureller
Ebene, an der erstaunlichen, ihr Genre thematisierenden
Selbstreflexivität von Horrorkomödien wie »Scream« (bzw.
deren Nachfolgern »Scream 2« und »Scream 3«). Dort kann
man so beachtliche Sätze hören wie zum Beispiel: »Bitte sag
jetzt nicht, du kommst gleich wieder, denn immer wenn im
Horrorfilm jemand so etwas sagt, wird er gleich darauf umge-
bracht.«[11]

Auch die Wahrheit ist also in der Komödie dem Prinzip
des Gelingens unterworfen. Für die Komödie ist die Wahrheit

keine tragische Heldin, die an der schlechten Welt zerbrechen muss. Gemäß ihrer materialistischen Militanz widerspricht die Komödie damit einer ganzen Reihe feindlicher Positionen in dieser Frage. Zunächst lässt sie nicht gelten, dass die Wahrheit etwas sehr Seltenes oder gar für diese Welt zu Kostbares wäre (wie es die typischen salbungsvollen Frage-Gesten der Dekonstruktivisten, vom Typ »Wissen wir denn überhaupt, was es heißt, zu sprechen?«, gerne tun). Damit wird zugleich auch die spaßkulturelle Yuppie-Variante dieser Position, derzufolge wir uns lieber amüsieren sollten, anstatt uns für etwas Ernsthaftes zu engagieren, weil wir die Wahrheit ohnehin nie erfahren werden, von der Wahrheitsliebe der Komödie bekämpft.

Und schließlich bestreitet die Komödie das Prinzip »traurig, aber wahr«. Die Wahrheit ist für die Komödie keineswegs immer traurig, und noch weniger lässt sie die These gelten, dass Traurigkeit ein Zeichen von Wahrheit sei: Denn nicht alles, was wahr ist, ist traurig, und schon gar nicht ist alles, was traurig ist, bloß deshalb auch wahr.[12] Damit widersetzt sich die Komödie jenen verbissenen Wahrheitssuchern, die allein durch das finstere Gesicht, das sie machen, den Anspruch erheben, etwas besonders Wesentliches, Wichtiges oder Authentisches entdeckt zu haben.[13]

Diese mehrfache Feindschaft gereicht der Komödie zur Ehre: Denn durch sie zeigt sich, dass diejenigen, die die Wahrheit so hochhalten, dass sie sie selbst nicht erreichen können; diejenigen, die hoffen, niemals die Wahrheit berühren zu müssen, weil sie ihr Vergnügen durch die Wahrheit bedroht sehen; und diejenigen, die – umgekehrt – eine Wahrheit jenseits des Vergnügens und damit jenseits der Welt für sich beanspruchen, Verbündete sind. Die Komödie entlarvt die scheinbar so verschiedenen philosophischen Gestalten des zwanghaft skeptischen Dekonstruktivisten, des krampfhaft fröhlichen, spaßkulturellen Relativisten und des getrieben weltfernen, humorlosen, asketischen Wahrheitssuchers als Komplizen – als Anhänger ein und desselben tragischen, jeglicher Diesseitigkeit und Heiterkeit der Wahrheit feindlich gesinnten idealistischen Paradigmas.

2. Die These vom Vorrang der Erscheinung: »*Erzählt Euch keine Geschichten!*«

Ein zweites Motiv, mit dem der philosophische Materialismus meist charakterisiert wird, ist die Lehre vom Atomismus. Die Welt besteht, dieser Lehre zufolge, aus einer gleichbleibenden Anzahl von Atomen, »denn nichts wird aus nichts, und nichts wird zu nichts«.[14] Und ihre verschiedenen Gestalten nimmt die Welt an, weil die auf parallelen Bahnen fallenden Atome aufgrund kleiner Abweichungen gelegentlich kollidieren und dadurch größere Einheiten bilden.[15] Die Annahmen Demokrits über die unzerstörbaren und unteilbaren kleinsten Einheiten der Welt und Epikurs These über deren chaotischen, leichten Ablenkungen unterworfenen Fall erscheinen zunächst in erster Linie als kosmologische Theorie. Als solche wäre sie heute vielleicht allenfalls für Historiker der Naturwissenschaften, jedoch schwerlich für jemand anderen von Interesse. Es bliebe kaum verständlich, wieso materialistische Philosophen und Theoretiker der Gesellschaft wie Karl Marx oder Louis Althusser sich für diese chaotisch herabregnenden Teilchen interessiert haben sollten.[16]

Dank der Komödie wird es möglich, auch der materialistischen Lehre vom Atomismus einen präzisen Sinn zu geben und – wieder durch eine kleine Akzentverschiebung – zu zeigen, dass sich hinter dem scheinbar kosmologischen Argument eine ethische These verbirgt. Der Satz, »*die Welt besteht aus Atomen, die ihrer Bahn folgen und dabei manchmal zusammenstoßen und größere Einheiten bilden*« lässt sich gut anhand der Struktur gängiger Komödien illustrieren. Nehmen wir zum Beispiel die bekannte amerikanische Fernseh-Sit-Com »Golden Girls«. Dort gibt es vier Damen, sozusagen vier verschiedene Atome, die alle völlig gesetzmäßig ihren eigenen Bahnen folgen. In ihrer Fixiertheit auf jeweils einen bestimmten eindimensionalen Charakter (und die ihm entsprechenden Themen) funktionieren sie geradezu wie Maschinen: die verantwortungsbewusste Kluge, die Einfältige, aber Gutmütige, die Erotomanin und schließlich die bauernschlaue, grausame sizilianische Urgroßmutter. Gelegentlich treffen sie in ihren Unterhaltungen an bestimmten Punkten zusammen, aber aus gänzlich verschiedenen Gründen – aus Motiven, die einander völlig äußerlich sind. Man könnte dann meinen, sie kommunizierten miteinander, dabei meint jede nur das, was ihrer einseitigen Ausrichtung entspricht. Dadurch entsteht die komische Wirkung: Je eindimensionaler sie sind, desto komischer erscheint es, wenn in ihrem Zusammentreffen so etwas wie Sinn entsteht; wenn es so aussieht, als hätten sie sich jetzt verstanden oder über dasselbe gesprochen.

Die Komödie erweist also die scheinbar sinnvollen Begegnungen als zufällige, absichts- und verständnislose. Hinter den imponierenden Sinn-Effekten lässt sie die einfachen Automatismen erkennen. Damit erläutert die Komödie die entscheidende Bedeutung der materialistischen Lehre von den Atomen: *Der Eindruck von Sinn geht aus dem Unsinn hervor.* Darin steckt ein kritisches Moment, denn der Eindruck von Sinn gehört zu einer bestimmten Illusion. Sinn ist etwas anderes als Bedeutung. Der Bedeutung haftet keine Illusion an: Denn Bedeutungen erkennen wir, weil wir gelernt haben, Zeichen zu lesen. Sinn aber entsteht dort, wo wir andere so behandeln, als wären sie zu nichts anderem auf der Welt als dazu, uns zu verstehen – und zwar so, wie wir es meinen. Sobald Sinn entsteht, fühlen wir uns im Mittelpunkt der Welt. Genau diese Illusion hatte Epikur mit seiner These im Blick;

ihr stellte er das Bild der absichtslos kollidierenden Atome entgegen. Dadurch erhält die These vom Atomismus ihre ethische Bedeutung. Auch sie soll – wie alle philosophischen Thesen nach dem Konzept Epikurs – einen Affekt heilen; sie soll von allen unlustvollen Erregungen befreien, die aus der Illusion von Sinn hervorgehen.[17] Louis Althusser hat diese Theorie in seinem posthum veröffentlichten Spätwerk als »matérialisme de la rencontre«, Materialismus des Aufeinandertreffens, bezeichnet (s. Althusser [1982]).[18]

Dem Materialismus des Aufeinandertreffens zu folgen bedeutet, *sich nicht für das Zentrum der Welt zu halten*: weder für das Ziel – das, worauf alle Bestrebungen der Umwelt gerichtet sind; noch für den Ursprung – das, wovon die Wirkungen in der Welt ausgehen. Wie Spinoza feststellte (s. Spinoza 1976: 41) gibt es also weder Lenker, die alles zu unserem Besten eingerichtet haben und auf deren weise vorgeplanten Bahnen wir uns bewegten; noch sind wir die selbstbestimmten Ausgangspunkte unseres Handelns. Vielmehr sind wir in unserem Handeln viel öfter absichtslos herumgeschubst, als wir uns gerne eingestehen,[19] und wir halten uns nur für frei, weil wir die wahren Ursachen – sozusagen die uns bestimmenden Atom-Kollisionen – unserer Aktivitäten oft nicht kennen. So kommt es, dass wir gerade dort, wo wir uns am freiesten wähnen, es am wenigsten sind. Die Gesamtheit dieser Prinzipien und Folgerungen hat Louis Althusser in einer Formel der Ernüchterung zusammengefasst, die er als »die einzige Definition des Materialismus« bezeichnete: »*sich keine Geschichten erzählen*« (»ne pas se raconter d'histoire«, Althusser 1994: 247).

Die Komödie setzt diese einfache, ernüchternde Position des Materialismus voraus: Sie anerkennt die grundlegende *Dezentrierung*[20] der Individuen, die sich mit Notwendigkeit immer für Subjekte, für Zentren, halten. »*Ihr seid nicht so frei, wie ihr euch gerne einbildet*« – diesen höhnischen Zuruf versetzt die Komödie fortwährend ihren Zuschauern, indem sie ihnen ihre Figuren als Exempel vor Augen führt. Hier verläuft die entscheidende Demarkationslinie, die den Materialismus der Komödie von den idealistischen Philosophien trennt. Denn Letztere charakterisieren sich dadurch, dass sie bekanntlich – vertreten von Immanuel Kant bis Judith Butler – den Menschen immer die Geschichte erzählen, *sie seien in Wahrheit freier, als ihnen bewusst ist.* Sie könnten mehr verändern, als sie selbst glauben oder wahrhaben wollen. Der Idealismus behauptet also die grundsätzliche *Zentriertheit* der Menschen in der Welt: Die Welt ist vom Menschen und für den Menschen gemacht. Wenn die Menschen dann einmal faktisch unfrei sind, so kann der Grund dafür folglich nur in einer Schuld, und diese Schuld nur bei ihnen selbst liegen – es ist nichts als »selbstverschuldete Unmündigkeit«. Wer also den Menschen erzählt, dass sie freier sind, als sie glauben, tut dies nur, um ihnen mit dem nächsten Satz nahezulegen, dass sie an ihrer Misere selbst schuld sind. Sie sind, dem Idealismus zufolge, deshalb schuld und unfrei, weil sie sich selbst nicht in ausreichendem Maß als frei, d. h. als Subjekte, erfahren.

Gerade unter neoliberalen Verhältnissen hat diese idealistische Denkfigur ihre ideologische Funktion deutlich vorgeführt: Ständig wurde seit den 90er Jahren den Individuen Handlungsmacht eingeredet, und wo sie sie noch nicht hatten, wurden sie zur Aneignung animiert: Sie sollten sich als Unternehmer oder als »Ich-AGs« fühlen, und in der Folge sollten sie sich dann auch für ihr berufliches Scheitern und für das Fehlen von sozialer Absicherung selbst verantwortlich fühlen, anstatt die Ursache in den Verhältnissen zu suchen und dort auf Veränderung zu drängen. Dasselbe gilt, wie zuvor bemerkt, auch für die Rauchverbote: Sie geben vor, den freien Willen und das Eigene der Individuen zu stärken – nun müssen sie sich keinen fremden Rauch mehr gefallen lassen; freilich werden sie dann im nächsten Schritt für etwaige Krankheit selbst haftbar gemacht. Auch auf kultureller Ebene sollten alle ganz sie selbst sein und darauf pochen; jeder soll nach postmodernem Geschmack seine Identität pflegen und »seine eigene Geschichte erzählen« – und nicht etwa auf etwas hinarbeiten oder etwas für sich beanspruchen, das auch für andere relevant sein könnte.

Der Idealismus – und mit ihm die Tragödie – hält die Individuen also für Subjekte, wirft ihnen vor, dass sie selbst es nicht täten, und operiert folglich mit dem Begriff der Schuld.[21] Die Komödie hingegen legt, hellsichtiger, den Blick auf die determinierende – sei es soziale, sei es unbewusst-psychische – Mechanik dort frei, wo die Figuren sich für selbstbestimmt halten. Sie erweist die vermeintlichen Subjekte als bloße Individuen. Und sie zeigt, dass der Grund ihrer Unfreiheit nicht darin liegt, dass sie ihre Freiheit nicht wahrhaben wollen, sondern darin, dass sie sich gerade dort frei fühlen, wo sie es nicht sind. Das Problem liegt also nicht in einem Mangel, sondern in einem Überschuss an Subjekterfahrung durch die Subjekte. Und an diesem Überschuss sind sie nicht selbst schuld; er tritt vielmehr mit Notwendigkeit auf[22] – mit der Unvermeidlichkeit komödiantischer Missverständnisse: Die Figuren erfahren sich ständig als frei, wo sie es gar nicht sind; genau darum lassen sie sich noch viel bereitwilliger herumschubsen. Die Aufwandsdifferenz zwischen dem kostbaren Selbstbild der Figuren und dem kläglichen Bild, das sie – als oft sogar noch aktiv mithelfende Opfer der Mechanik – nach außen zeigen, kommt dann den Zuschauern als überschüssige Energie zugute, die von ihnen abgelacht werden kann.[23]

Komisch ist man immer dann, wenn man es für andere ist – auch wenn man selbst vielleicht durchaus gute Gründe dafür haben mag, weshalb man etwas genau so macht und nicht anders. Die Komödie hält materialistisch daran fest, dass die Bedeutung der Dinge in ihrer Relevanz für andere liegt. Das ist das Prinzip vom Vorrang der Erscheinung, das die Komödie gegen die entgegengesetzte Auffassung der Tragödie behauptet. In der Tragödie glauben die Figuren an sich selbst und werden von der Welt – zu Unrecht, wie die Tragödie suggeriert –, nicht als das erkannt, wofür sie sich halten. Tragisch ist es, wenn jemand ganz Bestimmter nicht als solcher erkannt und einfach für irgendjemanden gehalten wird.

In der Komödie dagegen müssen die Figuren – oft kopfschüttelnd – erkennen, dass man sie für etwas Bestimmtes hält, dessen Rolle sie dann, der Welt zuliebe, gegen ihren eigenen Willen und gegen ihre eigene Selbsteinschätzung spielen müssen. Das Komödiantische besteht darin, dass irgendjemand, der sich nicht dafür hält, für etwas ganz Bestimmtes gehalten und dadurch gezwungen wird, es zu sein. Am Beispiel der Liebe lässt sich das deutlich erkennen: In der Tragödie glauben Romeo und Julia an ihre Liebe und scheitern damit an der Welt, die diese Liebe für unmöglich hält. In der Komödie ist es genau umgekehrt: Die Heldin und der Held in Alfred Hitchcocks Agentenfilm »Die 39 Stufen« zum Beispiel müssen, von ihren Gegnern mit Handschellen aneinandergekettet, durch das schottische Hochmoor flüchten, wobei sie einander hassen. Aber alle, denen sie begegnen, halten sie für ein innig verliebtes Paar. Nicht sie selbst, aber die anderen halten die Liebe für gegeben. Also müssen auch sie selbst am Ende einsehen, dass es sich unweigerlich um Liebe handeln muss – das ist Komödienlogik. In der Logik der Komödie wird aus gespielter Liebe notwendigerweise echte Liebe.[24] Denn das, was zählt, ist hier, nach ihrem materialistischen Prinzip immer die objektive Erscheinung, und nicht etwa die Meinung der Subjekte. Und die objektive Erscheinung – das, was andere sehen oder sehen könnten – wird in der Folge für die Komödienhelden selbst zwingend.[25] Dieser Zwang gehört zu den heitersten Effekten von atomarem Geschubse in der Komödie. Es ist eine genrebedingte Heteronomie, die unweigerlich ein erhellendes Licht auf das übrige Leben wirft.

Den philosophischen Gegensatz der dramatischen Gattungen hat, genau unter diesem Gesichtspunkt, auch Karl Marx bemerkt. Darum konnte er schreiben:

>Solange das *ancien régime* als vorhandene Weltordnung mit einer erst werdenden Welt kämpfte, stand auf seiner Seite ein weltgeschichtlicher Irrtum, aber kein persönlicher. Sein Untergang war daher tragisch.

Das jetzige deutsche Regime dagegen, ein Anachronismus, [...] bildet sich nur noch ein, an sich selbst zu glauben, und verlangt von der Welt dieselbe Einbildung. Wenn es an sein eignes Wesen glaubte, würde es dasselbe unter dem Schein eines fremden Wesens zu verstecken [...] suchen? Das moderne *ancien régime* ist nur mehr der Komödiant einer Weltordnung, deren *wirkliche* Helden gestorben sind.« (Marx [1844]: 381 f.)[26]

Marx unterscheidet also die Regimes, in Entsprechung zu den dramatischen Genres, anhand des Kriteriums, bei wem der Glaube (an ein Regime) angesiedelt wird. Das frühere, französische *ancien régime* glaubte selbst, gegen alle Welt, an sich und war dadurch tragisch. Das aktuelle, deutsche *ancien régime* hingegen glaubt nicht an sich und will nur, dass die übrige Welt an es glaube. Das ist komödiantisch.

Damit hat Marx en passant eine sehr präzise Definition der Gattungen geliefert, die das Idealistische der Tragödie und den Materialismus der Komödie trifft: In der Tragödie kommt es darauf an, was die Subjekte selbst glauben; in der Komödie dagegen kommt es darauf an, was die anderen glauben – beziehungsweise was andere hätten glauben können. In der Tragödie zählt die subjektive Meinung, in der Komödie dagegen die objektive Erscheinung – das ist die Marx'sche Definition.

Die Komödie reduziert somit den Charakter immer auf den Effekt einer Struktur – jeder wird für den gehalten, dessen Platz er einnimmt, und die Komödie findet das richtig so. Anstatt wie die Tragödie die Wahrheit im imaginären Selbstbild der Subjekte zu suchen und diese darin zu bestärken durch den Zuruf: *Ihr seid das, wofür ihr euch selbst haltet, nicht das, wofür die anderen euch halten. Lasst euch nichts einreden, glaubt an euch selbst!*, sagt die Komödie ihren Zuschauern vielmehr: *Ihr seid das, was die anderen glauben; nicht das, wofür ihr selbst euch haltet. Erzählt euch keine Geschichten!* Die Komödie folgt also der »goldenen Regel« des Materialismus, wie Althusser sie formuliert hat: »*Das Sein niemals durch sein Selbstbewußtsein beurteilen!*« (Althusser 1977: 99).

Abschließend kann nun auch angedeutet werden, wie man von der ersten der beiden materialistischen Positionen, welche die Komödie vorführt, der These von der einen Welt, zur zweiten, der These vom Vorrang der Erscheinung, gelangt. Denn wenn die These von der einen Welt ihr Paradigma im Gelingen hat, so lässt sie nicht nur alle romantische Verliebtheit ins Unglück und ins Scheitern bleiben. Sie pfeift vielmehr auch auf die versteckte Selbstverliebtheit, die solchen Verlierermentalitäten zugrunde liegt. Denn gerade aus dem Scheitern in der Welt baut sich die tragische Weltsicht ihr kostbares Ich zusammen. Was sie an libidinöser Energie dem Ich zuführt, kann sie nur nehmen, indem sie es der Welt entzieht. Sie sucht darum die Niederlage, um das Selbstwertgefühl zu stärken.

Die Komödie hingegen hilft, dieser Neigung, sich aus dem Unglück »einen Charakter zu machen«, (s. Alain 1982: 54) zu entgehen. Die Weltverliebtheit der Komödie ist eine Einübung in die Kunst, das Glück zu ertragen und nicht automatisch in der Selbstachtung und somit im Unglück das höchste Gut zu suchen. Mit kleinen atomaren Impulsen, die als Stöße des Lachens spürbar werden, wirft uns die Komödie aus der fatalen Bahn der Ichlibido, die Freud mit dem Todestrieb identifizierte. Mit dieser ethischen, quasi medizinischen Wirksamkeit verbindet die Komödie ein theoretisches Moment. Sie macht klar, wie die materialistischen Positionen zusammenhängen: Aus dem Beharren auf dem Glück im Leben folgt konsequenterweise die Kritik des imaginären Charakters.

5. Sind die Gescheiterten immer die Gescheiteren?
Über Nachteile postmoderner Romantik:
Verlierermentalität, Beuteverzicht, Ressentiment

1. Wenn nichts hilft, dann wenigstens darüber reden?

Am Beginn des 21. Jahrhunderts scheinen große Teile der in
Kreativberufen Tätigen daran interessiert zu sein, eine neue,
positive Perspektive auf das Scheitern zu gewinnen. Der Anlass wirkt naheliegend: Immer mehr gutausgebildeten Leuten
droht das Scheitern (etwa in Gestalt von Prekariat, permanen-
tem Praktikum, Volontariat etc.); da ist es doch angebracht,
wenigstens eine Sprache und mithin eine Umgangsform dafür
zu entwickeln. So bilden sich Initiativen, die (im Anschluss
an Christoph Schlingensiefs Projekt »Chance 2000«) »Scheitern als Chance« begreifen, Verbände »glücklicher Arbeits-
loser« oder Clubs wie jener der »polnischen Versager«.[1] Auch
diejenigen, die sonst in ein namenloses Nichts fallen könnten,
bekommen dadurch, so die verbreitete Auffassung, wenigstens etwas – nämlich einen Diskurs.

Ein entscheidendes Moment der genannten Initiativen
allerdings ist, im Fall Schlingensiefs, die bittere Ironie, die
darin bestand, eine Idee, die der Mangagementtheoretiker
Tom Peters *für Unternehmen* präsentiert hatte, als anwend-
bares Prinzip *für die Gesellschaft als ganze* vorzuschlagen. Bei
den polnischen Versagern gibt es immerhin eine gute Portion
Sarkasmus und schwarzen Humors – kulturelle Qualitäten,
die in der Kunst und Populärkultur der letzten, politisch korrekten Jahrzehnte weitgehend abhanden gekommen scheinen; von einem affirmativen Konzept des Scheiterns aber sind
auch sie damit weit entfernt. Und die glücklichen Arbeits-
losen fallen eigentlich vollständig heraus aus dieser Reihe von
scheinbaren Umwertungsunternehmen des Misslichen in et-

was, das auch Glanz hat oder verdient. Sie stellen sich selbst nämlich nicht als Gescheiterte dar, sondern vielmehr als die Einlösung eines Glücksversprechens, das die kapitalistische Produktionsweise ebenso wie viele, die sie bekämpfen, aus dem Blick verloren hat: der Befreiung von Arbeit.

Dem Scheitern eine Faszination anzudichten, zeugt also diesbezüglich von einem Missverständnis; von einem Ironieverlust – und nicht unbedingt von Klugheit im Umgang mit dem Elend spätkapitalistischer Verhältnisse. Abgesehen davon, dass der größte und massivste Teil dieses Elends Menschen betrifft, die wohl kaum als Gescheiterte bezeichnet werden können, da sie, anders als die diversen schlechtbezahlten Cultural Workers in den reichsten Ländern, nicht bloß ein Ziel verfehlen, sondern aufgrund ihrer elenden Lage niemals auch nur in die Nähe eines solchen Zieles gelangten. Scheitern lässt sich somit soziologisch als Phänomen oberer Mittelschichten im Weltmaßstab beschreiben, die immerhin das Privileg von Aussichten besitzen, wenn auch nicht immer das noch seltenere ihrer Verwirklichung.

Kann aber ein Diskurs den Gescheiterten helfen? – Man sollte nicht übersehen, was ein Diskurs aus Leuten macht, wie Michel Foucault in Bezug auf die sexuellen Geständnismoden nach 1968 gezeigt hat: nämlich *Subjekte*. Was ihnen mehr oder weniger zufällig widerfahren sein mag, wird so zu ihrer intimen Essenz. Einige homosexuelle Erfahrungen machen (durch Sprechen) nun schon *einen Homosexuellen*; ein kleiner Karriereknick *eine Gescheiterte* etc. Und unter den Bedingungen des Privatfernsehens erhält diese Subjektivierung eine zusätzliche Qualität: Während Öffentlichkeit früher möglicherweise eine Art »Schiefheilung«,[2] eine »Aufhebung« des individuellen Geschicks oder Missgeschicks in der Gruppe mit sich gebracht haben mag, ist es heute genau umgekehrt: Das Outing des schwarzen Schafs veranlasst die Zuschauer keineswegs zur Solidarisierung, sondern vielmehr dazu, erleichtert aufzuatmen und mit dem Finger auf dieses zu zeigen. Unter den gegenwärtigen Kommunikationsverhältnissen führt die Benennung und Bekanntmachung eines Unglücks nicht zu seiner Verallgemeinerung, sondern vielmehr zu seiner Vereinzelung. Vom Diskurs haben die Gescheiterten somit keinen Nutzen zu erwarten; sondern vielmehr, dass sie nun noch fester und isolierter auf ihrem Debakel sitzen bleiben.

2. Woher kommt die Freude am Scheitern?

Die Koketterie mit dem Scheitern wird – meist wenig bemerkt – angetrieben von einem zwielichtigen philosophischen Programm. Sie ist die lebensnah anmutende Marionette einer metaphysischen Weltauffassung. Dieser Auffassung zufolge ist die Welt grundsätzlich schlecht. Das bedeutet, dass diese Welt alles Große und Gute unweigerlich, *mit Notwendigkeit* scheitern lässt. Nichts davon kann in dieser grundsätzlich schlechten Welt jemals zu einem Erfolg gelangen.[3] Mehr noch: Diese grundschlechte Welt lässt *gerade und ausschließlich* das wahrhaft Gute und Große scheitern. Nicht nur *alles* davon, sondern auch *nur* dieses.

Diese systematische und konsequente Grundschlechtigkeit der Welt erlaubt ihrer metaphysischen Anschauung nun allerdings einen kolossalen Umkehrschluss: Alles, was in dieser Welt scheitert, ist ebendeshalb schon das wahrhaft Großartige und Gute. Nicht nur die wenigen, besonderen Fälle, in denen etwas Gutes aus mehr oder weniger unvorhersehbaren Gründen vielleicht nicht zu dem Erfolg gelangte, den man ihm gewünscht hätte, sondern alles, was schiefgeht, eignet sich nun für den Verdacht verborgener Größe. Jeder und jede, die irgendetwas nicht zustande gebracht haben, können sich nun mit der Erklärung trösten, dass das, was sie wollten, zu gut für diese Welt war. Diese billige und leicht verfügbare metaphysische Entschädigung wird allerdings um einen hohen Preis erkauft: Nun verschwinden alle Unterschiede und Kriterien, die die Welt bereithält; es wird zunehmend schwieriger, das Klügere und Bessere vom ganz Dummen und von vorneherein Aussichtslosen zu unterscheiden – was allerdings nötig wäre, um vielleicht beim nächsten Mal Erfolg zu haben.

Auf Erfolg aber wird nun grundsätzlich verzichtet. Politisch ist das insbesondere in jenen (z. B. deutschsprachigen) Ländern fatal, wo man nicht auf siegreiche Revolutionen oder erfolgreiche Kämpfe gegen den Faschismus zurückblicken kann. Die Niederlage gerät dann leicht nicht bloß zum historischen, sondern zum grundsätzlichen Merkmal der eigenen Position und wird als solche libidinös besetzt (wodurch weitere Niederlagen mehr als wahrscheinlich werden). Alles Mächtige oder Gewaltige erscheint umgekehrt dafür von vorneherein verdächtig oder faschistoid. Obwohl es das Mittel und die Beute aller Kämpfe ist, verwechselt man sie nun leicht mit dem Feind und beginnt sie ebenso abzulehnen wie diesen. Eine zimperliche und wehleidige Grundstimmung kennzeichnet darum insbesondere die von der Philosophie Theodor W. Adornos geprägte deutsche Nach-68er-Ideologie.[4] Man muss sich völlig rein halten von jedem Anflug von klarer Zielvorstellung oder resoluter Umsetzung; denn jeglicher Sieg, jede Machteroberung kann hier nur als Einbruch »instrumenteller Vernunft«, als Trübung und Verrat an einer auf immer negativ zu haltenden Utopie erscheinen.

Diese abstinente Position erlaubt allerdings bezeichnenderweise durchaus ein vorteilhaftes Nahverhältnis zu Macht: So hat es bis heute kein Anhänger der Frankfurter Schule, die seit Jahrzehnten gern über »herrschaftsfreie Kommunikation« sprechen, für nötig gehalten, sich zu der seit 2006 offen eingestandenen Anwendung von Folter durch die USA und deren Verbündete zu äußern. Darauf hinzuweisen, welchen entscheidenden Meilenstein diese bewusste Aufgabe von Menschenrechtsstandards für die Entwicklung post-demo-kratischer kapitalistischer Verhältnisse darstellt, blieb viel-mehr Philosophen wie Slavoj Žižek vorbehalten (s. Žižek 2007), die von der Frankfurter Philosophenschule sowie der von ihr geprägten, zartbesaiteten Kulturlinken gern als poli-tisch inkorrekte »Borats« der Philosophie charakterisiert wer-den.

3. Wer ist gut, wenn alles schlecht ist?

Wenn die Welt und alles Objektive schlecht ist, dann ist um-gekehrt etwas anderes, Entgegengesetztes, gut: das Subjektive – das heißt: das Ich und alles, was ihm nahesteht. Die metaphy-sische Wertschätzung für das Scheitern und Gescheiterte in der Welt ist immer eine mehr oder weniger stille Würdigung einer dem Ich gewidmeten Größenphantasie. Die Psycho-analyse hat für eine solche Weltauffassung einen klinischen Namen vorgeschlagen: *Narzissmus.* Der Narzissmus ignoriert nicht bloß die Bedeutung der materiellen Welt und ihrer strukturellen Verhältnisse; er dämonisiert sie vielmehr. Das Ich allein erscheint ihm als etwas Gutes, Lustvolles und Reines. Alles Materielle und Strukturelle hingegen wie Stofflichkeit, physische Präsenz, Erfolg, Repräsentationsformen, gesell-schaftliche Institutionen, Machtverhältnisse, Gewalt, Genera-tionenfolgen, Geld, Gesetze, Konventionen, Wissen, Fertigkei-ten etc. wird aus narzisstischer Perspektive – wie Bela Grun-berger und Pierre Dessuant in ihrer grundlegenden Studie dargelegt haben – als etwas Schmutziges, bloß Äußerliches, zu Überwindendes wahrgenommen (s. Grunberger / Dessuant 2000).

Den Einbruch des Narzissmus in die Gegenwartskultur hat als Erster Richard Sennett erkannt und diagnostiziert – in seiner 1974 erschienenen Studie »The Fall of Public Man« (Sennett [1974]). Er zeigt darin, wie die narzisstische Passion für das Eigene, Authentische, auf die Zerstörung jenes öffentlichen Raumes hinarbeitet, in dem man etwas vom Eigenen, Vertrauten und Privaten Verschiedenes – etwas Feierlicheres, Formelles, für andere Dargestelltes zur Aufführung bringen konnte. Sennetts Kritik, die zum Zeitpunkt ihres Erscheinens immerhin bereits die Entlarvung fundamentaler Selbsttäuschungen einer damals siegesgewissen Neuen Linken war, zeigt vielleicht erst heute, unter der Vorherrschaft des Neoliberalismus, ihre ganze, entscheidende Tragweite. Denn unter neoliberalen Verhältnissen ist aus dem kulturellen Narzissmus eine entscheidende ideologische Stütze der massiven gesellschaftlichen Umverteilungen geworden.

Da der Narzissmus alles, was dem Ich nahesteht, dem vorzieht, was auf der Seite der Welt zu finden ist, tendiert er zum *Beuteverzicht*. Dabei zeichnet er sich durch eine Reihe von zusammenhängenden philosophischen Präferenzen aus: Er verrät sich daran, dass er gern für das »Immaterielle« schwärmt, das er allem Materiellen vorzieht; er agiert lieber »spontan« als organisiert oder geplant; er ist selbstverständlich für die Freiheit, und nicht für das Glück, Subjekt sein ist für ihn immer besser, als ein Objekt zu sein; das Authentische besser als das Kunstvolle; das Selbstgestaltete besser als das Vorgefundene; das Konstruierte besser als das Gegebene; die Absicht wichtiger als ihre Ausführung.

Da diese philosophischen Irrtümer ein dichtes »Gewebe« bilden, ist die vom Narzissmus geprägte metaphysische Weltauffassung auf vielen Feldern verbreitet. Sie taucht nicht allein in der Schwärmerei von Theoretikern wie Maurizio Lazzarato und Paolo Virno für die »immaterielle Arbeit« oder von Hardt und Negri für die »Spontaneität« der gegen das neoliberale Kapital protestierenden Gruppen auf – ein Diskurs, der in seiner programmatischen Blauäugigkeit jede Diskussion über tatsächliche Produktionsverhältnisse unter neoliberalen Bedingungen sowie über die Fragen wirksamer politischer Organisation und Strategie von vorneherein unterbindet. Ebenso zeigt sich der narzisstische Subjektivismus in der Selbstverständlichkeit, mit der bestimmte Agenten im Kunstbetrieb solche Entwicklungen wie Interaktivität oder Partizipation als unzweifelhafte grundlegende emanzipatorische Errungenschaften feiern. Alles Feste, Werkorientierte, Unveränderliche wird aus narzisstischer Perspektive grundsätzlich verabscheut. Man freut sich nur, solange die Dinge noch verändert und alle Betrachter zu Produzenten werden können. Dabei wird jedoch übersehen, dass jemand die Position des Autors einnehmen muss, um vielleicht auch einmal mehr sagen zu können, als er will oder als ihm bewusst ist; dass es feststehende Texte braucht, um sie auch gegen den Strich lesen zu können, und dass jemand die Position eines kritischen Lesers einnehmen muss, um genau das zu tun.

Auch die beliebte Beschäftigung mit dem eigenen Selbst, wie sie im Gefolge von Michel Foucaults »Ästhetik der Existenz« sowie gewisser Teile der Gender-Theorie auftritt, tendiert zur freiwilligen Selbstbeschränkung sämtlicher Ansprüche allein auf das, was dem Ich nahesteht, und mithin zum Verzicht auf alle etwas entfernteren Anteile der Welt. Der Narzissmus regiert überall dort, wo die Devise »Be yourself!« vorherrscht, die im Hip-Hop widerhallt und die an die Stelle, der früheren, kampfbereiteren Parole »We want the world, and we want it now!« getreten ist.

Selbst auf der Ebene der weniger kämpferischen kulturellen Politiken bleiben Folgen nicht aus. Denn der Narzissmus kümmert sich mit Vorliebe um alle Diskriminierten; er ist sensibel für Benachteiligungen aller Art und an allen Orten der Welt und überbietet sich selbst ständig in der Entdeckung neuer Geschädigter. Bezeichnend allerdings ist, was er dann mit ihnen macht.

4. Warum sind die Schwachen nicht die Guten?

Ein Lieblingsprinzip der narzisstischen Weltauffassung ist der Satz: ›Du bist gut, weil du schwach bist.‹ Die Schwachen sind für sie deshalb immer die Guten, weil sie schließlich diejenigen sind, die sich am wenigsten mit der schlechten Welt beschmutzt haben. Nur als Gescheiterte sind sie in einer schlechten Welt unverdächtig. Mit hohem Befreiungspathos angetreten, erweist sich die narzisstische Weltauffassung an diesem Punkt als eine Agentin der *Entpolitisierung*. Denn nun können die Schwachen nur noch schwach bleiben (sofern sie nicht zu Bösen werden wollen).

Gerade in ihrem Größenwahn, der sich jeder Messung und Prüfung an der Welt arrogant entschlägt, hält die narzisstische Weltauffassung sich selbst und alles, was sie mit ihren Präferenzen überziehen kann, klein und ohnmächtig. Künstlerinnen zum Beispiel werden von Kuratorinnen oft nur dann zu Ausstellungen eingeladen, wenn sie bereit sind, die Tatsache, dass sie Frauen sind, in ihren Arbeiten in offensichtlicher, leicht nacherzählbarer und anklagender Weise in den Vordergrund zu stellen. Künstlerische Eigenwilligkeit und der Gebrauch komplexerer formaler Sprachen werden ihnen nun ironischerweise von weiblichen Verantwortlichen und im Namen der Sache der Frauen oft noch massiver und grundsätzlicher verwehrt als in jener vergangenen Epoche, in der die Kunst eindeutiger eine Sache der Männer war. Die Künstlerinneninitiative »Das gewisse Etwas« (Conny Habbel, Marlene Haderer, Karo Szmit, Gunda Wiesner) erforscht diese Strukturen seit mehreren Jahren und hat begonnen, verschiedene Personen aus dem Kunstbetrieb in einer Reihe von Interviews dazu zu befragen (www.wie-geht-kunst.at).

In ähnlicher Weise geschieht das mit Kunstschaffenden aus den zahlreichen vom Imperialismus geschädigten fernen Weltgegenden, auf die eine bestimmte, moralisierende Kunstwelt seit den 90er Jahren besonders neugierig ist: Sie haben gefälligst ihre eigene regionale Lage zu thematisieren und werden ausgeschlossen, wenn sie etwas anderes als kümmerliche und armselige Zeugnisse davon vorlegen.[5] Darauf hat Nicolas Bourriaud vor kurzem hellsichtig hingewiesen: »Die Politik der ›Anerkennung des Anderen‹ [...] stellt sich als Maschine der Inferiorisierung heraus, impliziert die Unterwerfung der Individuen, die aus ›peripheren‹ Ländern stammen, unter ihre Folklore [...]« (Bourriaud 2007: 37).

Mit den Schwachen sympathisieren und alles tun, damit sie nicht aufhören, schwach zu sein – diese Doppelbewegung kennzeichnet die narzisstische Mitleidsmoral. Im Miniaturmaßstab kann man sie zum Beispiel auch an Universitäten erleben: Dort manifestiert sie sich regelmäßig als das Fatale der mittelmäßigen Professoren. Ein amerikanisches Sprichwort bezüglich von Berufungsverfahren an Universitäten sagt: ›Erstklassige Professoren berufen erstklassige; zweitklassige aber berufen drittklassige.‹ Aus diesem Grund sind mittelmäßige Personen in diesem Zusammenhang so katastrophal: sie sind nicht nur ein bisschen schlechter als andere; hinzu kommt noch der »Kollateralschaden« – denn sie setzen vielmehr ihre ganze Kraft dafür ein, dass auch allen anderen nichts Besseres gelingt als ihnen selbst. Klarerweise führen mittelmäßige Professoren viel soziales Pathos im Mund. So sind sie selbstverständlich auch immer auf der Seite der schwächsten Studenten: Denn unter ihnen rekrutieren sie sich ihre willfährigen Vasallen (ähnlich den drittklassigen Professoren); diese halten sie abhängig und erfolglos – nicht ohne sie letztlich auch insgeheim ein wenig dafür zu verachten.

Aus diesem Grund ist es gegenwärtig wichtig, sich wieder für die Philosophie Nietzsches zu interessieren und sie – ähnlich wie es Georges Bataille und seine Mitstreiter von der Gruppe »contre-attaque« in den 30er Jahren unternommen haben[6] – dem Faschismusverdacht sowie den entsprechenden

Vereinnahmungsversuchen zu entreißen. Diese Philosophie ist das Korrektiv und die Medizin für die insbesondere innerhalb sich für gesellschaftskritisch haltender Gruppen weit verbreitete, narzisstische, mitleidige und selbstmitleidige Verlierermentalität. Nietzsche hat gezeigt, dass Verlierer dazu tendieren, alles Siegreiche, Große grundsätzlich für Böse zu erklären und sich selbst damit selbstgefällig im Unglück zu verbarrikadieren (s. Nietzsche [1887]). Die kritische Arbeit am *Ressentiment*, dem Hass auf das Glück, ist darum, Nietzsche zufolge, die entscheidende Leistung, die erbracht werden muss, damit jemals ein Glück erobert werden kann;[7] damit also die Schwachen nicht beginnen, sich in ihrer Schwäche oder in ihrem Scheitern zu gefallen, und man sich den eigenen Beuteverzicht nicht zur kritischen Gesinnung zurechtfabelt.

5. Muss man mit dem Glück vorsichtig sein?

Der Narzissmus unterhält ein problematisches Verhältnis zum Glück. Er besitzt, wie Richard Sennett feststellt, »*die doppelte Eigenschaft, die Versenkung in die Bedürfnisse des Selbst zu verstärken und zugleich ihre Erfüllung zu blockieren*« (Sennett [1974]: 22). Dieses problematische Verhältnis zum Glück äußert sich auch in einer Reihe von Ansichten über dieses. Darin wird, wie es für den narzisstischen Mechanismus der Projektion charakteristisch ist, das eigene problematische Verhältnis zum Gegenstand diesem Gegenstand selbst als dessen Eigenschaft zugeschrieben. Nicht man selbst hat ein Problem mit dem Glück und steht ihm reserviert gegenüber, sondern der Gegenstand ist äußerst problematisch, und man darf ihm, wenn man ihn überhaupt erreichen will, nur sehr vorsichtig, unter Beachtung erheblicher Schikanen, nahekommen. Diese Auffassung ist die Grundlage der gegenwärtig auffallend häufig anzutreffenden Philosophien der *Glücksvorsicht*.

So kann man zum Beispiel oft die Ansicht lesen oder hören, dass ein wenig Unglück notwendig sei, damit man überhaupt Glück empfinden könne. Man könne nicht dauernd glücklich sein, sondern brauche ab und zu etwas Unglück – sozusagen als Kontrastfolie, um für sein Glück nicht blind zu sein.[8] In unmittelbarer Nachbarschaft dieses fragwürdigen Theorems tritt meist noch ein zweites auf, nämlich die These, dass das Glück nicht direkt erstrebbar sei. Denn »das Erstreben selbst vernichtet den Glückswert des Erstrebten« (Hartmann 1976: 96). Niemand könne das Glück erreichen, indem er direkt darauf zusteuert; man müsse zunächst sogar absichtlich danebenzielen.[9]

Mit solchen Ansichten machen Leute es heutzutage sich und anderen schwer im Umgang mit dem Glück. Für sie gilt, was der Philosoph Hegel in Bezug auf die ähnlich gearteten Philosophien der Erkenntnisvorsicht feststellte, nämlich dass die für sie typische Furcht, zu irren, schon der Irrtum selbst ist. Im Fall der Glücksvorsichtigen bildet die Furcht, das Glück zu verfehlen (samt allen Vorsichtsmaßnahmen, die dagegen ergriffen werden), diese Verfehlung selbst. Man könnte sogar oft meinen, dass das Unglück, in dem sie sich selbst auf diese Weise gefangenhalten, ein ganz besonderes Glück sein muss, wenn sie doch solche Anstalten machen, um in den Besitz dieses Unglücks zu gelangen und es zu behalten. Dieses merkwürdig verkehrte »Glück im Unglück«, das seine Besitzer selten froh macht und von ihnen doch angesteuert und gehütet wird wie ein kostbarer Schatz, ist heute ein weit verbreitetes Prestigeobjekt unter neurotisch Glücksfürchtigen, wie sie in letzter Zeit insbesondere in der Kunst gehäuft auftreten. Selbst die kürzlich in Zürich unter dem Patronat des Cabaret Voltaire veranstaltete Gründung der ›Gesellschaft des Glücks der Verfehlung‹[10] ist vielleicht nur um Haaresbreite (oder mit etwas Glück) an einer solchen Position vorbeigeschrammt.

Dabei lassen sich die Argumente der Glücksfurcht leicht

widerlegen. Zu behaupten, man müsse Unglück haben, um das Glück empfinden zu können, ist genauso unsinnig, wie wenn man sagen würde, der Schäfer muss einige schwarze Schafe in seiner Herde haben, damit er die weißen erkennen kann. Denn das Spezifische einer einzelnen Empfindung erfahren wir, indem wir sie in einer gedanklichen Operation (die wir immer, und selten bewusst, vollziehen) zu einer Skala aller möglichen Empfindungen in Beziehung setzen; und nicht etwa sinnlich zu einer anderen, wirklichen, einzelnen Empfindung. Um zu wissen, dass Rot Rot ist, müssen wir nicht immer wieder daneben Grün sehen.[11] Was allerdings notwendig ist, damit Glück auf längere Dauer als Glück erfahren werden kann, ist Stimulation, Herausforderung durch ein Ideal. Denn gerade das Erstreben des Glücks macht nämlich bereits glücklich;[12] allerdings bemerken wir das meist erst danach, d. h. wenn wir das Glück erreicht haben – und dann kommen wir uns oft schon nicht mehr ganz so glücklich vor, wie wir meinen, zuvor gewesen zu sein. Das ist die von Pascal erkannte merkwürdige Zeitlichkeit des Glücks: Solange wir streben, meinen wir, das Glück komme erst später, am Ziel; sobald wir hingegen angekommen sind, glauben wir, es sei kurz zuvor dagewesen.[13] Da wir also schon glücklich sind, wenn wir das Glück vor Augen, aber noch nicht ganz erreicht haben, brauchen wir, sobald wir das Glück erreicht haben, rasch wieder ein neues Ideal, das uns reizt und herausfordert und in neue lustvolle Spannung versetzt. Dies hängt allein mit der Notwendigkeit von Idealen für das Glück zusammen,[14] nicht aber, wie die unglücksverliebten Schwerenöter der Philosophie gerne vermuten, mit einer Notwendigkeit des Unglücks für die Glücksempfindung.

Und was die sogenannte Unmöglichkeit direkten Erstrebens des Glücks betrifft, ist daran zu erinnern, dass diese Idee, die der antiken Philosophenschule, der sogenannten pyrrhonischen Skepsis, entstammt,[15] ihren spezifischen Sinn allein aus dem Umstand bezieht, dass dort das Glück als Gelassenheit (Ataraxie) bestimmt wurde. Klarerweise erreicht man die Gelassenheit nicht, indem man sie angestrengt verfolgt. Das wissen alle, die mit Mode und Design zu tun haben und die darum oft zu der Ansicht gelangen, ein gelassenes Verhältnis zu solchen eleganten Dingen sei eleganter als deren umfassender Besitz. So erscheinen zum Beispiel Formen des »cross-dressing«, in denen Einfaches, Alltägliches mit Außergewöhnlichem kombiniert wird, eben oft interessanter und geschmackvoller als eine angestrengte Abfolge eleganter Elemente.

Das bedeutet aber nicht, dass das Glück besonders schwer und nur unter extremen Verstellungen erreichbar wäre, etwa so wie ein seltenes Tier, das nur von einem tagelang unter Tarndecken ausharrenden Geduldigen vielleicht einmal doch fotografiert werden kann. Im Gegenteil: Die entscheidende materialistische Erkenntnis der antiken Philosophen lautet, dass das Glück ohnehin schon da ist, ganz nahe bei uns; und dass wir das nur anzuerkennen brauchen, wohingegen wir uns von ihm entfernen, indem wir zur Jagd nach ihm aufbrechen.[16] So soll, einer pyrrhonischen Anekdote zufolge, der Maler Apelles versucht haben, bei der Darstellung eines Pferdes, die ihm bereits ganz gut gelungen war, auch den Schaum zu malen, den es vor dem Maul hatte. Nach wiederholten gescheiterten Versuchen habe er schließlich resigniert und im Zorn seinen Schwamm, in dem er die Pinsel abwischte, nach dem Bild geworfen. Als er sich beim Fortgehen noch einmal umdrehte, musste er feststellen: der Pferdeschaum war nun da.[17]

Im Moment, als der Maler Apelles von seinen Anstrengungen abließ, konnte er also die Präsenz seines Glücks erkennen bzw. anerkennen; und eben durch dieses Nachlassen erzeugte er sie. Ein solches Nachlassen ist die entscheidende Fähigkeit für den Umgang mit dem Glück; nicht das verkrampfte Umwegemachen, das die Glücksfürchtigen noch umständlicher werden lässt als die schlauesten Paparazzi.

Die gelassene Sicherheit, dass das Glück nicht weit sein kann, setzt allerdings voraus, dass man aufgehört hat, das Glück insgeheim zu fürchten. Solche philosophischen Abwehrmaßnahmen gegen das Glück wie die genannten muss man dann bleiben lassen. Das bedeutet, den Schatz des verhohlenen Glücks im Unglück aufzugeben und sich auf die naheliegende Tatsache einzustimmen, dass das Glück kein Unglück ist – dass man also zum Beispiel auch einem Erfolg oder Sieg ruhig entgegenblicken kann.

Die Fähigkeit, das Glück zu ertragen, ist die wichtigste ethische Voraussetzung für jene emanzipatorischen Anstrengungen, die gegenwärtig, angesichts extremer Umverteilungen, immer notwendiger werden. Ohne diese Fähigkeit geraten auch die Anstrengungen leicht zu bloß affirmativer Kritik und kollaborativer – für karrierebewusste Einzelpersonen allerdings durchaus lukrativer – Klage. So wichtig es ist, dass die Gescheiterten der gegenwärtigen Verhältnisse sich Selbstachtung verschaffen, so notwendig ist es darum, zu vermeiden, dass dies über das Ressentiment, den grundsätzlichen Hass auf das Glück, zu erreichen versucht wird. Die Rehabilitierung der Gescheiterten würde sonst um den Preis des Beuteverzichts erkauft. Sie geriete dann zu einer stillschweigenden Bejahung der Strukturen, die derzeit immer mehr Scheitern und Elend erzeugen.

2. Abschnitt:

Der Neid. Struktur eines idealistischen Lasters

6. Was sich verändern lässt.
Die Stoiker und der Materialismus

TRANIO.
Mi perdonate, lieber junger Herr:
Ich denk' in allem grade so wie Ihr,
Froh, daß Ihr fest bei Eurem Vorsatz bleibt,
Der süßen Weisheit Süßigkeit zu saugen.
Nur, guter Herr, indem wir so bewundern
Die Tugend und die Strenge der Moral,
Laßt uns nicht Stoiker, nicht Stöcke werden!
Horcht nicht so fromm auf Aristot'les' Schelten,
Daß Ihr Ovid als sündlich ganz verschwört!
[...]
Was Ihr nicht tut mit Lust, gedeiht Euch nicht;
Kurz, Herr, studiert, was Ihr am meisten liebt!

(W. Shakespeare, Der Widerspenstigen Zähmung, 1, 1, 31)

Wenn man die überlieferten Schriften der Stoiker betrachtet, dann kann man sich mitunter nur schwer des Eindrucks erwehren, dass ihre Zusammenfassung unter dem gemeinsamen Namen einer Schule etwas Willkürliches an sich hat. Chrysipp, Epiktet oder Juvenal geben nicht nur andere Antworten als Seneca, Plutarch oder Marc Aurel. Sie verfolgen nicht einmal dieselben Fragen. (Dieser Unterschied erscheint so gravierend, dass man – ähnlich wie beim Hegelianismus – von einem »Linksstoizismus« und einem »Rechtsstoizismus« sprechen möchte.)

Die Letztgenannten scheinen immerhin dem klassischen Bild des Stoikers zu entsprechen: Sie zeigen sich vor allem mit der Frage der Austilgung ihrer Leidenschaften beschäftigt und scheinen dementsprechend am Leben vorwiegend insofern interessiert, als es darum geht, es erst abzutöten und dann mit Würde zu verlassen.[1] Epiktet und Juvenal dagegen bewegt etwas anderes: Sie fragen sich, wie man jene Einbildungen beherrschen kann, die einem das Leben verderben können. Dementsprechend schreiben sie anders – sofern sie überhaupt schreiben und nicht sprechend oder handelnd intervenieren: Sie fassen ihre Gedanken zu kurzen, kraftvollen Eingriffen zusammen, die wie Stöße wirken; geeignet, den Leser oder Zuhörer aus seiner fixen Idee und seiner Affektstarre herauszubugsieren.[2] Während Seneca für die stoische Schreibweise die Utopie einer beruhigten Prosa verfolgt, die einem Wald gleicht, aus dem kein Baum herausragen soll (s. Seneca 2004, Bd. 3: 121), gebrauchen Epiktet, Juvenal und Chrysipp schwarzen Humor, Sarkasmen, polemische Würze und eine knappe, drastische »Kraftsprache«.[3] Seneca und Marc Aurel möchten ihre Leser offenbar mit ihrer Ruhe und Abgeklärtheit anstecken; Epiktet und die anderen hingegen versuchen angesichts von Unruhe mit gezieltem Einsatz von affektiven Gegenkräften zu operieren.[4]

Anders als Seneca erinnern sie dabei nicht an ein Ideal (von dem Seneca zugibt, dass es auch ihm selbst schwerfällt, diesem nahezukommen, s. Seneca 2004, Bd. 2: 27 ff.)[5]. Vielmehr intervenieren sie sozusagen »paradox« – in einer Weise, bei der es nicht auf die gute Absicht ihrer Zuhörer ankommt (sowie auf deren Fähigkeit, ihre guten Absichten in entsprechende Taten umzusetzen). Was sie sagen, wirkt auch dann, wenn man sich gar nicht ändern oder bessern möchte. Die Veränderung geschieht nicht durch Selbstbescheidung, sondern durch (Fremd-)Ernüchterung.[6] Während die Bemühungen der idealistischen Stoa zum Gebiet der *Moral* gehören, bewegen sich die materialistischen Stoiker mit ihren Interventionen darum auf dem quasi medizinischen Gebiet der *Ethik*.[7] Insofern haben sie viel mehr mit den Anhängern anderer Schulen, etwa den »punkig« agierenden Kynikern oder auch den mit dem »Gegengift« der skeptischen Tropen arbeitenden Vertretern der pyrrhonischen Skepsis und sogar mit

Epikur[8] gemeinsam als mit den noblen, blassen – und übrigens trotz aller Idealisierung von knapper Sprache (s. Seneca 2004, Bd. 3: 121) doch oft recht weitschweifigen – Stoikern unserer Schulbücher.

Möglicherweise spielt hier die Klassenzugehörigkeit eine entscheidende Rolle – die in dieser philosophischen Tradition, der sich fast ausschließlich Angehörige der höchsten sowie der niedrigsten Klassen verschreiben und in der Kaiser, Inhaber hoher politischer Ämter und Generäle zu Bewunderern von Sklaven werden, so merkwürdig verteilt ist wie wohl in keiner anderen. Während nun jene Stoiker, die den Eliten angehören, sich in erster Linie vor übertriebener Liebe zum Leben zu schützen versuchen,[9] machen Sklaven wie Epiktet oder Sklavensöhne wie Juvenal das Gegenteil: Sie versuchen gerade die Liebe zum Leben zu schützen. Darin sind ihre Bemühungen materialistisch. Von den stoischen Aristokraten dagegen möchte man oft mit Brecht sagen: »Sie haben wohl schon gegessen« (vgl. Brecht 1984: 633). Ohne Berücksichtigung der gröberen, unfeinen Seiten könnte darum eine entscheidende Pointe dieser philosophischen Tradition verlorengehen.

Epiktet misst der Frage der Beherrschung der Einbildungen deshalb zentrale Bedeutung bei, weil er zuvor festgestellt hat, dass wir außer ihnen überhaupt nur wenig anderes beherrschen können. Mit großer Schärfe und Nüchternheit untersucht er diese Frage und trennt zwischen dem, was in unserer Macht steht, und dem, was nicht in unserer Macht steht. An seiner Trennschärfe könnten sich viele heutige Unternehmungen wie z. B. der Konstruktivismus oder die Gender-Theorie ein Beispiel nehmen, die ja ebenfalls zu unterscheiden versuchen zwischen dem, was Menschen ändern können, und dem, was sie nicht ändern können. Leider unterläuft diesen Theorien dabei allerdings meist eine schwerwiegende Verwechslung: Sie setzen das Konstruierte mit dem

Veränderbaren, und das Nichtkonstruierte mit dem Unveränderlichen gleich (ähnlich wie die klassische politische Ökonomie, die das variable Kapital mit dem zirkulierenden und das konstante Kapital mit dem fixen identifizierte – s. dazu Marx [1867]: 638, Fn. 67). Darum wäre es für diese Theorien immer gleich eine vernichtende Katastrophe, falls sich herausstellen sollte, dass irgendetwas »essentiell«, »vererbt«, »natürlich« oder »biologisch bedingt« wäre – denn dann könnte man, so meinen sie, nichts mehr daran ändern. Am Schluss eines konstruktivistischen oder gender-theoretischen Vortrags wird dementsprechend fast immer mantraartig betont, dass alles »konstruiert« sei – ohne freilich zu bemerken, dass gerade diese Betonung eine symptomatische Schwachstelle der Theorie verrät.

Denn wie leicht einzusehen ist, lässt sich ja auch das, was von Natur aus immer schon so war, durchaus mitunter verändern: Menschen haben zum Beispiel Ozonlöcher hervorgebracht, wo von Natur aus niemals zuvor welche gewesen sind. Auf der anderen Seite lassen auch künstliche oder konstruierte Dinge sich nicht immer leicht entfernen oder verändern: Wollte man zum Beispiel die von den Nationalsozialisten errichteten Flaktürme aus Stahlbeton beseitigen, so würde ihre Sprengung beträchtliche Teile von Städten wie Wien in Mitleidenschaft ziehen. Und während der »natürliche«, angeborene Analphabetismus der Menschen sich durch allgemeine Schulpflicht weitgehend beheben ließ, bildet der »künstliche«, »sekundäre« Analphabetismus, der unter anderem durch exzessiven Fernsehkonsum alphabetisierter Menschen hervorgerufen wird, nach wie vor eine harte Nuss für die Erwachsenenpädagogik. Der Irrtum besteht in dem irreführenden Satz »Was vom Menschen gemacht ist, kann auch vom Menschen verändert werden«: Dieser Satz tut – gegen alle Erfahrung – so, als ob dem, was Menschen wollen, nicht oft genug massive Interessen anderer, mächtiger und gut bewaffneter, nicht mit ihnen solidarischer Menschen entgegenstünden; und als ob andererseits die Hindernisse, welche die Natur dem menschlichen Wollen entgegensetzt, immer und notwendigerweise unüberwindlich wären. Anstatt also eine idealistische Ontologie zu fabrizieren und dementsprechend die Welt in eine unveränderliche und in eine veränderbare Hälfte zu teilen, sollte eine politische Theorie besser davon ausgehen, dass es – wie Spinoza lehrte – nur eine Natur gibt,[10] und folglich ausschließlich die materialistische Frage nach den Kräften stellen, die für die jeweilige Veränderung nötig sind.

Epiktet hingegen muss die Welt einteilen. Denn seine Theorie handelt von dem, was man als Einzelperson beherrschen kann und was nicht. Närrisch wäre es hier, sich über etwas zu erzürnen oder zu grämen, das man nicht ändern kann (s. Epiktet 2004: 5 f.). Die Einbildungen aber, so Epiktet kann man sehr wohl beherrschen – besser, als man meist glaubt. Um dazu in der Lage zu sein, genügt allerdings nicht alleine der bloße Hinweis auf die Beherrschbarkeit. Vielmehr muss man sich darin üben. Und diese Übung ist meist nicht allein eine geistige Angelegenheit. Sie betrifft vielmehr oft die Ausführung von Gesten, Ritualen, symbolischen Handlungen – die eben ihrerseits gekonnt werden wollen und dazu eine »Gymnastik« verlangen (Alain 1982: 49). Dies entspricht der stoischen Grundannahme, wonach alles, was Wirkungen hat, ein Körper ist.[11] Dementsprechend muss es als materiell bezeichnet werden – also auch Einbildungen:[12] Denn sie erzeugen zum Beispiel Freude, Kummer, Neid, Wut, Raserei und verändern dadurch etwas an der Erkenntnis- und Handlungsfähigkeit der Menschen. Dieser stoische Gedanke hat weitreichende Konsequenzen und Nachwirkungen. In der Wissenschaftstheorie hat er Gaston Bachelard zur Konzeption der »Erkenntnishindernisse« geführt. Louis Althusser hat den »Materialismus des Imaginären«, den er bei den antiken Philosophen sowie bei Pascal und Spinoza fand, zur Theorie von der Materialität der Ideologie sowie von deren Existenz innerhalb materieller Apparate entwickelt.[13]

Von der Beherrschung der Einbildungen hängt, den materialistischen Stoikern zufolge, eine Menge ab – ja, wie Epiktet bemerkt: so gut wie alles. Denn das, was die Menschen in Aufruhr und Erregung versetzt, liegt auf der Ebene der Einbildungen, nicht auf jener der Tatsachen oder der Dinge (s. Epiktet 2004: 11). Alles, wofür es sich zu leben lohnt, wird somit, Epiktet zufolge, auf der Ebene der Einbildungen erkämpft bzw. erarbeitet oder aber verloren.

Aber, wieder materialistisch gefragt: Ist das nicht ein katastrophales Programm des Weltverzichts und der Resignation, wie es etwa nach der Frustration politischer Hoffnungen in der sogenannten »Psycho-Wende« der Nach-68er-Bewegung aufgetreten ist? Warum soll man nur seine Einbildungen bearbeiten und nicht etwa sich politisch organisieren und die Welt so verändern, dass sie mehr Glück ermöglicht? Zeigt sich hieran, dass die schlaue Ethik des Epiktet eben doch nur ein Stück Sklaven-Ethik ist, dem jedes Bewusstsein von der Veränderbarkeit der Welt abgeht? Oder könnte in dieser »reflexiven« Wendung auf die eigenen Einbildungen doch etwas enthalten sein, das von entscheidendem politischem Wert ist? Beinhaltet sie möglicherweise den Schlüssel zur Lösung jener Probleme, die als unüberwindliche Hemmungen des Griffs nach der Welt das aktuelle politische Leben zu bestimmen scheinen? – Um diese Frage zu beantworten, soll in der Folge eine dieser Hemmungen kurz eingehender untersucht werden: der Neid.

7. Über den Neid

Nehmen wir an, wir wagten, den Neid betreffend, eine Anfrage bei dem sagenumwobenen Radio Eriwan – jener großartigen Institution aus der ehemaligen Sowjetunion, die auf jede Frage eine Antwort wusste – und zwar eine Antwort, die immer mit dem Wortlaut »Im Prinzip Ja …« anfing. Wir fragen also zum Beispiel: *Ist es richtig, dass der Neid ein Affekt ist, der uns erfasst, wenn wir beobachten müssen, dass jemand Anderer etwas Großes, Schönes, Bedeutendes besitzt, das wir selbst gerne hätten?*

Radio Eriwan würde natürlich erwidern: »Im Prinzip Ja.« Und dann würde es fortfahren: »Aber erstens geht es beim Neid nicht um etwas Großes, Schönes, Bedeutendes. Zweitens geht es nicht darum, dass wir es bekommen, sondern darum, dass der Andere es nicht hat, und drittens wollen wir selbst es gar nicht haben.« Wenn Radio Eriwan darüber hinaus so freundlich wäre, seine Antwort zu erläutern, dann würden diese Erläuterungen etwa wie folgt lauten:

1. Die feinen Unterschiede

Erstens: Es geht beim Neid nicht um etwas Großes, Schönes, Bedeutendes, sondern um eine minimale Differenz. – Um das zu verstehen, nehmen wir zum Beispiel an, ich besitze einen neuen VW Golf. Ich würde damit zum oberen Segment der gegenwärtig zunehmend verarmenden Mittelschichten der westlichen Welt gehören, für die dieses Auto, nach Werksauskunft, eigentlich bereits zu teuer ist. Schon dies wäre vielleicht bereits eine besonders günstige soziologische Voraussetzung für die Entstehung von Neid. Wenn er bei mir entsteht, dann werde ich aber jedenfalls nicht jemanden beneiden, der zum Beispiel einen Rolls Royce besitzt. Vielmehr wird mein Neid jemanden treffen, der wie ich auch einen neuen VW Golf besitzt – aber vielleicht einen, der eine etwas hübschere Farbe hat als der meine.

Was mich reizt, wäre die kleine Abweichung gegenüber dem, was ich habe. Sigmund Freud hat das in seiner Schrift »Massenpsychologie und Ich-Analyse« erkannt und wie folgt erklärt:

»In den unverhüllt hervortretenden Abneigungen und Ab-stoßungen gegen nahestehende Fremde können wir den Ausdruck einer Selbstliebe, eines Narzißmus, erkennen, der seine Selbstbehauptung anstrebt und sich so benimmt, als ob das Vorkommen einer Abweichung von seinen in-dividuellen Ausbildungen eine Kritik derselben und eine Aufforderung, sie umzugestalten, mit sich brächte.« (Freud [1921 c]: 96)

Die treibende Kraft bei diesem Hass auf den Anderen, der mir ähnlich ist, bezeichnet Freud an anderer Stelle als »Nar-zißmus der kleinen Differenzen« (Freud [1930 a]: 243): dar-um belächeln Engländer am liebsten Schotten, Franzosen Bel-gier, Österreicher Deutsche etc.

Nicht der ganz Andere, etwa der viel Reichere wird somit von mir beneidet, sondern, wie Francis Bacon und Aristoteles bemerkten,[1] der Nachbar, der Verwandte oder der Berufskol-lege – also derjenige, der in einer ähnlichen, vielleicht eben-falls von Mittelschichtsverarmung bedrohten Situation lebt wie ich. Darum ist eine der typischen Situationen des Neids, wie Jacques Lacan unter Verweis auf Augustinus betonte, der böse Blick auf den Bruder, den man an der Brust der Mutter saugen sieht (s. Lacan 1980: 121).

Der Neid ist demnach nicht nur ein Phänomen der Nähe, sondern auch etwas zutiefst Optisches – ein »böser Blick«

(s. Freud [1919 h]: 262 f.), ein »Giftauge« (Nietzsche [1887]: 230), oder, wie Bacon schreibt, »an ejaculation or irridiation of the eye« (Bacon 1985: 24). Dieser Blick wird gefürchtet, weil er die gute Sache, deren man sich erfreut, in eine schlechte, ja geradezu in Gift verwandeln kann.[2] Dem neidischen Blick scheint somit eine magische Kraft zu eignen. Als etwas Magisches kann der Neid, wie Bacon vermutet, auch nur mit Hilfe magischer Mittel geheilt werden (Bacon 1985: 27). In einer moderneren, uns vertrauteren Sprache könnten wir sagen: Nur durch symbolisches Handeln, wie zum Beispiel im Psychodrama, in dem es bezeichnenderweise oft um Probleme des Neids bzw. der »psychodramatischen Gerechtigkeit« geht, ist dem Neid therapeutisch beizukommen (s. dazu Yablonsky 1998: 85).

Als die Menschen sich noch den Göttern verwandt oder ähnlich fühlten, fürchteten sie aufgrund dieser Nähe deren Neid. Wenn sie irgendeine Sache besaßen oder ihnen ein Glück widerfuhr, das in ihren Augen geeignet schien, den Neid der Götter hervorzurufen, spuckten sich die alten Römer darum sofort auf die eigene Brust (s. Nusser 1984: 698) – eine Geste, welche die Urszene des Neides, die Szene vom saugenden Bruder an der Mutterbrust, in auffälliger Buchstäblichkeit in deren Gegensatz zu verkehren scheint. Erst als die Götter viel größer als die Menschen oder gar nur noch ein Einziger und ganz unsichtbar wurden, dürfte die Differenz für den Neid zu groß geraten und die Bedingung der Sichtbarkeit des bösen Blicks verlorengegangen sein.

2. Der Blick auf den Anderen

Zweitens geht es beim Neid, wie gesagt, *nicht darum, dass wir etwas haben, sondern darum, dass der Andere es nicht hat.* Bereits Aristoteles bemerkt dies in seiner Rhetorik (Aristoteles 2007: 108). – Nehmen wir, um uns das zu verdeutlichen, an, mein Autohändler wäre meiner neidigen Missstimmung gewahr geworden und würde, um mir zu helfen, nun kulanterweise meinen VW Golf gegen einen anderen eintauschen, der genau dieselbe Farbe hat wie der meines Nachbarn. Wäre mein Neid nun besänftigt oder getilgt? – Nein. Vielmehr würde mein Neid sich auf eine andere Eigenschaft verlagern; er würde sich miniaturisieren und sich nun zum Beispiel auf eine Chromleiste richten, die der Nachbargolf im Unterschied zu meinem hat, oder auf einen Kratzer, den er nicht hat. Jedes Mal, wenn es gelänge, die störende kleine Differenz zu beseitigen, wäre eine neue, kleinere da. Das, worum es beim Neid geht, wäre also eine mysteriöse Eigenschaft, nicht benennbar und winzig klein, die aber gewaltige Affekte auszulösen vermag – es wäre das, was man in der Geschichte der Kunst wie in der der Liebe als das »gewisse Etwas« – oder französisch als »je ne sais quoi« – bezeichnet hat (s. Ullrich 2005: 9). Dieses gewisse Etwas ist zum Beispiel am Werk, wenn, wie Blaise Pascal bemerkt, zwei Gesichter, von denen keines für sich genommen komisch ist, durch ihre Ähnlichkeit zum Lachen reizen (s. Pascal 1997: 40). Irgendetwas Winziges, meist schwer zu sagen, was, würde hier also enorme Erheiterung auslösen; so, wie es in weniger glücklichen Fällen zur Empfindung des Unheimlichen beim Double oder eben des Neids führte.

Auch mit dem gleichfarbigen Golf bliebe meine Unzufriedenheit also erhalten. Vollkommen aufgehoben würde sie hingegen, wenn jemand in den geparkten Wagen meines Nachbarn raste und einen Totalschaden verursachte. Dann wäre ich vollends zufrieden. Mein Neid ließe sofort nach. Dies ist es, was Friedrich Nietzsche als »Ressentiment« bezeichnet hat (s. Nietzsche [1887]: 230). Das Ressentiment, wie es gegenwärtig zum Beispiel oft in einer sich als politisch begreifenden Kunst auftritt, sieht lieber den anderen arm als sich selbst reich; und lieber alle klein als manche groß. Niemand darf dann bewundernswert, glamourös, strahlend sein; alle sind nur dann beruhigt, wenn nichts mehr hervorsticht – eine Bedingung, die allerdings umso schwieriger zu erfüllen ist, je mehr auf ihre Einhaltung geachtet wird. Denn dann miniaturisieren sich wieder die Differenzen. Darum werden alle Beteiligten nur immer unruhiger, je mehr sie sich in Bescheidenheit einander angeglichen haben.

Auch wenn der Neid innerhalb einer theologisch nicht ganz korrekten christlichen Tradition als eine sogenannte »Todsünde« gelten mag, darf man immerhin eines von ihm sagen: Der Neid ist nicht egoistisch. Er schaut keineswegs nur auf sich selbst. Er ist vielmehr vollkommen altruistisch: Er schaut ständig nur auf den Anderen.

3. Das Ungewollte

Würde er das nicht tun, dann müsste er nämlich bemerken, *dass wir – drittens – das, worum wir den Anderen beneiden, selbst gar nicht haben wollen.*

Jacques Lacan hat das präzise erkannt:

»Wer könnte sagen, daß das Kind, das sein Brüderchen betrachtet, noch das Verlangen hätte, an der Brust zu liegen. Jeder weiß, daß der Neid für gewöhnlich hervorgerufen wird durch den Besitz von Gütern, die dem, der neidet, von keinerlei Nutzen wären und deren wahre Natur dieser nicht einmal ahnt.« (Lacan 1980: 123)

Vor Lacan hatte auch Spinoza dies bemerkt, und Spinoza hatte es, im Gegensatz zu Lacan (1980: 123), nicht allein vom Neid, sondern ebenso auch von der Eifersucht behauptet: Auch in der Eifersucht wird, Spinoza zufolge, dasjenige, worum der Andere beneidet wird, gar nicht gewollt. Man muss die vermeintlich geliebte Person hassen, um auf jenen Anderen eifersüchtig sein zu können, der von ihr geliebt wird:

»Wenn jemand sich vorstellt, daß das Ding, das er liebt sich einem anderen mit dem selben oder mit einem engeren Freundschaftsband verbindet, als mit dem es ihm bisher allein zugehörte, so wird er das geliebte Ding selbst hassen und jenen anderen beneiden.« (Spinoza 1976: 140 (Ethik, Teil III, Lehrs. 35))

Warum dieser Hass auf das Objekt, um das der Andere eifersüchtig beneidet wird, eine notwendige Vorbedingung für die Eifersucht ist, erklärt sich aus Spinozas früherem Lehrsatz 22. Dort bemerkt Spinoza:

»Wenn wir uns vorstellen, daß jemand ein Ding, das wir lieben, in Freude versetzt, so werden wir in Liebe gegen ihn versetzt werden. Wenn wir uns dagegen vorstellen, daß er es in Trauer versetzt, so werden wir umgekehrt in Haß gegen ihn versetzt werden.« (Spinoza 1976: 130 (Ethik III, Lehrs. 22))

Das heißt: würden wir die geliebte Person noch lieben, dann müssten wir uns auch über alles freuen, was sie in Freude versetzt – also sogar auch über ihren Liebhaber, unseren Nebenbuhler.

Ein prägnantes Beispiel für das Ungewollte des Neidobjekts präsentiert auch Gerhard Schulze, der bemerkt:

»Wer jahrelang in Universitätsgremien das Verhalten saturierter Primaten beobachtet hat, weiß um die Allgegenwart des Neides selbst unter der Bedingung des Überflusses – es kommt vor, dass Kollegen monatelang um Hilfskraftgelder kämpfen, die sie dann am Jahresende unverbraucht an die Verwaltung zurückgeben.« (Schulze 2006: 97)

Auch in der aktuellen, verdächtig leidenschaftlich geführten Diskussion um die staatliche Verhängung von Rauchverboten scheint eine beträchtliche Zahl der Verbotsbefürworter in erster Linie vom Neid auf das Glück des Anderen, verbunden mit dem Hass auf das Neidobjekt, erfasst zu sein. Dieser orale Genuss, der dem Saugen des Bruders an der Mutterbrust ähnlich scheinen mag, ist offenbar sehr geeignet, den bösen Blick auf sich zu ziehen, und den neidigen Wunsch zu wecken, dem Anderen möge versagt werden, was man selbst nicht hat und für sich selbst auch gar nicht will.

4. Der Andere als Sichtschutz gegen die Unmöglichkeit

Bei anderem Neid lässt sich diese Ablehnung des Neidobjekts durch die Neider recht leicht an der Beobachtung aufzeigen. In der Arbeit werden Kollegen meist beneidet, weil sie faul oder, umgekehrt, weil sie besonders fleißig sind.[3] Neid gegen Immigranten entsteht, weil man sie im öffentlichen Raum grillen sieht oder weil sie, wenn sie im Spital sind, von viel mehr Angehörigen ihrer Großfamilie besucht werden als die Einheimischen, die nur ihre Kleinfamilien haben. Wenn man nun den Neidern zurufen würde: »Na mach's doch selbst auch so!«, dann müsste man schnell bemerken, dass sie das, worum sie die Anderen beneiden, für sich selbst gar nicht wollen: Es würde sie erschrecken, faul sein zu müssen; sie würden auf keinen Fall mehr arbeiten wollen; Grillen interessiert sie nicht; und der Gedanke, Teil einer Großfamilie zu sein, wäre für sie ein Horror.

Das, was beim Anderen als großes Glück wahrgenommen wird, wäre für die Neidigen selbst niemals eines; es handelt sich um etwas für sie selbst Unmögliches. Dem Anderen kommt somit eine entscheidende Funktion in Bezug auf diese Unmöglichkeit zu: Er hilft dem Neidigen, sich über die Unmöglichkeit des vorgestellten Glücks zu täuschen; er erlaubt dem Neider, sich das vermeintliche Glück als ein mögliches, nur zufälligerweise leider vom Anderen in Besitz genommenes Glück vorzustellen. Der Andere im Neid ist notwendig, um die Unmöglichkeit des imaginierten Glücks nicht bemerken zu müssen. Die Erzählung vom »Diebstahl des Genießens«[4] durch den Anderen verdeckt die noch viel schlimmere Aussicht auf die grundsätzliche Unerträglichkeit dieses Genießens.

5. Der Grund für die Unmöglichkeit

Warum aber ist das im Neid vorgestellte Glück unmöglich? – Sigmund Freud hat, unter anderem in seiner Theorie des Unheimlichen (Freud [1919 h]), eine Antwort darauf gegeben: In der menschlichen Sexualentwicklung werden bestimmte Stationen, die einst lustbringend waren, aufgegeben und zugunsten neuer, anderer Formen von Sexualorganisation zurückgelassen. Eine der aufgegebenen Stationen ist, Freud zufolge, der sogenannte primäre Narzissmus – ein Stadium, in dem wir zwischen Wünschen und Wahrmachen noch keinen Unterschied treffen (s. Freud [1912–13]: 377 ff.). Erst wenn wir schmerzlich bemerken müssen, dass mehr notwendig ist als nur heftiges Wünschen, damit etwas wirklich wird, verlassen wir den primären Narzissmus. Wir hören auf, nur mit uns selbst beschäftigt zu sein, wenden uns der Welt außerhalb unseres Ich zu und investieren dementsprechend unsere Energie weniger in die Heftigkeit unserer Wünsche und mehr in die Verwandlung der Außenwelt.

Wenn es nun aber einmal passiert, dass diese Außenwelt nicht unserer reifen Unterscheidung zwischen Wünschen und Wahrmachen, sondern vielmehr unserem infantilen narzisstischen Glücksmodell vom bloßen Wünschen entspricht, dann erfasst uns die Empfindung des Unheimlichen. Wenn wir zum Beispiel jemandem den Tod wünschen, und der Arme fällt daraufhin tatsächlich tot um, dann ist das für uns Erwachsene kein lustvoller Triumph mehr; es ist kein Beweis für die einst lustbesetzte vermeintliche magische »Allmacht« unserer Gedanken, sondern vielmehr eine sehr unlustvolle, mit Angst besetzte Erfahrung (s. Freud [1919 h]: 262). Der »Mangel« an magischer Allmacht sowie an Übereinstimmung zwischen Wunsch und Wirklichkeit, den wir bereits akzeptiert hatten, scheint nun von der Wirklichkeit selbst beseitigt; er beginnt zu fehlen, also zu »mangeln« – und dieses »Mangeln des Mangels« ist, nach Jacques Lacans scharfsinniger Formulierung, die strukturelle Bedingung für Angst (s. Lacan 2004: 53). So, wie das *Unheimliche*, Freud zufolge, das *ehemalige*, nun unmöglich gewordene »*Heimliche*«, also Vertraute, Geborgene ist, kann man auch das *Unlustvolle* – im Unterschied zum Schmerzlichen – als das *ehemalige Lustvolle* bezeichnen, das nun unmöglich geworden ist.[5]

Denn so sehr der partielle Erfolg über unseren Feind uns freuen könnte – er wird durch etwas viel Schlimmeres konterkariert: durch den Verlust von Welt. Wenn wir doch zaubern können, dann haben wir keine vom Ich verschiedene Außenwelt mehr vor uns, und das erzeugt Angst. Der magische Teilerfolg verursacht einen totalen Weltverlust: Es ist so, wie wenn uns der Räuber, der uns soeben mit vorgehaltener Waffe unser Geld abgenommen hat, es uns gleich danach doch zurückgäbe, aber nicht ohne uns dabei zu erschießen (vgl. dazu Lacan 1980: 223). So sehr wir es uns also manchmal wünschen, das Wetter, unser Alter oder die Uhrzeit verändern zu können – wenn die Fee des Märchens erschiene und uns totale Verfügungsgewalt über diese Parameter anböte, müssten wir wohl klugerweise dankend ablehnen. Würden wir tatsächlich magische Allmacht »genießen«, so wäre das nichts als entsetzlich für uns.

Dasselbe Motiv ist auch bei der Eifersucht wirksam. Was der Eifersüchtige nicht sehen will, ist, daß er die Liebe der geliebten Person in Wahrheit nicht ertragen würde. Denn es ist tatsächlich nicht immer einfach, die Liebe eines ersehnten Anderen zu akzeptieren. Die Erwiderung unserer Liebe »genießen« zu müssen, kann ein Horror sein. Wenn der Andere unsere Liebe erwidert, gefährdet er nämlich unter Umständen genau dadurch unsere Liebe; er droht sie damit zu ersticken. Nicht wenige Beziehungsdramen nehmen an diesem Problem ihren Ausgang (s. dazu Verhaeghe 2009: 33 ff.). Von der Liebe des Anderen scheint manchmal eine Art »Liebesdrohung« auszugehen: und zwar genau dann, wenn die Liebe als etwas Uferloses, Unbegrenztes und Rücksichtsloses aufgefasst oder betrieben wird.[6] Dann gilt – wie bei jeglichem Neid – die fatale Formel »*Das* [z. B. die Liebe] *kann nur einer von uns beiden haben*«. Eifersucht entsteht darum dort, wo jemand die eigene Liebe mehr liebt als die geliebte Person – und vor allem: mehr als deren Liebe.

Wirklich Lieben hingegen heißt, den Anderen nicht einfach rücksichtslos mit Liebe überschütten, sondern vorsichtig das Ausmaß der gezeigten eigenen Liebe darauf abstimmen, was der Andere zu erwidern imstande ist. Von diesem Problem will der Eifersüchtige, genau wie der ständig unglücklich verliebte Romantiker sowie auch der ihnen artverwandte Typus des Stalkers, nichts wissen. Sie alle sind »Erotomanen« – in der strikten Bedeutung dieses Begriffs: Sie genießen es, einen gleichsam wehrlosen Anderen (der am besten oft gar nichts davon zu wissen braucht), ohne jede Rücksicht mit Liebe zu beschicken.[7] Dabei stellen sie es sich als das größte Glück vor, wenn der Andere diese uferlose Liebe einmal erwiderte. Doch genau dieses Glück wäre in Wirklichkeit für alle drei der genannten Typen von Erotomanen der größte Schrecken: Es gäbe nichts Schlimmeres, Ernüchternderes und Profanierenderes für die »heilige« Passion eines Eifersüchtigen, eines Romantikers oder eines Stalkers, wenn das geliebte Opfer seinerseits plötzlich »Ernst machte«, anfinge, die Liebe zu erwidern, und dies in konkreten Handlungen und Erwartungen zum Ausdruck brächte. Die Faszination durch die Liebe des Anderen, welche die drei Typen antreibt, ist zugleich das Bild des äußersten Horrors für sie. Darum sorgen sie, während sie ihm vermeintlich nachjagen, zugleich durch viele Vorsichtsmaßnahmen (wie eben z. B. durch uferlose Überflutung) – ganz ähnlich übrigens wie die ebenso auf Abschreckung bedachten Exhibitionisten – klug dafür, dass es immer auf Distanz bleibt. Auch hier gilt die darum treffende Formel von Klaus Heinrich, wonach Faszination dasjenige ist, worin die Menschheit sich über ihre Bedürfnisse »auf dem Stockenden« hält (s. Heinrich 1995: 7). Das vermeintliche Leiden an der unerwiderten Liebe, über das der Eifersüchtige und der tragische Romantiker so gerne klagen, ist in Wahrheit ihr ganzes Glück. Nur so können sie diese volle Intensität ihrer unbegrenzten Leidenschaft auf den Anderen richten; durch jede reale Erwiderung würde diese hingegen ihre Fragilität und Begrenztheit unter Beweis gestellt bekommen.

6. Das Unglück, von dem wir nicht lassen können.
   Und das Laster, das seine eigene Strafe ist

Hieran zeigt sich, dass der Neid keineswegs auf einem Mangel beruht. Vielmehr steckt in ihm immer ein bestimmter Überschuss: Der Neidige hält am Überschuss eines unmöglich gewordenen Glücks fest. Er genießt es, sich ein unmöglich gewordenes narzisstisches Glück als etwas Mögliches, nur leider zufällig beim Anderen Angesiedeltes vorzustellen. Allerdings machen diese Vorstellung und dieses Genießen den Neidigen – der immer schon ein Erwachsener oder wenigstens ein älterer Bruder, jedenfalls ein dem primären Narzissmus Entwachsener sein muss – nicht froh. Sie leiden darunter furchtbar.[8]

Darum kann man das Laster des Neides auch als seine eigene Strafe bezeichnen (s. dazu Ernst 2006: 71). Dies gilt bezeichnenderweise für alle sieben der sogenannten »Todsünden«. Sie sind allesamt selbststrafende Mechanismen (so straft sich die Völlerei durch Dickwerden, Unbeweglichkeit

111

und rasche Erschöpfung; Hochmut wie Geiz strafen sich durch Versagung von Lust; die Trägheit des Herzens durch unüberwindliche Traurigkeit; die Wollust durch zunehmende Abhängigkeit bei gleichzeitiger inflationärer Entwertung des Objekts; der Zorn durch die Unfähigkeit zur Beruhigung). Wie Sucht und Zwang beruhen sie auf dem Prinzip der Ambivalenz und bringen dadurch zugleich mit der vermeintlichen Belohnung auch deren Bestrafung mit sich (s. dazu Pfaller 2002: 122 ff.).

Insofern sind die »Todsünden« der Institution des »Tabu« der Stammeskulturen vergleichbar, das als selbststrafender Mechanismus weder Polizei noch Strafjustiz zu seiner Einhaltung benötigt: »Das verletzte Tabu rächt sich selbst« (Freud [1912–13]: 312). Die »Todsünden« dürften darum einen religionsgeschichtlich weitaus älteren Bestand darstellen als zum Beispiel die zehn Gebote, bei denen die jeweilige Tat bereits von ihrer Bestrafung verschieden ist und die darum ein Inventar von Institutionen der Überwachung und Strafe benötigen. Bezeichnenderweise sind die »Todsünden«, im Unterschied von den durch die zehn Gebote untersagten Handlungen, auch gar keine Taten; es sind vielmehr »Laster«, das heißt: Formen von Affektorganisation. Vor ihnen zu warnen ist weniger die Aufgabe einer zwischen »Gut« und »Böse« unterscheidenden religiösen Moral als vielmehr einer Ethik, die wie die Medizin oder die Lehre von den Diäten zwischen »Gut« und »Schlecht« (oder zwischen »Bekömmlich« und »Schädlich« beziehungsweise zwischen »Unbedenklich« und »Selbststrafend«) unterscheidet (s. dazu Deleuze 1988: 32 ff.). Eine solche Ethik wurde nur von den alten, »primären« Religionen als zentrale Aufgabe der Religion betrachtet, während sie von den späteren, »sekundären«, monotheistischen Religionen nur mehr bedingt oder gar nicht wahrgenommen wurde. Diese Aufgabe konnte dann von säkularen Einrichtungen wie z. B. der Philosophie oder der Psychotherapie übernommen werden. Bezeichnend ist dafür übrigens, dass jemand, der einer der sieben Todsünden verfällt, ja auch nicht als deren grammatikalisches, handelndes Subjekt in Betracht kommt: Er kann nicht wie bei den religiösen Geboten z.B. sagen: »Ich stehle« oder »Ich lege falsches Zeugnis ab«, sondern er sagt: »Mich frisst der Neid« oder »Mich packt die Gier«. Nicht der Sünder hat oder begeht hier eine Sünde; vielmehr hat die Todsünde ihn. Dementsprechend wird er nicht der Ermahnung oder Strafe, sondern vielmehr der Hilfe bedürfen.

Sosehr die Neidigen durch ihren Neid bestraft werden, halten sie doch zugleich verbissen an ihm fest – so, als wollten sie ihre eigene Strafe. Das Festhalten an solchen Vorstellungen bezeichnet Spinoza als »Leidenschaft der Trauer« bzw. als »trübsinnige Leidenschaft«.[9] Trübsinnige Leidenschaften machen ihre Träger immer äußerst unglücklich; aber zugleich lassen diese sie sich niemals wegnehmen, sondern beharren auf ihnen, als wären sie ihr kostbarster Besitz. Es verhält sich wie in dem von Freud zitierten Wortspiel Schleiermachers: »Eifersucht ist eine Leidenschaft, die mit Eifer sucht, was Leiden schafft« (s. Freud [1905 c]: 36). Freud hat diese Leidenschaft, diese versteckte Lust, die niemals bewusst als lustvoll erfahren wird, sondern sich an ihren Trägern als Leiden äußert, als »neurotische Unlust« bezeichnet (s. Freud [1920 g]: 220).[10]

Es steckt also ein Stück Glück in diesem Unglück des Neides. Das ist der Grund, weshalb dieses Unglück nicht aufgegeben, sondern wie ein wertvoller Schatz verteidigt wird: Der Neidige will vom Neid nicht ablassen – ebenso wenig wie der Eifersüchtige von seiner Eifersucht oder der Untröstliche von seiner Untröstlichkeit. Ja, es kommt vor, dass bestimmte Unterdrückte, wie Spinoza bemerken musste, sogar für ihre eigene Unterdrückung kämpfen, als wäre sie ein Glück (s. Spinoza 1967: 10). Der Soziologe Richard Sennett hat diese

Tatsache für moderne Gesellschaften anhand bestimmter Formen von neurotischen Autoritätsverhältnissen aufgezeigt (s. Sennett 2008: 160).

7. Der Neid als Kinderkrankheit im politischen Kampf

Der Philosoph Slavoj Žižek hat den Neid als typischen Affekt bei aktuellen christlichen wie muslimischen Fanatikern erkannt. Diese Fanatiker sind darum, so Žižek, auch bloß Pseudofundamentalisten, und keine wahren religiösen Fundamentalisten. Denn:

»Ein Merkmal kennzeichnet alle wahren Fundamentalisten, von tibetanischen Buddhisten bis zu den Amischen in Nordamerika, nämlich der Mangel an Ressentiment und Neid, ihre tiefe Gleichgültigkeit gegenüber der Lebensweise der Ungläubigen. Warum sollten sie sich von Ungläubigen bedroht fühlen, warum sollten sie sie beneiden, da wahre Fundamentalisten doch der Überzeugung sind, sie hätten ihren Weg zur Wahrheit gefunden? Wenn ein Buddhist einem westlichen Hedonisten begegnet, verurteilt er ihn keineswegs, sondern stellt wohlmeinend fest, das Glücksstreben des Hedonisten bewirke genau das Gegenteil dessen, was dieser erreichen möchte. Der Kontrast zu den terroristischen Pseudofundamentalisten, die das sündige Leben der Ungläubigen zutiefst beunruhigt, fesselt und fasziniert, könnte gar nicht größer sein. Man spürt förmlich, daß ihr Kampf gegen den sündigen Anderen im Grunde ein Kampf gegen ihre eigene Versuchung ist. Ein sogenannter christlicher oder muslimischer ›Fundamentalist‹ ist eine Schande für den wahren Fundamentalismus.« (Žižek 2006)

Darum zeugen der gewalttätige Kampf der religiösen Fanatiker und »die leidenschaftliche Intensität des Pöbels«, so Žižek,

»von einem Mangel an wahrer Überzeugung. Der fundamentalistische islamische Terror gründet auf der Überzeugung der Terroristen, sie seien überlegen, oder auf ihrem Wunsch, ihre kulturell-religiöse Identität gegen den Übergriff der globalen Konsumzivilisation zu schützen. Das Problematische an ›Fundamentalisten‹ ist nicht, daß wir der Meinung sind, sie seien uns unterlegen, sondern daß *sich selbst* insgeheim minderwertig vorkommen (so wie sich offenkundig Hitler gegenüber den Juden minderwertig vorkam).« (Žižek, ebd.)

Daraus ergibt sich eine entscheidende politische Schlussfolgerung, die nicht nur religiöse Fanatiker, sondern alle politisch Engagierten betrifft: Der Neid ist alles andere als ein Motor von politischer Aktion oder von vernünftigen Gerechtigkeitsbestrebungen, wie der amerikanische Philosoph John Rawls mit Recht festgestellt hat (s. Rawls 1975: 585).

Vielmehr ist der Neid eine typische »Kinderkrankheit« emanzipatorischer Bewegungen. Er beruht schließlich auf dem Narzissmus – und der Narzissmus ist, der Psychoanalyse zufolge, die typische Kinderkrankheit schlechthin: als primärer Narzissmus ein notwendiges Durchgangsstadium für junge Menschen; als sekundärer Narzissmus eine fatale Regression von Erwachsenen – so wie ja auch andere Kinderkrankheiten, wenn sie bei Erwachsenen auftreten, meist schlimmer und verheerender sind als bei Kindern. Was passiert, wenn der Neid zum Antrieb politischen Handelns wird, hat Schulze mit einem drastischen Beispiel illustriert:

»Bei einer Tarifauseinandersetzung in einem englischen Flugzeugturbinenwerk ließen Arbeiter einen Teil der Lohnerhöhung fahren, um zu verhindern, dass eine rivalisierende Gruppe ihnen gleichgestellt würde.« (Schulze 2006: 99)

Diese politische Verblendung rührt daher, dass der Neider (wie eingangs dargestellt) »lieber selbst auf etwas verzichtet, als es dem Beneideten zu gönnen« (Schulze, ebd.). Das bedeutet, dass wir uns zu allererst vom Neid befreien müssen, um politisch zu werden. Erst ohne Neid nämlich werden wir fähig, zu kämpfen

- um mögliches und verwirklichbares Glück, nicht um ein- gebildetes, unmögliches;
- um Dinge, die wir wirklich wollen;
- um Dinge, bei denen es darauf ankommt, dass wir sie haben; nicht darauf, dass der Andere sie nicht hat;
- und schließlich um große, entscheidende Dinge; nicht um kleine.

Wir werden dann die Gesamtverhältnisse der Gesellschaft be- trachten. Dies wird dazu führen, dass wir ganz andere Leute kritisch beäugen werden als gegenwärtig. Wir werden dann zum Beispiel darüber nachdenken, ob es wirklich sein muss, dass es Höchsteinkommen gibt, die weit mehr als das Tausend- fache der Mindesteinkommen betragen. Und wir werden uns aus eben diesem Grund, anders als jetzt, nicht mehr maßlos ärgern, wenn etwa unser Kollege für die gleiche Arbeit viel- leicht 20 Prozent mehr verdient als wir.

8. Die Lektionen des Neides

Das Phänomen des Neides ist äußerst lehrreich. Es vermag auf einfache Weise sehr komplexe und mitunter paradoxe Zusammenhänge zu veranschaulichen und zu belegen – wenn nicht zu erklären.

Beim Neid geht es zunächst, wie sich deutlich zeigt, um etwas Ideelles, und nicht um etwas Materielles. Das Nichthaben des Anderen ist entscheidend, nicht das eigene Haben. Um meinen Neid vorübergehend zu besänftigen, würde es zum Beispiel genügen, dass ein gewiefter Einflüsterer mir fälschlich erzählt, das Objekt, um das ich einen Anderen beneide, wäre diesem verlorengegangen. Die bloße falsche Idee also wäre schon heilsam – wenigstens solange sie für wahr gehalten wird. Ebenso kann auch schon das bloße symbolische Inbesitznehmen des Objekts zum Verschwinden des Neides führen – wie es Beispiele aus dem Psychodrama oder auch die antike Heilung eines Ehrgeizigen durch den Stoiker Epiktet belegen.[1]

Folglich beweist der Neid, dass Menschen sehr leicht zu »Idealisten« werden können: es kann ihnen leicht passieren, dass sie etwas Ideelles etwas Materiellem vorziehen. Und diese Entscheidung erfolgt spontan, ohne Bewusstsein – nach der Marx'schen Formel »Sie wissen es nicht, aber sie tun es« (Marx [1867]: 88). Sie wissen nicht, dass sie spontan Idealisten sind, aber in ihrem neidigen Verhalten betätigen sie sich als solche.

Auf der Ebene ihres Wissens hingegen bleiben die Neidigen oft durchaus »Materialisten«: sie wissen – oder glauben zu wissen –, dass es ihnen nur um materielle Vorteile geht. Neidisch sein heißt folglich, eine »Ichspaltung« aufweisen (s. Freud [1940 e]). Das Wissen und das Tun sind auf zwei voneinander geschiedene psychische Ebenen verteilt. Die Ichspaltung wird, Freud zufolge, durch den psychischen Abwehrmechanismus der Verleugnung hervorgerufen. Auf den Neid kann darum die Formel angewandt werden, die der Psychoanalytiker Octave Mannoni für die Verleugnung gegeben hat: »Ich weiß zwar …, dennoch aber …« (s. Mannoni 1985: 9 ff.). Im Fall des Neides könnte diese Formel zum Beispiel wie folgt aufgefüllt werden: »*Ich weiß zwar, dass ich eigentlich genau das gleiche Auto besitze wie mein Nachbar, dennoch aber beneide ich ihn und komme nicht zur Ruhe, bevor er das seine nicht mehr hat.*« Die Verteilung zwischen dem bewusst anerkannten Wissen und der verleugneten Haltung des Neides ist hier auffällig: Bewusst ist die einfache, leicht verständliche Haltung. Abgespalten hingegen ist das, was der weitaus komplexeren, auf Ideelles gerichteten Denkfigur entspricht. Wie bereits Slavoj Žižek in seiner auf Mannoni gestützten Interpretation des Marx'schen Fetisch-Begriffs gezeigt hat, können Menschen auf der Ebene ihres bewussten Wissens völlig nüchternen, materialistischen und nominalistischen Mustern von Vernunft verpflichtet sein, während sie auf der Ebene ihres Handelns agieren, als ob sie von den verstiegensten abstrakten Denkfiguren, von der Annahme der Realexistenz idealer Wesenheiten und »theologischen Mucken« beherrscht wären.[2]

Auffällig an der Verteilung von bewusst anerkanntem materialistischem Bewusstsein und verleugneter idealistischer Haltung beim Neid ist weiters der Umstand, dass der Idealismus dabei auf jene Seite fällt, welche die Träger an sich selbst regelmäßig als die schwache, verachtenswerte einstufen: Der Neid ist sozusagen ein *idealistisches Laster*. Die Neidigen sind also *Idealisten aus Neigung; Materialisten* sind sie hingegen *aus Pflichtgefühl* – sie fühlen sich darin dem Realitätsprinzip verpflichtet, das es verbietet, zu träumen, wenn es um wichtige Dinge geht.

Diese Verteilung widerspricht einer geläufigen, selbst idealistischen Erwartung. Üblicherweise wird angenommen, dass die Neigung grundsätzlich materialistisch sei und dass Menschen demnach, wenn sie ihren Neigungen folgen, immer materialistisch handeln; wenn sie sich dagegen überhaupt jemals zum Idealismus erheben, dann aus Pflichtgefühl. Friedrich Engels hat treffend beschrieben, wie diese Ichspaltung üblicherweise, nach Auffassung des Philisters, aussieht:

>»Der Philister versteht unter Materialismus Fressen, Saufen, Augenlust, Fleischeslust und hoffärtiges Wesen, Geldgier, Geiz, Habsucht, Profitmacherei und Börsenschwindel, kurz alle die schmierigen Laster, denen er selbst im Stillen frönt; und unter Idealismus den Glauben an Tugend, allgemeine Menschenliebe und überhaupt die ›bessere Welt‹, womit er vor andern renommiert, woran er selbst aber höchstens glaubt, so lange er den auf seine gewohnheitsmäßigen ›materialistischen‹ Exzesse notwendig folgenden Katzenjammer oder Bankerott durchzumachen pflegt und dazu sein Lieblingslied singt: Was ist der Mensch – halb Tier, halb Engel.« (Engels [1886] MEW 21: 282)

Der Philister erkennt also, Engels zufolge, durchaus eine Ichspaltung beim Menschen bzw. bei sich selbst an; aber er konzipiert diese Spaltung auf idealistische Weise: Er vermutet den »Materialismus« aufseiten der Neigung. Nach idealistischer Auffassung sind Neigungen grundsätzlich auf egoistische, sozialschädliche Ziele gerichtet; allenfalls die selten anzutreffenden »schönen Seelen« können bereits aus bloßer Neigung gut sein. Auf der anderen Seite kann das an abstrakten Ideen oder Idealen orientierte, sittlich Gute, das sozialverträgliche, der Allgemeinheit bzw. der Menschheit als ganzer dienende Handeln nach idealistischer Ansicht nur aus dem Pflichtgefühl entstehen (s. Kant [1788]: 140). Anders war diese Zuordnung Immanuel Kant nicht denkbar. Dass Menschen auch aus Pflichtgefühl äußerst böse handeln können – wie es zahlreiche Nationalsozialisten im 20. Jahrhundert deutlich vorgeführt haben – vermochte im 18. Jahrhundert alleine der diesbezüglich nüchternere – oder aber phantasievollere – Marquis de Sade sich vorzustellen.[3]

Im Gegensatz zur idealistischen Auffassung zeigt sich am Neid, dass Menschen auch aus bloßer Neigung abstrakten, nicht-egoistischen Ideen folgen können. Und so wie ihr abstraktes Denken können sie auch ihr idealistisches Agieren vor sich selbst geheim halten. Wenn sie aus Neigung zu Idealisten werden können, dann bedeutet dies also, dass ihnen das spontan, aufgrund einer Schwäche sozusagen passieren kann, ohne dass dazu irgendeine Art von »Selbstüberwindung« notwendig wäre. Der völlig unproduktive Nicht-Egoismus des Neides, von dem das neidige Ego keinen Vorteil hat, unterläuft diesem automatisch und ungewollt. Die Unfähigkeit, materielle Objekte für sich zu beanspruchen, und der Zwang, sich stattdessen mit ideellem Besitz oder Nichtbesitz des Anderen leidenschaftlich zu quälen, entsteht genau so, wie es sich der Philister von den »materialistischen« Lastern vorstellt.

Was für die Philosophie »Idealismus« ist, das bezeichnet die Psychoanalyse als »Narzissmus«.[4] Diese terminologische Verschiebung eröffnet einen Erkenntnisvorteil. Was der Philosophie (jedenfalls der des Philisters) als positive Fähigkeit zur gedanklichen Abstraktion und zum Absehen von unmittelbaren egoistischen Antrieben erscheinen mag, ist in den Augen der Psychoanalyse ein Gebrechen – ein Defekt an der Objektlibido: die Unfähigkeit zum Griff nach dem, wofür es sich zu leben lohnt.

Diese Unfähigkeit ist, wie sich beim Neid zeigt, gegründet auf eine narzisstische Logik. Dem Neider wird der beneidete Andere zu »seinem Anderen«, das heißt: zu dessen gesamter übriger Welt, zu dessen »absolutem Horizont«.[5] Darum lautet die narzisstische Parole immer: »*Du oder ich (aber nicht wir beide)*«. Und, in der Folge: »*Wenn du, dann nicht ich*«, beziehungsweise umgekehrt: »*Wenn du nicht, dann ich*«. Dies führt zu den für die neidische Haltung bezeichnenden, völlig realitätsfernen Verhaltensmustern, zum Beispiel: »*Wenn du es hast, dann kann ich es nicht haben*« – ein Satz, der spätestens durch die industrielle Reproduzierbarkeit zahlreicher begehrenswerter Objekte weitgehend ungültig geworden ist. Und noch wirklichkeitsferner ist seine Umkehrung: »*Wenn du es nicht hast, dann habe ich es.*« Hier verhält sich der Neidige tatsächlich so, als ob es nichts Drittes und niemand Dritten gäbe. Da der beneidete Andere für ihn alles Andere, die gesamte übrige Welt ist, kann es gar nicht passieren, dass das kostbare Objekt jemandem Dritten zufällt oder auch, zum Beispiel als zerstörtes, ohne jeden Besitzer bleibt. Es gibt hier keine »Triangulierung« durch eine solche dritte Seite; durch eine kontingente Umgebung, in der das Objekt sich zufällig (bzw. mit großer Wahrscheinlichkeit) auch befinden könnte. Es ist vielmehr mit Notwendigkeit entweder beim Anderen oder beim Neider.[6]

Das Universum des Neiders ist somit von einer strikten Ausschließlichkeit zwischen dem Ich und seinem Anderen geprägt – sowie von einer ebenso strikten Einschließung der gesamten Welt in diese Alternative. Dadurch, dass es nichts Drittes und mithin nichts Kontingentes gibt, ist es ein vollkommen durch Notwendigkeit bestimmtes, a priorisches Universum, ohne jede Außenwelt. Nichts erschließt sich erst a posteriori. Insofern alles notwendig ist, ist es zugleich sinnvoll – das heißt: mit einem Bezug auf das Ich ausgestattet. Auch der Andere ist kein wirklicher Anderer, sondern lediglich ein alter ego, ein Doppelgänger.[7] Seine Alterität ist lediglich imaginär. Es ist ein Trugbild, das auf eine vorhandene, wirkliche Person projiziert wird. Diesem Trugbild eines scheinbaren Anderen gegenüber ist das Ich des Neiders in Wahrheit mit sich selbst alleine.

Ebenso ist das Ding, um das der Andere beneidet wird, kein

wirkliches Objekt – bezeichnenderweise vermag es ja auch keine wirkliche Freude zu bereiten, sondern muss auf sehnsüchtige Distanz gehalten werden. Es ist auch insofern kein wirkliches Objekt, als es lediglich an ein wirkliches Objekt, oder an einen Zug davon, »angelehnt« ist. Daher rührt seine Unbestimmbarkeit als »gewisses Etwas«: Das wirkliche Objekt selbst oder der Zug alleine würden, bei Licht besehen, niemals das Aufheben rechtfertigen, das der Neider um sie macht. Niemand würde ihn darin verstehen. Darum kann er – genau wie der Fetischist seinen Fetisch[8] – sein Objekt oder dessen Zug niemals adäquat benennen, sondern sich höchstens an dessen Heimlichkeit und Uneinsehbarkeit für andere erfreuen. Ihren besonderen Wert verdanken solche Objekte alleine dem besonderen Blick des Neiders; durch ihn wurden sie mit etwas Zusätzlichem aufgeladen. Das Neidobjekt hat, wie zum Beispiel in der Verliebtheit, eine gewaltige Idealisierung durch den Neider erfahren. Und diese Idealisierung besteht, Freud zufolge, eben darin, »daß das Objekt so behandelt wird wie das eigene Ich« (Freud [1921 c]: 105). Im Neidobjekt, das aus dem wirklichen Objekt oder dessen Zug plus der Aufladung durch den Neider zusammengesetzt ist, liebt der Neider ein Stück von sich selbst – und zwar ein Verlorengegangenes.[9]

Dies gilt, Freud zufolge, für einen beträchtlichen Teil der Liebe: Man liebt – nach dem »narzißtischen Typus« der Objektwahl – in der anderen Person das, was man selbst war (z. B. das entzückende junge Wesen), oder was man idealerweise sein möchte; oder man liebt »die Person, die ein Teil des eigenen Selbst war« (s. Freud [1914 c]: 56). Jede Liebe dieses Typus hat also nach Freud etwas Nostalgisches an sich. Daraus erklärt sich auch das typische Rückwärtsgewandte des Neides: Wir beneiden Junge um ihre Jugend, niemals dagegen Alte um ihr Alter (oder um die damit verbundenen Vorteile wie Erfahrung, Weisheit, Ruhe, Würde etc.). Walter Benjamin hat diese Neidlosigkeit gegenüber der Zukunft als charakteristisches Merkmal von geschichtlicher Existenz erkannt (s. Benjamin [1940]: 693).

In jedem Neidobjekt wird also wie in jedem geliebten Objekt ein Stück verlorengegangenes Ich geliebt beziehungsweise geneidet. Und dieses Stück von verlorengegangenem Ich ist das Ich des primären Narzissmus, wie es nach dessen Überwindung erscheint (s. Freud [1919 h]). Die Wiederbegegnung mit diesem mühsam aufgegebenen Narzissmus würde unter normalen Bedingungen Angst verursachen. Die Bedingungen der Liebe und des Neides dagegen erlauben die Verwandlung des angsterregenden narzisstischen Elements ins Positive, Faszinierende – und zwar durch seine Ansiedelung am Ort des Anderen (in der Liebe) oder in dessen Besitz (beim Neid). Diese Verlagerung erlaubt nun dem Liebenden wie dem Neider die freudige Begegnung mit etwas, das für ihn alles ist – so, wie er einst sich selbst dieses alles gewesen ist (oder zumindest nachträglich meint, es einst gewesen zu sein).

Für das Neidobjekt trifft somit paradoxerweise dasselbe zu wie für die beneidete Person. Auch der beneidete Andere spielt ja für den Neider strukturell dieselbe Rolle wie die geliebte Person für den Liebenden: die Rolle des ehemaligen Ich. Denn diesen Anderen wird (auf dem Weg der Projektion) die Fähigkeit zu jenem lustvollen Genießen des Narzissmus zugetraut, die dem erwachsen gewordenen Neider selbst verlorengegangen ist – freilich nicht ohne eine nostalgische Spur zu hinterlassen, der folgend er diese Fähigkeit unablässig bei den oft ebenfalls erwachsenen Anderen vermuten und suchen muss. Gemäß dieser Rollenidentität von beneideter und geliebter Person konnte Sigmund Freud den Schluss ziehen, dass in der Eifersucht etwa eines Mannes auf einen anderen Mann ein Stück verschobener homosexueller Liebe am Werk sein muss (s. Freud [1911 c]: 186 ff.; [1922 b]: 221). Aus lacanianischer Perspektive muss dieser Befund freilich noch um ein entscheidendes Motiv ergänzt werden: Der Eifersüchtige projiziert nicht nur seine eigene Liebe für den anderen Mann auf die eigene Frau und wehrt dadurch, wie Freud erkannte, eine homosexuelle Regung ab. Viel wichtiger erscheint noch, dass die verlorengegangene Fähigkeit zum lustvollen narzisstischen Genießen auf den Anderen projiziert und diesem problemlos zugetraut wird. Darin besteht der entscheidende Vorteil der Projektion: Durch sie wird lustvolles Genießen als möglich betrachtet und das unerträgliche Objekt in ein faszinierendes verwandelt. Die Verschiebung auf den Anderen, auf das narzisstische »Nicht-Ich« sozusagen, wehrt die Unmöglichkeit des lustvollen Genießens ab und macht das Unmögliche wieder möglich. Das »Nicht« der Unmöglichkeit wird durch das »Nicht-Ich« der imaginären Alterität ersetzt. In dieser Lösung des narzisstischen Problems der Unmöglichkeit liegt der entscheidende Vorteil der Projektion, sowohl bei der Eifersucht wie beim übrigen Neid, in dem sexuelle Regungen ja eine geringere Rolle spielen mögen.

Da der Andere ebenso wie das Objekt, um das es im Neid geht, mit Narzissmus aufgeladene Objekte sind, bewegt sich der Neider in einer strenggenommen objektlosen Welt. Alles – das Objekt ebenso wie die Person, die beneidet wird – sind (freilich undurchschaute) Facetten des eigenen Ich. Diese narzisstische Welt, in der das Ich von nichts anderem als sich selbst bedrängt wird, ist die Welt der *Paranoia*. Freud hat darum die Eifersucht konsequent als Paranoia beschrieben.[10] Da die Projektion den grundlegenden Abwehrmechanismus der Paranoia bildet, kann darin alles, was dem Ich unmöglich oder unerträglich ist, auf den Anderen verschoben werden. Nicht man selbst liebt dann zum Beispiel, sondern der Andere (s. Freud [1922 b]: 221).

Ebenso wie mit der Liebe, deren Projektion auf den Anderen die Eifersuchtsparanoia ergibt, kann dies in einem nächsten Schritt auch mit der Eifersucht oder dem Neid selbst geschehen. So entsteht die *Neidparanoia*: Nicht man selbst ist dann eifersüchtig oder neidisch, sondern es wird gefürchtet, der Andere könnte eifersüchtig oder neidisch sein. Diese Furcht vor dem Neid der Anderen kann, wie manche Beobachter vermuten, mitunter sogar das Leben ganzer Gesellschaften hemmen: Häuser werden dann nicht fertiggebaut, damit bei Verwandten kein Neid entsteht; oder sie werden nicht als Hochhäuser errichtet, um keine bösen Blicke auf sich zu ziehen (s. Signer 2004; Schulze 2006: 102 f.).

Auch aktuelle westliche Subkulturen und Kunstszenen scheinen oft massiv von solcher Neidparanoia betroffen. Niemand darf es sich dann erlauben, wenigstens für kurze Momente großartig, glanzvoll strahlend oder glamourös zu sein; alle verhalten sich aus Furcht vor dem Neid der anderen, wie Peter Sloterdijk pointiert bemerkte, zutiefst »demutstrunken« (Sloterdijk 2006: 31). Freilich kann solches Verhalten und solche Furcht auch begründet und nicht paranoisch sein. Man kann auch zu Recht den Neid der anderen fürchten, ohne dabei eigenen Neid auf sie zu projizieren. In jedem der beiden Fälle ist wenigstens eine Paranoia vorhanden – entweder der paranoische Neid auf eingebildetes Glück oder aber die paranoische Furcht vor eingebildetem Neid.

Da der Neid, wie wir gesehen haben, ein Zustand der Paranoia ist, worin das Ich sowohl im Rivalen wie im Neidobjekt lediglich narzisstische Gestalten seiner selbst antrifft und mithin sozusagen vollkommen mit sich selbst alleine ist, blockiert dieser Zustand jeden Zugriff auf jegliches reale Objekt, das Freude bereiten könnte. Es gibt ein »Ding«, das alle anderen völlig in den Schatten stellt bzw. zunichtemacht, und dieses Ding ist bezeichnenderweise kein Objekt, sondern ein Stück Narzissmus.

Diese nicht zu leugnende und – angesichts der speziellen, zuvor angeführten Eigenheiten des Neides – schwerlich anders zu erklärende Tatsache muss zur Skepsis veranlassen hinsichtlich dessen, was Gilles Deleuze und Félix Guattari in ihrem Konzept der »Wunschmaschinen« als die polymorphe und unproblematische, ungefährdete »Produktivität« und »Positivität« des menschlichen Begehrens und Wünschens entworfen haben (s. Deleuze/Guattari 1977: 32 ff.; 65 ff.). Es ist offenbar keineswegs so, dass Wünsche ohne weiteres und überall am menschlichen Körper oder im psychischen Apparat generiert werden können. Vielmehr muss in Betracht gezogen werden, dass diese Produktivität, wie beim Neid, einer schweren narzisstischen Störung unterliegen kann. Die Überwindung des Narzissmus bildet die Voraussetzung dafür, dass irgendein Objekt begehrt werden kann. Freilich geschieht diese Überwindung nicht, wie Deleuze und Guattari zurecht betonen, durch das kulturelle Verbot (etwa das ödipale Inzestverbot). Nicht das Verbot geht den Wünschen voran. Aber das hatte die psychoanalytische Theorie auch nicht behauptet (s. dazu Pfaller 2009).

Entscheidend erscheint zum Verständnis des Neides sowie des Umgangs mit ihm die Erkenntnis Lacans, dass das Begehren immer von seinem narzisstischen Vorgänger, dem Genießen, bedroht ist und dass es unter bestimmten Umständen in dieses zurückfallen und von ihm aufgezehrt werden kann. Ebenso erscheint es angesichts dieser Tatsachen wahrscheinlich, dass das Begehren nicht unabhängig vom narzisstischen Genießen ist und dass es seinen ganzen Impetus in Richtung realer Objekte aus dessen gelungener Überwindung bezieht – dass also jedes begehrte Objekt seine Aufladung mit Attraktivität durch das »Nichtobjekt«, das »Unding« des verlorenen Narzissmus gewinnt: Wenn uns überhaupt jemals reale Objekte begeistern, dann – wie Freud hellsichtig erkannte – insofern, als es uns gelingt, in ihnen ein Stück des verlorengegangenen Narzissmus unterzubringen; möglicherweise gibt es keinen anderen Begehrensantrieb.[11]

Freilich aber dürfen die Objekte von diesem narzisstischen

Motiv nicht völlig zugedeckt werden, wenn nicht paranoischer Verlust entstehen soll. Das Begehren realer Objekte kann darum als »partieller« Narzissmus betrachtet werden, wohingegen die Faszination durch ein Neidobjekt oder eine eifersüchtig oder romantisch verfolgte Person als »Totalnarzissmen« gelten müssen. Der Totalnarzissmus des Genießens und der Partialnarzissmus des Begehrens würden sich dabei so zueinander verhalten wie eine »geschlossene« und eine »offene« Annahme in den Wissenschaften: Eine geschlossene Annahme trägt eine bestimmte Interpretation an die Erfahrung heran, ohne jemals durch diese widerlegt werden zu können.[12] Eine offene Annahme hingegen macht etwas an der Erfahrung sichtbar, wird in der Folge aber selbst durch die Erfahrung bereichert und kann dadurch modifiziert oder auch falsifiziert werden. Ebenso kann eine nicht paranoische Liebe an einem bestimmten Punkt durch bestimmte Eigenschaften oder Verhaltensweisen ihres Objekts enttäuscht werden (zum Beispiel wenn dieses einwendet: »Ich aber liebe dich nicht.«). Bei einer paranoischen Liebe hingegen herrscht absolute Unenttäuschbarkeit und Immunität gegen jede Erfahrung vor (dem genannten Einwand würde zum Beispiel entgegnet werden: »Du liebst mich schon. Du weißt es nur noch nicht. Und gerade das ist das Liebenswerte an dir.«).

Angesichts der gegenwärtigen Verbreitung von Phänomenen der Paranoia sowie der paranoischen Einbildung gewinnen die alten philosophischen Interventionen vom Typ Epiktets neue Aktualität. Es ist notwendig, die »Einbildungen« beziehungsweise »Meinungen« zu beherrschen, wenn nicht jeder Zugang zu den Tatsachen versperrt bleiben soll.

Hier zeigt sich schließlich, weshalb Epiktets Insistenz auf der Bearbeitung der Einbildungen keineswegs eine resignative, subjektivistische oder psychologistische Abkehr von der Welt darstellt. Der Hinweis, dass es Einbildungen seien, und nicht – wie sie selbst immer zu versichern versuchen – Tatsachen, die uns in Aufruhr versetzen, zielt darauf ab, der Paranoia ihren gegenständlichen Schein zu rauben. Epiktet erinnert uns daran, dass unser Neidobjekt in Wahrheit kein Objekt ist. Erst nach dieser Einsicht werden wir fähig, uns wirklichen Objekten zuzuwenden.

Die besondere Pointe des Stoizismus von Epiktet besteht mithin darin, das narzisstische, idealistische Moment an der Einbildung und dessen Gefahr erkannt zu haben. Dieser Gefahr kommt man nicht bei, indem man nur darauf achtet, die auf Materielles gerichteten Begierden abzutöten, wie es die letztlich revisionistische – und vielleicht auch selbst durch idealistische Überlieferung verfälschte – Tradition der vornehmen Stoiker nahelegen könnte. Im Gegenteil: Solche Übung in der Verachtung von allem Materiellen kann leicht zu jener Haltung führen, in der dem Ich, wie im Neid, jede Distanz zu sich selbst fehlt und in der es umso panischer nach vermeintlichen Objekten jagen muss, je mehr ihm jeglicher wirkliche Bezug auf die Welt verlorengegangen ist.

Ein idealistischer Stoizismus ist unfähig, Menschen vor einem idealistischen Laster, wie es der Neid ist, zu bewahren; ja schlimmer noch: Indem er ihren Narzissmus verstärkt und ihren heilsamen Hang zu den Objekten zerstört, trägt er selbst dazu bei, dass sie diesem Laster verfallen. Die Tugend, wie die Idealisten sie entwerfen, ist zu verbissen und zu finster, um nicht zu solchen verbissenen, finsteren Passionen geradezu anzuleiten.

Ganz anders dagegen die materialistische Milde des neuzeitlichen Stoikers Michel de Montaigne, der die Tugend als »eine gefällige, fröhliche Eigenschaft« charakterisiert, als »schön, siegreich, liebevoll und ebenso reizend als beherzt« sowie als »erklärte und unversöhnliche Feindin des Unmuts, des Mißvergnügens und des Zwanges, die im Verein mit dem Glück und der Lust der Natur folgt« (Montaigne 1996: 77; 28). Eine so gefasste Tugend ist, wie Montaigne folgert, durchaus auch

»reich und mächtig, sie kann gelehrt sein und kann in duftenden Betten schlafen: sie liebt das Leben, sie liebt die Schönheit, den Ruhm und das Wohlergehen. Doch das Besondere, Eigene ist, daß sie sich dieser guten Dinge in geordneter Weise bedienen und sie mit Gleichmut verlieren kann.« (Montaigne 1996: 28)

3. Abschnitt:

Triumphe paranoischer Einbildung

9. Aberglaube, Bekenntnis, Paranoia.
Formen der Einbildung und ihre Funktion bei der Ablehnung des Lebens

> »Und wenn du dreitausend Jahre lebtest oder gar zehn-
> mal so lange, denk trotzdem daran, daß niemand ein
> anderes Leben verliert als das, was er lebt, und nicht ein
> anderes lebt als das, was er verliert. [...] Denn niemand
> kann das vergangene oder das zukünftige Leben verlie-
> ren. [...] nur das Gegenwärtige ist es, wessen er beraubt
> werden soll, wenn anders er nur dieses hat und man
> nicht verlieren kann, was man nicht hat.«
>
> *(Marc Aurel 1948: 18)*

Angesichts von Zielen wie Sicherheit, Gesundheit, Umwelt-
schutz oder Kosteneffizienz zeigen westliche Bevölkerungen
derzeit eine verblüffende Opferbereitschaft. Ohne Murren –
oder wenigstens ohne eines, das sich direkt gegen die entsprechenden Maßnahmen richtet – nehmen sie beträchtliche
Einbußen an elementaren Lebensqualitäten sowie oft ernied-
rigendste Gängelungen durch ihre – übrigens in anderer Hinsicht untätigen – Regierungen und Behörden hin.

Daran zeigt sich zunächst das in der Einleitung hervorge-
hobene, charakteristische Gegenwartsphänomen, das Leitthe-
ma dieses Buches: dass die reichsten Bevölkerungen der Welt
es weitgehend verlernt haben, sich die Frage zu stellen, wofür
es sich zu leben lohnt. Wären sie fähig, darauf zu insistieren
und diese alte materialistische Frage zu stellen, dann könnten
sie wohl dem Bann dieser gebieterischen neuen Prioritäten
entkommen und würden die entsprechenden, meist mit großen Nachteilen verbundenen Maßnahmen nicht widerstands-
los akzeptieren.

Es passiert nicht zum ersten Mal, dass die Bevölkerungen
der westlichen Welt eigentümlich gehemmt erscheinen in der

Behauptung ihrer elementaren Ansprüche. Aber es gibt etwas Neues an der Form der aktuellen fixen Ideen und Leitvorstellungen. Sie zeichnen sich durch extreme Dringlichkeit sowie durch robuste Dogmatik aus: Sie beanspruchen absoluten Vorrang und dulden nichts anderes neben sich. Nicht immer steht, wie bei manchen Umweltfragen, die Drohung einer Katastrophe im Hintergrund; dennoch aber verlangen sie allesamt nach spontaner und unbedingter Gefolgschaft – es ist kaum möglich, Gegenargumente einzubringen und sie in Ruhe zu erörtern oder etwa in skeptischer Distanz zu verharren. Und sie rufen nach unmittelbarer Aktion. Dem entspricht der hohe Mobilisierungsgrad, den diese Vorstellungen gerade bei sehr jungen Menschen erreichen: In einer Zeit, in der selbst aufgeweckte fünfundzwanzigjährige Studierende kaum noch in der Lage sind, die Welt im Hinblick auf Klassenverhältnisse zu betrachten, obwohl inzwischen selbst bürgerliche Mittelschichten in den Sog von Hartz IV geraten, verfügt die Mehrheit der Fünfjährigen bereits über ein hochgradig sensibles »Umweltbewusstsein«, mit dem sie nicht selten ihre Elterngeneration drangsalieren.[1] Die frühe Installierung sowie die mit einer an gewisse religiöse Phänomene erinnernde Ausschließlichkeit, mit der solche Vorstellungen sich im Bewusstsein festsetzen, sorgt dafür, dass andere Gesichtspunkte und Betrachtungsweisen später kaum noch in Betracht gezogen werden können: diese Einbildungen wirken somit auch als Scheuklappen, als »Erkenntnishindernisse« gegenüber allen anderen Zugängen zur Welt.

Der dringliche, dogmatische Charakter der aktuellen Vorstellungen von Priorität macht diese auffällig und interessant für eine Theorie der gesellschaftlichen Einbildungen. Woher rührt der tyrannische Charakter dieser die Gegenwart prägenden Motive? Und wieso wird diese Tyrannei so sehr akzeptiert? Wie hat sich unsere Haltung zum Leben verändert? Welche neue Form hat unser Imaginäres angenommen, wenn es sich gegenwärtig vorzugsweise auf Themen oder Herangehensweisen richtet, die scheinbar keine abweichende Meinung, keine abwägende Erörterung und keinen Handlungsaufschub dulden?

Diese »Scheuklappenformatierung« des aktuellen gesellschaftlichen Imaginären bildet eine interessante Herausforderung für die Theorie. Sie widerspricht nicht rundweg den bisher entwickelten Erklärungsversuchen für Lustfeindlichkeit und Beuteverzicht. Aber sie bildet doch eine neue Form, die es erforderlich macht, den bisherigen Konstruktionen ein neues Element hinzuzufügen.

Den Einbruch asketischer Ideale in die Gegenwartskultur habe ich seit den 90er Jahren mit Hilfe einer Theorie der Einbildungen zu analysieren versucht.[2] Dabei stützte ich mich auf die von dem Psychoanalytiker Octave Mannoni entwickelte Unterscheidung zwischen zwei Typen von Einbildung: »croyance« (Aberglaube) und »foi« (Bekenntnis).[3] Das Bekenntnis ist die vertraute, manifeste Form von Einbildung: Es sind Überzeugungen, die von Individuen stolz als ihre Überzeugungen bezeichnet werden. Das Bekenntnis erzeugt somit Selbstachtung. Es steht, psychoanalytisch gesehen, im Dienst der Ichlibido.

Der Aberglaube dagegen wird nicht als eigene Überzeugung anerkannt oder reklamiert. Im Gegenteil: Er wird durch ein besseres Wissen auf Distanz gehalten. So können die Aberglaubischen im Sinne Mannonis zum Beispiel sagen: »Ich weiß zwar, dass es ganz dumm ist, dennoch aber möchte ich jetzt sofort mein Horoskop lesen.« Der Aberglaube erzeugt niemals Selbstachtung, dafür aber Lust. Er organisiert Objektlibido.

Diese beiden Typen von Einbildung können in unterschiedlichen Gesellschaften in sehr verschiedener Weise auftreten. Aberglaube kommt immer vor; er bildet gleichsam die »Basis« des gesellschaftlichen Imaginären. Das Bekenntnis hingegen ist eine sehr junge Errungenschaft. Wo es auftritt, wie in den neuzeitlichen Gesellschaften, beginnt es den Aberglauben zu überlagern – d. h. ihn zu verdecken und ihn zu modifizieren, wenn nicht sogar teilweise zu zerstören. Insofern erfüllt das Bekenntnis seine Funktion als »Überbau« des gesellschaftlichen Imaginären.

Aus der Verdeckung des Aberglaubens ergibt sich die Folge, dass »zivilisierte« Kulturen sich – im Gegensatz zu sogenannten »primitiven« – dessen nicht bewusst sind, dass sie magische Akte begehen (Ludwig Wittgenstein musste dies erst in Erinnerung rufen).[4] In der Folge sind sie auch nicht fähig, den Aberglauben anderer bloß als deren Aberglauben und nicht als Bekenntnis zu begreifen. Darum meinen sie, diese anderen – frühere Epochen, Kinder, »Primitive« etc. – würden auch an die Magie glauben. »*Früher hat man vieles geglaubt; wir Heutigen dagegen glauben das alles nicht mehr*« – dies ist der typische Satz einer Bekenntniskultur, die – in einer »perspektivischen Illusion« – sich selbst und ihr Gegenüber verkennt. Demgegenüber eröffnete Mannoni die bestechende Erkenntnis, *dass man früher weitaus weniger geglaubt hat*: Denn das Bekenntnis ist eine späte Errungenschaft. Erst spät in der Geschichte fangen Menschen an, wirklich selbst an bestimmte Dinge zu glauben; davor begnügen sie sich damit, für den Blick eines unsichtbaren Dritten bestimmte Illusionen zu inszenieren.

Die Zerstörung des Aberglaubens durch das Bekenntnis zeigt sich in den verschiedenen Formen von Feindseligkeit gegen abergläubische Kulturelemente – zum Beispiel in der Zerstörungswut, die manche Religionen periodisch sogar gegen einige ihrer eigenen Rituale und Mythen an den Tag legen. Max Weber erkannte dementsprechend, dass die »Entzauberung der Welt« das typische Werk einer Bekenntnisreligion, und nicht etwa einer aufgeklärten, wissenschaftlichen oder philosophischen Vernunft ist.[5] Dieselbe Tendenz zur Zerstörung des Aberglaubens zeigt sich aber auch außerhalb der Religionen – etwa in der von Johan Huizinga konstatierten Tendenz der Kultur zur Auslöschung ihres Spiel-Elements.[6] Hier eröffnete sich eine erste Erklärung für große Teile der seit den 90er Jahren aufgetretenen Lustfeindlichkeiten in der Kultur: die freundliche bis begeisterte Aufnahme der sogenannten »Sparpakete« durch diejenigen, die unter ihnen zu leiden hatten; die Tatsache, dass ausgerechnet diejenigen, die den gesellschaftlichen Reichtum am massivsten von unten nach oben umverteilten, zu den Lieblingen der Massen wurden; das Gefühl der – sexuellen oder sonstigen kulturellen – Belästigung, das plötzlich breite Kreise insbesondere der US-amerikanischen Bevölkerung in seinen Bann zog; bis hin zu der phasenweise grassierenden Gewissheit, in der Kindheit sexuell missbraucht worden zu sein; und die Phänomene des »Low Desire Syndrome« (LDS) bzw. der sogenannten »Postsexualität«,[7] die das merkwürdige Bild abrundeten, das eine Gesellschaft bot, die doch beanspruchte, sich soeben erst sexuell befreit zu haben.

Alle diese Phänomene schienen zunächst erklärbar aus dem Konflikt eines sich verschärfenden Bekenntnisses mit dem Aberglauben, der das Lustprinzip in der Kultur bildete. Dafür, dass es einen neuen, verschärften »Bekenntnisschub« gegeben hatte, lagen deutliche Hinweise vor: Der von der postmodernen Ideologie verbreitete Relativismus, wonach alles nur »Erzählungen« waren; die ihm entsprechende Identitätspolitik, die »Be-Yourself!«-Imperative trugen die eindeutigen Züge eines unerbittlicher werdenden Bekenntnisses – nämlich die Entschlossenheit, nur das Eigene, Selbstgeglaubte zu dulden und alles andere als etwas Fremdbestimmtes abzulehnen und zu bekämpfen. Gerade das Gefühl, die erste Epoche zu sein, die an keine der »großen Erzählungen« mehr glaubt, war aus psychoanalytischer Sicht das Produkt einer »perspektivischen Illusion«; eine Spielart des Satzes »Früher hat man geglaubt …« Denn wer an gar nichts glaubt, der tut dies nur, weil er so sehr an sich selbst glaubt, dass er sich keiner ichfremden Ordnung, wie es letztlich jede noch so respektable Überzeugung ist, unterwerfen möchte. Blaise Pascals Analyse des mythos- und ritualfeindlichen religiösen »Hochmuts« lieferte hier einen äußerst aktuellen Schlüssel zum Verständnis säkularer postmoderner Phänomene.[8]

Derart wurde verständlich, weshalb es in der Postmoderne zu so großem Hass auf jene abergläubischen Kulturelemente kommen konnte, die doch Lust verschaffen. Der Sex, die Tabakkultur, und allgemeiner alle Formen von Glamour, Eleganz, Höflichkeit, Geschlechterspannung, Charme wurden verhasst, weil sie das typische abergläubische »als ob« beinhalten: Hier inszenieren die Individuen immer, wenigstens in minimalem Maßstab, und oft ohne es zu wissen, eine Illusion – und zwar für andere; sie verhalten sich ein Stück weit wie Bacall und Bogart oder wie Zeus und Ganymed oder Thelma und Louise etc. Mehr als die möglichen gesundheitlichen Gefährdungen ist diese ichfremde Dimension dessen, was jemand anderer glauben könnte, maßgebend für die Ablehnung durch die auf ausschließliches Selbstglauben ausgerichtete Organisationsform des Imaginären. Die alltagsmagischen Praktiken geraten unter den Entzauberungsdrang einer – zu großen Teilen außerreligiösen – Bekenntniskultur. Da diese Vorgänge dabei immer das zerstören, was dem Lustprinzip dient, bedeuten sie immer zugleich einen »Beuteverzicht« auf all das Lebenswerte, worum in der Gesellschaft gekämpft wird.

So weit schien mit Hilfe von Mannonis Unterscheidung der beiden Typen von Einbildung und der Theorie ihres sich verändernden Verhältnisses eine Erklärung für die plötzliche Lustfeindlichkeit der westlichen Kultur, samt ihren politischen Auswirkungen möglich.

Doch auch wenn diese Erklärung die aktuelle ideologische

Grundstimmung in westlichen Gesellschaften und den Grund für den darin vorherrschenden lustfeindlichen, ich-fixierten Narzissmus trifft, fehlt noch ein theoretischer Schritt zur Erhellung der Merkwürdigkeiten der Gegenwart. Denn was die derzeit vorherrschende Einbildung am augenfälligsten kennzeichnet, ist, wie gesagt, das Merkmal der alarmierten Dringlichkeit, des sofortigen Handlungsbedarfs. Dringlichkeit aber ist nicht charakteristisch für die Form des Bekenntnisses. Im Gegenteil: Während diejenigen, die im Bann des Aberglaubens stehen, immer zu sofortigem zwanghaftem rituellem Handeln genötigt sind – sie müssen sofort auf Holz klopfen, sofort eine Beschwörungsformel murmeln, den Sportlern im Fernsehen live zusehen und die Daumen halten –, erfreuen sich die Angehörigen von Bekenntniskulturen eines auffälligen Spielraums gegenüber dem Ritualzwang. Wer die Morgenmesse versäumt hat, kann eine spätere besuchen oder überhaupt zu Hause bleiben und in der Bibel lesen oder sein Gewissen erforschen. Da bekenntnishafte Gesinnungen überhaupt als etwas rein Innerliches gelten, verflüchtigt sich das Hier und Jetzt der materiellen Äußerlichkeit der rituellen Formen: Man braucht dann zum Beispiel einer Dame nicht im richtigem Moment in den Mantel zu helfen oder Fremden den Vortritt zu lassen – Hauptsache, man liebt sie von Herzen oder respektiert sie aufrichtig. (Diese Unterlassung der höflichen Geste kann dabei sogar noch als Beweis für die Aufrichtigkeit der Gesinnung gewertet werden.)

Die Dringlichkeit, die in der Gegenwartskultur vorherrscht, verweist somit auf eine vom Bekenntnis verschiedene Form von Einbildung. Wenn amerikanische Abgeordnete nach dem 11. September 2001 hastig Gesetze verabschieden, die massive Eingriffe in bürgerliche Grundrechte erlauben; wenn die europäische Union mit demokratiepolitisch fragwürdigsten Prozeduren[9] Maßnahmen zur Umgestaltung der Universitäten durchsetzt oder umfassende Restriktionen gegenüber Alkohol und Tabak lanciert; wenn militante Nichtraucher ohne jedes Argument jeden sofort aufs Heftigste beschimpfen, der auch nur daran zu erinnern wagt, wie hart eine von der Tabakkultur geprägte bürgerliche Öffentlichkeit im 19. Jahrhundert erst erkämpft werden musste, dann ist etwas Neues am Werk – eine theoretisch bislang nicht erfasste Form der Einbildung, die wir als »paranoische« bezeichnen möchten.

Die paranoische Einbildung ist, neben Aberglaube und Bekenntnis, eine dritte Form des gesellschaftlichen Imaginären. Sie teilt auffälligerweise manche Züge mit dem Aberglauben, manche mit dem Bekenntnis, ohne jedoch mit einer dieser Formen identisch zu sein.

1. Der sofortige Handlungszwang.

Ein erster charakteristischer Zug der paranoischen Einbildung besteht wie gesagt darin, dass ohne den geringsten Aufschub zur Aktion übergegangen werden muss. Dies ergibt sich aus einem für die Paranoia grundlegenden, sogar für ihre klinische Diagnose maßgebenden Merkmal: der Gewissheit. Typisch für die Paranoia ist nach psychoanalytischer Auffassung die absolute Gewissheit und vollkommene Abwesenheit von einschränkenden Wahrheitsbedingungen oder gar Momenten des Zweifels. Was der Paranoia gewiss erscheint, muss wahr sein ohne jedes Wenn und Aber – so absurd es für andere auch anmuten mag, wie zum Beispiel die Überzeugung: »Die Außerirdischen wollen mein Gehirn.« (s. Fink 1997: 84).

Gemäß dieser Absolutheit der Gewissheit paranoischer Überzeugung gibt es keinen Aufschub und keine Verzögerung für die aus ihr folgenden Handlungen. In dieser Hinsicht gleicht das Agieren der Paranoiker dem Zwangshandeln der Abergläubischen, der Zwangsneurotiker, Perversen sowie der glücklichen Spielenden und Feiernden des nichtpathologischen Alltagslebens. Die paranoische Einbildung teilt das Merkmal der Dringlichkeit mit dem Aberglauben.

2. Die fehlende Ich-Distanz

Allerdings fällt die paranoische Einbildung darum noch nicht mit der abergläubischen zusammen. Es gibt etwas, das sie deutlich von ihr unterscheidet. Charakteristisch für den Aberglauben ist nämlich, Mannoni zufolge, eine irreduzible Distanz zwischen der Einbildung und dem abergläubischen Subjekt. Diese Distanz wird durch besseres Wissen hergestellt; sie drückt sich in der Formel »ich weiß zwar ..., dennoch aber ...« aus (s. Mannoni 1985: 9 ff.). Die Abergläubischen wissen es also immer besser; sie wissen genau, dass es sich bei der Einbildung um eine Illusion handelt; sie finden die Illusion darum ein bisschen dumm und ebenso die Tatsache, daß sie ihr Folge leisten müssen: »Ich weiß, es ist ganz dumm, aber ich muss jetzt den Sportbericht in der Zeitung lesen.« Diese durch besseres Wissen hergestellte Distanz ist der paranoischen Einbildung vollkommen fremd. Sie findet das, was sie sich einbildet, nicht im Geringsten dumm oder verächtlich. Das paranoische Subjekt hat nicht den geringsten Abstand von seiner Einbildung, sondern fühlt sich vollkommen eins mit ihr. Insofern scheint die paranoische Einbildung wieder einen wichtigen Zug mit dem Bekenntnis gemeinsam zu haben.

Allerdings lässt sich in Bezug auf diese Ich-Konformität doch auch wieder ein Unterschied zwischen paranoischer Einbildung und Bekenntnis erkennen. Denn beim Bekenntnis verhält sich das Subjekt zu seiner Einbildung wie zu einem Ideal. Es bewundert sie und versucht an ihr zu wachsen. Daher rührt der libidinöse Gewinn an Selbstachtung, der bei dieser Form der Einbildung – so sehr sie ihren Trägern Entbehrungen und Versagungen auferlegen mag – niemals fehlt. Die Ich-Konformität zwischen Träger und Einbildung wird somit in diesem Fall durch eine Bewegung des Trägers hergestellt: Der Träger des Bekenntnisses hat sich ihm angenähert und es sich angeeignet – oft auf einem mühevollen Weg, vielleicht um den Preis der Aufgabe früherer, einst kostbarer Bekenntnisse.

Auch das paranoische Subjekt erscheint durch seine Einbildung angewachsen, vergrößert, gleichsam aufgeschwellt: Es umfasst schließlich denkend (bzw. einbildend) die ganze Welt, für die es nun eine lückenlose Erklärung besitzt. Aber die Konformität zwischen dem Ich und der paranoischen Einbildung entsteht nicht durch eine Bewegung, in der es Schritte gibt. Das Subjekt kann sich an diese Einbildung nicht wie an ein Bekenntnis oder an ein Ideal graduell annähern, um ihm einmal weniger, einmal mehr zu entsprechen – etwa als guter Christ, als armer Sünder oder auch als bemühte, steter Selbstkritik unterworfene Kommunistin. Bei der Paranoia gibt es nur ›Ganz oder gar nicht‹. Man hat diese Einbildung, oder man hat sie nicht – und jeder der beiden Fälle kann über den anderen nur verständnislos den Kopf schütteln. Und diese schrittlose, plötzliche Bewegung scheint nicht vom Subjekt auszugehen. Nicht das Subjekt besitzt, wie beim Bekenntnis eine großartige Einbildung, auf die es stolz ist und für deren Besitz es sich selbst achtet. Sondern die Einbildung scheint vom Subjekt Besitz ergriffen zu haben; das paranoische Subjekt scheint von ihr besessen zu sein.[10] Es kann von der Einbildung nicht ablassen, weil diese nicht von ihm ablässt. Und während die Annäherung des Subjekts an ein Bekenntnis letztlich vielleicht immer nur approximativ erfolgt, ohne jemals vollständig ihr Ziel erreichen zu können, so dass niemand sich selbst oder anderen jemals als vollkommener Christ oder nicht mehr kritisierbare Kommunistin erscheint, ist die Kongruenz zwischen paranoischer Einbildung und Subjekt immer vollständig.

Dieser Unterschied zwischen dem niemals beim Ideal ankommenden Bekenntnis und der immer darin situierten paranoischen Einbildung erklärt sich psychoanalytisch aus der unterschiedlichen Stellung der beiden in Bezug auf den Narzissmus. Das Bekenntnis kennt bereits ein Ideal. Es verweist somit auf ein dem Narzissmus entwachsenes Subjekt. Dessen Ichideal deckt sich nicht mehr mit dem Ich.[11] Es konfrontiert das Ich mit schwer erfüllbaren Forderungen. Daher rührt die für das Bekenntnis typische niemals vollständig bzw. dauerhaft gelingende Annäherungsbewegung an das Ideal. Zugleich übt das Ichideal die Aufgabe der Realitätsprüfung aus (s. Freud [1921 c]: 107). Auch wenn das Bekenntnis nicht wie der Aberglaube durch ein besseres, realitätsgerechtes Wissen widerlegt und darum vom Ich verächtlich abgespalten ist, gibt es darum doch auch beim Bekenntnis ein Moment von Wissen: nämlich ein Wissen über den Unterschied zwischen dem Bekenntnis und einem Wissen. Bekennende räumen ein, dass ihre Überzeugung kein Wissen ist; dass man sie nicht auf dem Weg des Wissens durch einzelne, gemessene, abwägende, aufeinanderfolgende Schritte gewinnen kann; dass dazu vielmehr ein über das Wissen hinausführender entschlossener Sprung, ein »leap of faith«, erforderlich ist. Ein fremdes, forderndes Ideal haben und einer nicht den bloßen Wünschen gehorchenden Realität gegenüberstehen, über die man Wissen erlangen muss, das etwas anderes ist als eine Überzeugung – dies sind somit die beiden zusammenhängenden Ergebnisse des Ausgangs aus dem Narzissmus. Dem entspricht der Umstand, dass das Ich nun vom Unterschied zwischen Ichlibido und Objektlibido geprägt ist – ein Unterschied, der dem zwischen Bekenntnis und Aberglauben entspricht.

Die paranoische Einbildung hingegen steckt im Narzissmus. Das Ich ist hier noch sein eigenes Ideal. Es mag darum alles Mögliche vor sich hin projizieren, aber jedenfalls nicht ein forderndes Ideal, dem gegenüber es als mangelhaft erschiene. Daraus erklärt sich das Merkmal der fehlenden Annäherungsbewegung des Subjekts bei der paranoischen Einbildung. Zugleich fällt damit die Funktion der Realitätsprüfung aus. Daher rührt der für die paranoische Einbildung typische Zug der »Scheuklappen«: der Ausblendung relativierender, mäßigender Realitätskontexte bei gleichzeitiger maßloser Überbetonung von Details. Schließlich erklärt sich daraus auch die auffällige, gegenüber dem Bekenntnis noch bedeutend gesteigerte Lustarmut der Paranoia. Ist das Bekenntnis aufgrund seiner ichlibidinösen Ausrichtung schon der asketische Gegenspieler des Aberglaubens, so lässt es doch wenigstens hie und da gewisse Triumphe zu, sobald etwas im Ich für einen Augenblick mit dem Ichideal zur Deckung kommt.[12] Solche Triumphe kennt die Paranoia nicht. Sie blickt nur mit maßlosem Hass auf jene vermeintlichen Objekte, in denen sie, ohne es zu bemerken, sich selbst begegnet.[13]

Aus der Stellung zum Narzissmus lässt sich schließlich auch die Entstehung der paranoischen Einbildung gegenüber Aberglauben und Bekenntnis herleiten. Bereits der Aberglaube operiert mit einem Stück Narzissmus: Es ist jenes »dennoch aber« (»quand même«), das durch das bessere »ich weiß zwar« auf Distanz gehalten wird. Das, wovon die Abergläubischen »zwar wissen«, dass es ganz dumm ist, während es »aber dennoch« großartig ist, gehört eben zu jenem bereits aufgegebenen narzisstischen Ich: Es ist dessen »wunschgerechtes« Objekt – etwa das, an dessen Existenz vielleicht Naive, Dumme, Frühere, jedenfalls Andere hätten glauben können. Zum Beispiel ist es der Fetisch des Fetischisten – aus Freuds Sicht sozusagen das Beweisstück einer infantilen Sexualtheorie, die das Subjekt bereits überwunden hat, an der aber sein kindliches Ich zärtlich hing.[14]

Wer an das »quand même« noch glauben kann, wird von

denen, die es nicht mehr können, für unendlich glücklich gehalten. Glauben und Glück werden damit bereits im Aberglauben unwiederbringlich auf der Seite des Anderen angesiedelt. Freilich ermöglicht sich der Aberglaube dabei auch selbst eine Menge Glück, indem er sich mit der aufgegebenen Illusion, der Einbildung des Anderen, in beträchtlichem Maß abgibt – etwa, wenn Erwachsene freudig mit Kindern Fangen oder Weihnachtsmann spielen. Das bessere Wissen fungiert dabei als entscheidende Lustbedingung – vielleicht sogar auch für die Kinder.[15]

Das Bekenntnis stellt dieser ersten Form von Aufgabe des Narzissmus (bzw. von dessen Übertragung an den Anderen) gegenüber einen Versuch der Wiederaneignung dar. Da Glauben gleich Glück war, soll das Glauben nun doch wieder beim Ich angesiedelt werden. Durch die Identifizierung mit der Illusion versucht das Ich verlorene narzisstische Vollkommenheit wiederzugewinnen. Da das Ich mittlerweile aber eben ein erwachsenes ist, kann es an dumme Dinge leider nicht mehr glauben, sondern nur an sehr ernstzunehmende, ernste. Damit ist im Bekenntnis zwar das Glauben beim Ich, aber das Glück beim Anderen situiert. Denn das, woran man selbst glauben kann, ist eben darum kaum geeignet, Lust zu verschaffen.

Dem vermeintlich glücklichen Anderen wird jedoch nun nicht nur Glück unterstellt, sondern auch, dass er das Glück habe, nicht ebenso zwischen Glück und Glauben gespalten zu sein wie das eigene, bekennende Ich. Darum soll er neben dem Glück dazu auch noch naives Glauben sein eigen nennen. In dieser »perspektivischen Illusion« wird der Andere homogenisiert. Ihm wäre demnach volles Genießen möglich, während der Bekenner sich leider für das Glauben und gegen das Glück entscheiden musste. Auf diese Weise wird dem Anderen etwas Unmögliches zugetraut: Er soll ungespalten sein und auf naive Weise das Glück des Aberglaubens genießen. Volle Identifizierung mit der Illusion und zugleich volles Vergnügen an ihr sollen ihm möglich sein: Damit verkörpert der homogenisierte Andere die Aufhebung der Trennung von Ich- und Objektlibido.

Das bessere Wissen, also das Durchschauen und mithin die Distanz gegenüber der abergläubischen Illusion, soll für den Anderen keine notwendige Bedingung dieses Glücks sein. Dass dies jedoch unmöglich ist, wird übersehen: Diese Unmöglichkeit wird in der perspektivischen Illusion nur als Unmöglichkeit für einen selbst, nicht aber als allgemeine wahrgenommen, die auch für jeden Anderen gilt. Sobald nun etwas strukturell Unmögliches als möglich für den Anderen gesehen wird, taucht am Ort des Anderen die Fülle des Narzissmus auf – und zwar so, wie von denjenigen vorgestellt wird, die ihren Narzissmus aufgeben mussten: als absolutes, maßloses, vergangenes Glück. Allerdings möchte man hier mit Pascal sagen: ›Wenn Du Gott suchst, hast Du ihn schon gefunden.‹ Denn die Fülle des Narzissmus irgendwo zu sehen, ist selbst Narzissmus.

Dadurch entsteht das spezifisch narzisstische Verhältnis zum Anderen, das die Paranoia auszeichnet, das ›Entweder Du oder ich‹. Wenn der Andere dieses Glück hat, dann nur deshalb, weil man es selbst nicht hat. Und man selbst hat es nur, wenn es der Andere nicht hat. Eine dritte Möglichkeit – wie zum Beispiel dass beide es haben oder auch keiner von beiden – gibt es hier nicht. Denn das Alter Ego des Anderen und das Ich bilden zusammen die gesamte narzisstische Welt. Auf diesem Weg wird der Andere zum »Dieb des Genießens.«

Damit ist die paranoische Einbildung gegeben. Nicht nur jeder Lustgewinn wie im Aberglauben, sondern auch die relativen, ichlibidinösen Gewinne an Selbstachtung wie im Bekenntnis sind nun dahin. Es gibt nur noch ein einziges, aufgeschwelltes Ich mit einem maßlosen, manischen Vernichtungswunsch gegen alles, was es für sein Gegenüber hält.

Zusammenfassend lässt sich somit feststellen, dass die immer vorhandene Spannung und Feindseligkeit, die das Bekenntnis gegen den Aberglauben unterhält, offenbar eine kritische Schwelle überschreiten kann. Ab diesem Punkt verwandelt sich das Bekenntnis und beginnt, in Paranoia überzugehen. Diese verwandelte, paranoische Gestalt bildet den vorherrschenden Typus des aktuellen gesellschaftlichen Imaginären.

Freilich wirft diese Erkenntnis neue Fragen auf. Worin besteht die kritische Schwelle? Und wodurch kann verhindert werden, dass das Bekenntnis den Übergang in die Paranoia macht? – Um darauf eine erste Antwort zu geben, soll im folgenden Kapitel ein grenzziehender Mechanismus beschrieben werden: die Verdoppelung.

10. Vernünftiger Umgang mit Vernunft: Die Rationalität der Verdoppelung

> »Ein Mann kann nicht wieder zum Kinde werden, oder er wird kindisch. Aber freut ihn die Naivetät des Kindes nicht, und muß er nicht selbst wieder auf einer höheren Stufe streben, seine Wahrheit zu reproduzieren? [...] Es gibt ungezogene Kinder und altkluge Kinder. Viele der alten Völker gehören in diese Kategorie. Normale Kinder waren die Griechen.«
>
> *(Marx [1857]: 641 f.)*

Eines ist ganz offensichtlich: Wenn man ein Leben haben will, das seinen Namen verdient, dann darf man nicht unentwegt vernünftig oder erwachsen sein. Man muss vielmehr imstande sein, sich auch kleine Verrücktheiten oder kindische Dummheiten zu gönnen. Erwachsenheit und Vernunft aber müssen hier nicht durch etwas ihnen Fremdes relativiert oder eingeschränkt werden – das ist das Besondere: Was sie einschränken muss, sind jeweils sie selbst, und zwar mit Notwendigkeit. Denn sie sind nur das, was sie sind, wenn sie sich selbst einschränken. Um sich selbst einzuschränken, müssen sie sich verdoppeln.

Das lässt sich leicht verständlich machen: Man kann nämlich nur dann wirklich erwachsen sein, wenn es einem nicht nur gelingt, Erwachsenheit zu zeigen, sondern vor allem auch, ein *erwachsenes Verhältnis* zur eigenen *Erwachsenheit* zu entwickeln – das heißt: wenn man es fertigbringt, *auf erwachsene Weise erwachsen* zu sein. Unverdoppelte, einfache Erwachsenheit hingegen ist eigentlich gar keine. Einfach erwachsen zu sein, ohne Fähigkeit zur Verdoppelung, ist vielmehr typisch für bestimmte Kinder. Das sind jene altklugen, umweltbewussten Kinder, die zum Beispiel zu ihren Eltern vorwurfsvoll sagen: »Man soll doch keine Plastikflaschen kaufen.« Das Bezeichnende an der kindlichen Erwachsenheit altkluger Kinder zeigt sich daran, dass sie immer *ganz* erwachsen sein wollen. Sie haben überall kluge Regeln und Verbote parat und halten sich daran, und sie wundern sich, wenn sie bemerken müssen, dass die Erwachsenen, denen sie so sehr nacheifern, ihrerseits doch auch ganz unvernünftige Dinge tun wie zum Beispiel charmant scherzen, sich verlieben oder sich betrinken. Wirklich erwachsen sein heißt also eben nicht *ganz* erwachsen sein zu wollen, sondern sich ab und zu Momente kindlicher Unvernunft gönnen zu können.[1]

Genau wie mit der Erwachsenheit verhält es sich auch mit ihrer philosophischen Schwester, der Vernunft. Auch diese muss, um Vernunft zu sein, sich verdoppeln und nicht bloß vernünftig sein, sondern auch ein vernünftiges Verhältnis zu sich selbst herstellen; also *auf vernünftige Weise vernünftig sein*. Durch diese Verdoppelung entwickelt die Vernunft nicht nur Selbstreflexion, sondern vor allem auch etwas Gemäßigtes, Mildes. Ohne Verdoppelung hingegen wird sie leicht zu etwas Maßlosem, Gnadenlosem und Irrationalem, das sein vermeintlich Anderes mit unerbittlicher Härte verfolgt und es total auslöschen will – wie man es eben an bestimmten Auswüchsen der aktuellen Rauchverbotsinitiativen beobachten kann, die nicht einfach nur eine erträgliche Regelung für alle Gruppen herstellen wollen, sondern auf totale Reinheit und auf die restlose Vernichtung eines ihnen verhassten, vermeintlich unreinen Kulturelements abzielen.

Erwachsenheit und Vernunft müssen sich also verdoppeln, um überhaupt das zu sein, was sie zu sein beanspruchen. Man muss auf erwachsene Weise erwachsen und auf vernünftige Weise vernünftig sein, sonst ist man weder erwachsen noch vernünftig. Dem jeweiligen Adjektiv (»erwachsen«, »vernünftig«) muss das entsprechende Adverb (»auf erwachsene Weise«, »auf vernünftige Weise«) vorangestellt werden, sonst verliert das Adjektiv seinen Sinn. Unverdoppelt wird die Erwachsenheit kindisch und die Vernunft irrational.

Nicht nur Erwachsenheit und Vernunft aber müssen sich verdoppeln, um das zu werden, was sie sind, sondern auch zum Beispiel der Geschmack. Das lässt sich an leicht zu machenden Erfahrungen beobachten. So bekommt man manchmal von Bekannten eine neue Wohnung oder ein neues Haus gezeigt und muss bemerken, dass man es hier mit dem Bemühen zu tun hat, *ganz* geschmackvoll zu sein. Man steht dann vor einer lückenlosen Reihe untadeliger Gestaltungsentscheidungen. Diese sind oft beeindruckend, bekommen nach einer Weile allerdings leicht auch etwas Beklemmendes. Der gute Geschmack ist leider nicht so bekömmlich, wenn er *ganz* guter Geschmack ist. Um erträglich zu sein, muss er sich vielmehr verdoppeln und dadurch sich selbst mäßigen, so dass er vielleicht auch einmal etwas Geschmackloses oder zumindest etwas anspruchslos Schlichtes zulassen kann. Wirkliche Eleganz besteht also nicht darin, ausschließlich elegante Dinge zu akzeptieren, sondern vielmehr darin, ein elegantes Verhältnis zu den eleganten Dingen aufzubauen. Auch hier geht es also um den Primat des Adverbs gegenüber dem Adjektiv: Man muss auf elegante Weise elegant sein.

1. Verdoppelung und Verkehrung ins Gegenteil

Diese Verdoppelung, bei der ein Prinzip wie die Erwachsenheit, die Vernunft oder der Geschmack auf sich selbst angewandt und dadurch zu seiner Selbstbeschränkung oder auch zu seiner partiellen (oder sogar totalen) Selbstverneinung befähigt wird, bezeichnen die Philosophen als Dialektik. Dieses Wort verweist schon seinem ursprünglichen, griechischen Sinn nach auf die Verdoppelung – nämlich der Sprecherposition –, also auf die Rede von zweien, und in der Folge auch auf die dadurch eröffnete Möglichkeit, dass sich eine Sache oder ein Argument flugs in ihr Gegenteil verkehrt. Allerdings gibt es zwei entgegengesetzte Positionen in der Frage, welche Rolle die Verdoppelung bei der Verkehrung und Selbstverneinung spielt: Führt die Verdoppelung in den Widerspruch, oder ist sie notwendig, um ihn zu vermeiden?

Die erste Position vertrat Bertrand Russell. Er stieß auf das Paradoxon der »Menge aller Mengen, die sich selbst nicht enthalten«. Hier ergab sich eine Antinomie: Entweder diese Menge enthielt sich selbst nicht – dann war sie aber *unvollständig*, da ihr ein Element abging, das sie ihrer Definition nach hätte enthalten müssen (nämlich sie selbst). Oder aber sie enthielt sich selbst – dann aber war sie *widersprüchlich*, denn sie enthielt ein Element, das ihrer Definition nicht gehorchte. Russell verglich dieses Paradox mit dem – seiner Ansicht nach allerdings leichter zu lösenden – Bild eines Friseurs, der die Aufgabe hatte, all jene Männer seines Dorfes zu rasieren, die sich selbst nicht rasierten (s. Russell 1956: 261). Wieder stellte sich die Frage: Darf er sich selbst rasieren? – und es ergab sich die für die Verdoppelung typische, paradoxe Antwortstruktur: Wenn ja, dann nein; und wenn nein, dann ja.

Russells Lösungsversuch für diese Antinomie war die sogenannte »Typentheorie«, die besagte, dass der rasierte Friseur und der rasierende zwei unterschiedlichen logischen Stufen (bzw. »Typen«) angehören und dass der eine nicht mit dem anderen identifiziert werden darf (s. Russell 1956: 59 bis 102). Friseur 1 und Friseur 2 waren nicht derselbe; insofern kam es zu keiner Verdoppelung, und folglich auch zu keinen Widersprüchen. Auch im Alltag würde das »Barber's Paradox« nicht als unlösbar erscheinen: Entweder der Friseur rasiert sich schon bei sich zu Hause, als Privatmann; oder er rasiert sich eben später in seinem Geschäft, als professioneller Friseur, vielleicht mit anderen, professionellen Geräten. Da jedoch Mengen und logische Funktionen sich nicht in der glücklichen Lage des Friseurs befinden, einmal in ihrer Privatexistenz und einmal im Berufsgewand auftreten zu können und dadurch unterscheidbar zu sein, musste die Typentheorie mit ihnen strenger sein. Sie bestimmte darum, dass Mengen und Funktionen nicht auf sich selbst angewendet werden dürfen, weil eine solche Verdoppelung in den Widerspruch führt.

Die entgegengesetzte Position dazu hatte Georg Wilhelm Friedrich Hegel vertreten. Nach seiner Auffassung gerät man gerade dann in den Widerspruch, wenn man es verabsäumt, Begriffe auf sich selbst anzuwenden. So zum Beispiel bei der Unendlichkeit: Wenn man sagt, die Unendlichkeit sei das Gegenteil der Endlichkeit, dann nimmt man ja an, so Hegel, dass die Unendlichkeit genau dort aufhört, wo die Endlichkeit beginnt. Dann aber hat man die Unendlichkeit in ihr Gegenteil verwandelt: Sie ist nun selbst endlich, durch die Endlichkeit begrenzt.[2] Um dem Abgrund dieser »schlechten Unendlichkeit« zu entgehen, muss man, Hegel zufolge, die Unendlichkeit verdoppeln und sie als Gattung der beiden Arten Unendlichkeit und Endlichkeit begreifen – dann hat man die »wahre Unendlichkeit« gedacht, die nicht mehr von einem schnöden Gegenteil begrenzt und damit endlich gemacht wird. Die Verdoppelung ist also notwendig. Um den Widerspruch zu vermeiden, muss die Art zu ihrer eigenen Gattung gemacht und fähig werden, sich selbst zu enthalten.

Während man allerdings durchaus bezweifeln kann, ob die Unendlichkeit, wie Hegel annahm, selbst unendlich sein muss (schließlich könnte es ja sein, dass zwar manche Dinge unendlich sind, nicht aber die Unendlichkeit selbst; ebenso, wie nach der Bemerkung Spinozas der Kreis rund ist, der Begriff des Kreises aber nicht),[3] scheint es eine Vielzahl von Fällen zu geben, die wenigstens der Struktur seines Arguments recht zu geben scheinen. Ein Beispiel eines solchen Falles liefert die lebenskluge Bemerkung von Blaise Pascal:

»Die Menschen sind so unfehlbar Narren, daß es einer andersartigen Narrheit wegen närrisch sein hieße, wenn man kein Narr wäre.« (Pascal 1997: § 412)

Wenn die Menschen »unfehlbar«, also notwendigerweise – und das heißt zugleich: auf eine Weise, die einem Gesetz folgt und damit vernünftig ist – närrisch sind, dann ist es noch närrischer, nicht närrisch zu sein: Die größte Narrheit ist dann die Nicht-Narrheit bzw. die Vernunft. Einfach nur vernünftig sein heißt hier also extrem närrisch sein. Ohne Verdoppelung gerät man in diesen Widerspruch. Nur mit Hilfe der Verdoppelung kann man ihn, offenbar wie bei Hegel, vermeiden: Man muss vernünftig genug sein, um nicht einfach vernünftig zu sein; oder: man muss auf vernünftige – und das heißt hier: die Vernunft einschränkende – Weise vernünftig sein. Dies führt allerdings auf den ersten Blick zu einer seltsamen Ausweglosigkeit: Man kann nur verrückt sein. Entweder man ist ebenso verrückt wie die übrigen Menschen, oder man ist es nicht – und dann ist man erst recht verrückt, das heißt: noch verrückter.

War Lessings ähnliche Bemerkung »Wer unter gewissen Umständen seinen Verstand nicht verliert, hat keinen zu verlieren«[4] noch ohne Widerspruch ausgekommen (entweder hatte man keinen Verstand oder man verlor ihn eben), so weist Pascals Bemerkung augenscheinlich eine in den Widerspruch führende Geschlossenheit auf. Sie sagt, abstrakt formuliert: ›Wenn ja, dann ja; wenn nein, dann aber erst recht ja.‹ Wenn man närrisch ist, ist man es eben; wenn aber nicht, dann ist man es erst recht.

Dies scheint auf den ersten Blick auf die gefährlichste Seite dialektischen Denkens zu verweisen – auf jene Seite, die dieses Denken in die Geschlossenheit der Paranoia führt. Zum Beispiel in die Paranoia von Geheimdiensten. Diese laufen bekanntlich von Berufs wegen Gefahr, niemals etwas anderes als feindliche Spione zu wittern (sonst müssten sie ja um ihre

Existenzberechtigung fürchten): Wenn Spione zu sehen sind, dann muss man wachsam sein. Wenn aber keine zu sehen sind, dann beweist das nur, dass man umso wachsamer sein muss, denn dann verbergen sie sich bestimmt nur auf besonders hinterlistige Weise – wahrscheinlich sogar im eigenen Apparat.[5]

Pascals Bemerkung ist jedoch vollkommen berechtigt und nicht paranoid. Ihre Berechtigung rührt daher, dass es empirische Bedingungen für sie gibt. Wenn die Menschen so unfehlbar närrisch sind, dann und nur dann muss man auch närrisch sein. Pascals Argument bewegt sich also gar nicht auf dem Schlachtfeld der Logik, auf dem die Kombattanten Russell und Hegel ihre strahlenden Auftritte hatten. Es sagt nicht abstrakt und allgemein »Wenn nein, dann ja«, sondern nur »Unter diesen bestimmten Gegebenheiten ist selbst das Nein ein Ja«. Es ist sozusagen die Beschreibung einer empirischen widersprüchlichen Situation, einer in der Erfahrung festgestellten Situation des »double-bind«.[6]

Derselbe Unterschied zwischen dem Widerspruch in der logischen Verdoppelung und der Bindung des Widerspruchs an empirische Bedingungen begegnet auch in der Frage des Zweifels. Sigmund Freud bemerkt in seiner 30. Vorlesung:

»Wenn man sich für einen Skeptiker hält, tut man gut
daran, gelegentlich auch an seiner Skepsis zu zweifeln.«
(Freud [1933 a]: 492)

Auch hier zeigt sich wieder die Figur der Verdoppelung und mit ihr das Problem der Verkehrung ins Gegenteil. Nach Freuds Auffassung wäre also ein Skeptizismus, der an allem zweifelt außer an sich selbst, kein wahrer, kein wirklich skeptischer Skeptizismus. Handelt es sich hier also um eine logische Figur vom Typ »wenn nein, dann ja«? Heißt es hier: »Wenn man zweifelt, dann zweifelt man; wenn man aber nicht zweifelt, dann zweifelt man erst recht, denn dann zweifelt man am Zweifeln«? Ist der wahre Zweifel, Freud zufolge, also dessen Aufhebung? Um das richtig zu verstehen, muss man an Wittgenstein denken, der in Bezug auf den Zweifel bemerkt:

»Ein Zweifel ohne Ende ist nicht einmal ein Zweifel.« (Wittgenstein 1982: 161)

Wittgensteins Argument beruht auf der Erkenntnis, dass sprachliche Operationen, ähnlich wie Werkzeuge, nur ein begrenztes Anwendungsgebiet, einen begrenzten Funktionsraum haben. Wendet man sie außerhalb dieses Raumes an, so verlieren sie ihre Funktion. Die Operation des Zweifelns ist nun, Wittgenstein zufolge, gebunden an einen solchen Raum, der von Unbezweifeltem, Gewissem umgeben ist:

»D. h. die *Fragen*, die wir stellen, und unsre *Zweifel* beruhen darauf, daß gewisse Sätze vom Zweifel ausgenommen sind, gleichsam die Angeln, in welchen jene sich bewegen.« (Wittgenstein 1982: 89)

Darum gilt das Prinzip:

»Wenn ich will, daß die Türe sich drehe, müssen die Angeln feststehen.« (Wittgenstein 1982: 89).

Zweifeln ist also für Wittgenstein keine universalisierbare Operation. An allem zu zweifeln, ist deshalb nicht möglich, weil die Operation des Zweifelns nur dann gelingen kann, wenn man sie ausgehend von Gewissheiten vollzieht. Nur dann kann der Zweifel an seinem Objekt ansetzen, nur dann ist er sozusagen »scharf«. Nur dann kann er das Objekt (etwa die Wahrheitswerte einer Behauptung) wie eine Türe in Schwebe versetzen und dessen Stellung variieren.

Der Zweifel muss also begrenzt werden, damit er seine Funktion erfüllen kann – damit er als vernünftiger Zweifel wirken und etwas wirklich in Frage stellen kann. Das ist der Sinn von Freuds Bemerkung. »Am Zweifel zweifeln« heißt darum bei Freud wie bei Wittgenstein, die Universalisierbarkeit dieser Operation in Frage stellen, um ihre Schärfe zu gewährleisten. Die Verdoppelung der Operation geschieht hier im Dienst jener empirischen Bedingungen, die notwendig sind, damit die Operation nicht wirkungslos wird.

Es handelt sich nicht um logische Verdoppelung. Wittgenstein und Freud behaupten nicht, dass der wahre Zweifel an allem zweifeln müsse, folglich auch an sich selbst;[7] und sie sagen nicht, dass der Zweifel, konsequent gedacht, notwendigerweise zu seiner eigenen Aufhebung führt, weil der Zweifel eben sozusagen, nachdem er alles weggrasiert hat, am Ende auch noch sich selbst weggrasieren müsse. Die Verdoppelung, um die es hier geht, ist keine »Negation der Negation«, die sich aus der Verallgemeinerung und schließlichen Selbstanwendung ergäbe. Vielmehr dient die Verdoppelung des Zweifels bei Freud und Wittgenstein dazu, jene automatische, nur scheinbar konsequente Verallgemeinerung zu verhindern, die in Wahrheit alles andere als konsequent ist, weil sie den Zweifel unwirksam macht. Man muss den Zweifel verdoppeln, weil sonst die Verallgemeinerung des Zweifels diesen in sein Gegenteil verkehren würde, um – genau wie in der postmodernen, universell skeptischen Ideologie – in einer Nacht, in der alle Katzen grau und also farblich zweifelhaft erscheinen, dem bestimmten, funktionierenden Zweifel keinen Raum mehr zu lassen.

2. Verdoppelung als Schärfung

Was Freud und Wittgenstein anstreben, ist eine Verdoppelung, die der Schärfung dient. Im Fall des Zweifels besteht diese schärfende Verdoppelung darin, auf skeptische Weise zu zweifeln. Das heißt, den Zweifel durch Zweifeln so zu begrenzen, dass er wirkungsvoll bleibt und dort zur Anwendung gelangt, wo er hingehört – d. h. dort, wo er seine Funktion erfüllt. Dasselbe gilt auch für Epikurs Verdoppelung der Mäßigung:[8] Die Mäßigung muss auf sich selbst angewendet werden, weil sie sich sonst in einer Weise verallgemeinert, die sie um ihre Funktion bringt, ja diese sogar in ihr Gegenteil verkehrt: Wer sich maßlos mäßigt, verfällt jenem Exzess, den die Mäßigung vermeiden sollte.

Diese ethische Seite der schärfenden Verdoppelung lässt sich auch unter einem psychoanalytischen Gesichtspunkt betrachten. Die Verallgemeinerung der Mäßigung, wodurch deren empirische, schärfende Bedingungen verlorengehen, würde einem Verlust des Realitätsprinzips entsprechen. Als verallgemeinerte würde die Mäßigung dadurch zu etwas Realitätslosem, Narzisstischem. Dadurch kommt es zu jener Umkehrung, die nicht nur einem Wortspiel geschuldet ist: Der Verzicht auf die Lust wird dadurch zur Lust des Verzichts.[9] Allerdings lässt diese Lust, wenn sie sämtliche ihrer empirischen Bedingungen verloren hat, sich nicht mehr lustvoll erleben. Sie wird dann zu jener narzisstischen Passion, die als neurotische Unlust die Neurotiker quält und für die Jacques Lacan den Terminus »jouissance«, Genießen, eingeführt hat, um sie von der lustvoll erlebbaren Lust, dem »plaisir« zu unterscheiden. Der Unterschied trennt philosophische oder religiöse Asketen und Heilige auf der einen Seite von Fanatikern auf der anderen. Asketen mäßigen sich maßvoll und erfreuen sich daran wie Epikur. Fanatiker hingegen erleben ihren vehementen Verzicht nicht mehr als Freude. Sie werden finster und projizieren jenes Genießen, das ihnen vermeintlich fehlt, auf andere, denen sie es neiden. Schärfende Verdoppelung ist aus psychoanalytischer Sicht also die Anbindung einer Funktion an die empirischen Bedingungen des Realitätsprinzips. Dieses zeigt darin seine Abkunft vom Lustprinzip. Denn es sorgt für lustvolle Erlebbarkeit. Wird das Realitätsprinzip hingegen durch Maßlosigkeit außer Kraft gesetzt, so verfallen die Betroffenen der Qual des Genießens.

3. Verdoppelung als Humor

Für die Figur der Verdoppelung hat Sigmund Freud einen eigenen, schönen Namen gefunden – nämlich *Humor* (s. Freud [1927 d]). Humor besteht darin, dass man sich selbst verdoppelt. Und zwar, um fähig zu werden, auf sich selbst aus einer erhöhten Position herunterzublicken und über sich – d. h. über die eigenen Dummheiten, Drolligkeiten, Ungeschicklichkeiten, Verfehlungen, Geschmacklosigkeiten und andere Verletzungen der eigenen Prinzipien – liebevoll zu lächeln.[10] Diese erhöhte Position, die uns einen solchen wohlwollend lächelnden Blick auf uns selbst ermöglicht, ist, wie Freud erkannte, die Perspektive des Über-Ich (s. Freud [1927 d]: 280).

Diese Entdeckung ist einigermaßen überraschend. Denn gerade das Über-Ich hatte sich bereits für Freud als der gnadenlose Agent der Verallgemeinerung gezeigt. Hinter allem, was Individuen an unlustvollen Leidenschaften und finsteren Passionen entwickeln und wovon sie nicht lassen können – wie z. B. Eifersucht, Neid, Wut, Pedanterie, Altklugheit etc. –, steckt als treibende Kraft das Über-Ich. Jacques Lacan hat dessen Funktionsweise darum mit dem Befehl »Genieße!« charakterisiert.[11]

An diesem Punkt zeigt sich darum eine bislang weitgehend ungelöste Frage psychoanalytischer Forschung in Bezug auf das Über-Ich: Unter welchen Bedingungen wird das Über-Ich zu der von Freud entdeckten milden Beobachtungsinstanz des Humors? Und unter welchen anderen Bedingungen fungiert es, im Gegenteil, als jene von Lacan charakterisierte Macht der gnadenlosen Ganzheit, die das Ich mit dem unerbittlichen Befehl »Genieße!« drangsaliert und keinen Humor kennt oder zulässt? Offenbar kann ein und dieselbe psychische Instanz hier einmal als die heitere, mildernde Macht der Verdoppelung, das andere Mal als die Agentin gnadenlosen, einseitigen Zwanges, mithin eben der Verhinderung von

Verdoppelung und Humor, auftreten. Verschiedene psychoanalytische Schulen haben versucht, diese zwei Gesichter der von Freud entdeckten Instanz durch die Benennung mit Hilfe der Termini »Über-Ich« bzw. »Ichideal« zu unterscheiden.[12] Die Bedingungen und Gründe dafür, dass diese Beobachtungsinstanz jeweils gerade die eine ihrer beiden so entgegengesetzten Gestalten annimmt und nicht die andere, scheinen allerdings noch nicht hinreichend geklärt.

Der Unterschied zwischen diesen beiden Funktionsweisen des Über-Ich hätte sein philosophisches Gegenstück in jenem zwischen dialektischer und empirischer, schärfender Verdoppelung: Das tyrannische, maßlose Über-Ich bildete den Antrieb der grenzenlosen Universalisierung eines Prinzips (wie Vernunft, Geschmack, Erwachsenheit, Mäßigung etc.); das humorvolle Über-Ich dagegen ermöglichte die einschränkende Verdoppelung, die dafür sorgt, dass das Prinzip sich schärfen kann und nicht durch grenzenlose Verallgemeinerung seinen Sinn verliert.

Genau in dieser Hinsicht wäre das humorvolle Über-Ich auch der Agent jener kulturellen Gebote, welche den Individuen gerade die Überschreitung der üblichen, profanen kulturellen Regeln auferlegen. »Jetzt wird gefeiert, darum hörst auch du jetzt zu arbeiten auf und trinkst ein Glas mit uns« – solche Imperative kommen nicht von einer obszönen Kehrseite der Kultur. Vielmehr sorgen sie mäßigend und schärfend dafür, dass die üblichen, profanen Regeln der Kultur sich nicht durch Verallgemeinerung in ihr Gegenteil verkehren und dadurch selbst zu einem obszönen Exzess geraten.

Die Überschreitungsgebote stehen im Dienst der symbolischen Ordnung, insofern diese dem Lustprinzip dient. Sie setzen dem Regime dieser Ordnung maßvolle Grenzen und sorgen auf diese Weise dafür, dass dieses Regime nicht in die Unlust des Genießens führt.[13]

11. Identität, Ideale, Rollen und Geschicklichkeit

> »›Wir haben keine Kunst‹, sagt der Balinese; ›wir tun
> alles, so gut wir können.‹«
>
> *(McLuhan 1994: 111)*

1.

Im Schauspiel des Lebens, betonte der Stoiker Epiktet, kommt
es nicht darauf an, eine gute Rolle zu spielen, sondern darauf,
sie gut zu spielen.[1] Genau wie in den zuvor präsentierten
Beispielen des vorigen Kapitels lässt sich auch hier zunächst
die Figur der Verdoppelung erkennen: Das Adverb dominiert
über das Adjektiv; es kommt darauf an, *gut* zu spielen; nicht
notwendigerweise eine *gute* Rolle.

Bestechend an dieser Bemerkung ist die entstressende
Kraft, die sie besitzt. Wie viele Zeitgenossen aller Geschlech-
ter und Zwischenstufen sind gegenwärtig nicht verzweifelt
damit beschäftigt, eine gute Rolle für sich zu »konstruieren«
oder sie »performativ umzugestalten«. Und wie selten kommt
jemand dabei zu einem zufriedenstellenden Abschluss! Freilich liegt der Einwand nahe, Epiktet erteile damit eine resig-
nierte Absage an alle Möglichkeiten politischer Veränderung.
Aber verhält es sich hier nicht wieder umgekehrt – genauso,
wie wir es zuvor im Abschnitt über den Neid herausgefunden
hatten: Liegt die Resignation nicht viel eher auf der anderen
Seite? Ist nicht gerade die verbissene Beschäftigung mit der
eigenen Identität Ausdruck einer tiefen narzisstischen Unfähigkeit, über den Tellerrand der eigenen Person hinauszu-
blicken und weiter reichende Glücksansprüche zu stellen?

2.

Wie immer liegt die Pointe beim Epiktet nicht (wie bei den idealistischen Stoikern) in der Bescheidenheit, sondern vielmehr, materialistisch, in der *Ernüchterung*. Was Epiktet verdeutlicht ist nämlich, dass auch die schmeichelhafteste Rolle noch gut gespielt werden muss. Das heißt: Es gibt immer eine Diskrepanz zwischen der Person und der Rolle; auch die beste Rolle ist als solche noch nicht wunscherfüllend; man kann sich auch in ihr noch bestens blamieren. Das ist das Ernüchternde.

Selbst wenn wir alle Heteronomie, die unseren gesellschaftlichen Rollen gegenwärtig noch anhaften mag, eines Tages abgeschüttelt hätten und in der Lage wären, uns selbst neue Rollen sozusagen »auf den Leib zu schreiben«, müssten wir also erst lernen und üben, sie zu spielen. Dieses Moment von »Entfremdung«, von Materialität der Rolle ist »ewig«, »ahistorisch« und darum nicht gemeinsam mit Heteronomie zu beseitigen. Sich daran zu stoßen, ist närrisch und verrät die Unfähigkeit, sich an den Dingen zu stoßen, an denen sich zu stoßen sich lohnt.

3.

Jede Materie bietet aber nicht nur einen Widerstand, sondern auch Möglichkeiten, diesen als Kraft zum eigenen Nutzen zu gebrauchen. Man kann lernen, eine Rolle gut zu spielen, und dann wird man fähig, mit Hilfe der Rolle Dinge zu tun, die man ohne sie nicht tun könnte. Das erfordert allerdings Übung – und es erscheint bezeichnend, dass in einer narzisstischen Kultur wie der unseren fast nichts so verpönt ist wie alles, was Übung erfordert.[2] In den Schulen werden die Werkstätten abgeschafft; an den Kunstuniversitäten die Ateliers;

und in den Studienplänen wissenschaftlicher Fächer wird darauf geachtet, dass jedes Semester etwas Neues vorgeschrieben wird, so dass Studierende niemals Gelegenheit haben, auf eine Sache zurückzukommen, um sie mit frischen Augen nochmals zu betrachten: »never ›more of the same‹« war eines der meistrezitierten Mantras der Betreiber der sogenannten Bologna-Reform. Wo man in den Wissenschaften mit einer theoretischen »Konstruktion« auf eine Schwierigkeit stößt, unternimmt man darum hastig eine Neukonstruktion, anstatt zu überlegen, ob man bei geschickterer Handhabung der alten Konstruktion das Problem nicht vielleicht sogar leichter hätte lösen können.[3] Studierende der sogenannten »Humanities« werden hastig mit ständig neuen Inhalten versorgt, anstatt dass man ihnen Gelegenheit gibt, die Wendigkeit ihres Intellekts zu steigern und einmal zu versuchen, eine schon bekannte Theorie auf einen neuen Gegenstand anzuwenden. Im Zug einer vermeintlichen Intellektualisierung ersetzt man in der Kunstausbildung die Auseinandersetzung mit Fragen der Form und des Mediums durch wissenschaftliche Auseinandersetzung und übersieht dabei, dass auch die Wissenschaft selbst ein Medium ist, das man nicht nur kennen, sondern auch durch Übung beherrschen lernen muss. Wie in der Identitätspolitik versucht man auch in der Ausbildung und Handhabung von Künsten und Wissenschaften alles auf einen einzigen Faktor zu reduzieren – alle Anstrengung richtet sich auf das gute Wissen; nicht aber auf den Witz seiner Anwendung auf das noch Ungewusste. Man übersieht dabei, dass auch die wissenschaftliche Arbeit, wie die materialistischen Philosophen lehrten,[4] eine materielle Praxis ist und darum einen Parameter wie Geschicklichkeit oder Geschmeidigkeit kennt. Man achtet nur auf eine einzige Größe und nicht auf eine günstige Proportion von zweien, vergleichbar zum Beispiel dem Leistungsgewicht von Sportwagen.

Demgegenüber hatte Michel de Montaigne, der Figur der Verdoppelung folgend, bemerkt: »Die Weisheit neigt auch zum Übermaß und bedarf der Mäßigung nicht weniger als die Tollheit.« (Montaigne 1996: 77; vgl. 1998: 105 ff.) Auch bei der Weisheit muss dem Adjektiv das Adverb vorangehen: Man muss also – was im Deutschen freilich seltsam klingen kann – auf weise Art weise sein. Das muss die Universität die Studierenden lehren; das heißt: Sie muss es sie erkennen lassen und ihnen Gelegenheit geben, sich darin zu üben, dem Adjektiv das Adverb voranzustellen.

Andernfalls produziert man, wie Montaigne formulierte, nur »vollgestopfte«, aber nicht »wohlgeratene«, bewegliche Köpfe (s. Montaigne 1996: 21 f.), und die traurigen Resultate zeigen sich in den zeittypischen Artikeln etwa kulturwissenschaftlicher und kunsttheoretischer Zeitschriften, die von gebildeter Schwerfälligkeit aus den Nähten platzen. Wie für diese aktuelle Misere geschrieben erscheint eine Bemerkung Nietzsches:

> »*Denken* lernen: man hat auf unsern Schulen keinen Begriff mehr davon […] Man lese deutsche Bücher: nicht mehr die entfernteste Erinnerung daran, daß es zum Denken einer Technik, eines Lehrplans, eines Willens zur Meisterschaft bedarf – daß Denken gelernt sein will, wie Tanzen gelernt sein will, *als* eine Art Tanzen […] Tanzen-können mit den Füßen, mit den Begriffen, mit den Worten: habe ich noch zu sagen, daß man es auch mit der *Feder* können muß – daß man *schreiben* lernen muß? – Aber an dieser Stelle würde ich deutschen Lesern vollkommen zum Rätsel werden …« (Nietzsche 1888: 434 f.)

4.

Jede Tätigkeit ist elend, solange man nicht weiß, wie man sie gut macht. Das gilt für das Wegwischen klebriger Flüssigkeiten ebenso wie für das Trösten verzweifelter Freunde. Sobald man aber eine Idee davon hat, wie sie gut zu machen ist, beginnt die Tätigkeit, Freude zu machen. Dazu muss man sie noch nicht einmal perfekt beherrschen. Die Freude stellt sich schon ein, wenn man sie so gut macht, wie man kann, und bemerkt, dass man sich dabei verbessert – so dass man Hoffnung hat, schon die nächste Bewegung werde um eine Spur geschickter sein als noch die letzte.

Die Literaturwissenschaftlerin Victoria Griffin hat in ihrer Studie »The Mistress« anhand literarischer Vorbilder die Rolle der Geliebten als ein Lebensmodell darzustellen versucht, für das es ein Ideal gibt. Die Beschreibung dieses Ideals erschien der Autorin notwendig, da sie aus Erfahrung wusste, dass es viele Frauen (wie auch Männer) gibt, die immer wieder dieses Modell leben, aber unglücklich werden, weil ihnen ein Ideal für ihr Leben fehlt und weil sie es darum etwa am Ideal der Ehegattin oder des Ehegatten messen, was sie unglücklich machen muss (s. Griffin 1999: 3). Entsprechend der Bemerkung des Epikur werden Menschen unglücklich, wenn sie ihre Realität an »leeren Einbildungen« messen, die diesen Realitäten nicht entsprechen.[5] Das bedeutet aber nicht, dass man die Idealvorstellungen einfach tilgen könnte oder müsste. Wie Griffin richtig erkannt hat, ist es notwendig, für ein bestimmtes Leben jene Ideale herauszuarbeiten, an denen es zu messen sich lohnt. Idealmodelle sind für jedes Leben notwendig: erstens damit sich nicht ungeeignete, andere an ihre Stelle setzen, und zweitens, damit dieses Leben eine Chance bekommt, vom Glanz seiner entsprechenden Ideale getroffen zu werden.

5.

»Es kommt immer zu einer Empfindung von Triumph, wenn
etwas im Ich mit dem Ichideal zusammenfällt«, bemerkt
Freud ([1921 c]: 122). Genau um diese Freude bringt eine
Kultur die Individuen, wenn sie – in befreiender Absicht –
jedes Ideal als »normativ« oder »normierend« diffamiert. Die
Flut medialer Abbildungen von körperlicher Schönheit zum
Beispiel, kann man immer wieder lesen, würde durch ihre Unerreichbarkeit die Individuen einschüchtern und dazu bringen, sich hässlich zu fühlen. In einem Bereich wie dem Sport
aber verhält es sich auffälligerweise umgekehrt: Die immer
häufigeren medialen Darstellungen fußballerischer Perfek-
tion führen dazu, dass auch Hobbykicker sich angespornt
fühlen, und so kann man heute in manchem Park Zehnjährige
bei Tricks beobachten, die vor zehn Jahren vielleicht nur ein
Zidane beherrscht haben mag.

Nun kann man Fußball vielleicht besser üben als Schönheit. Aber man sollte nicht vergessen, dass auch Letztere eine
Rolle ist. Darum gilt auch hier die These des Epikur, wonach
das Glück jederzeit leicht verfügbar ist. Denn eine Rolle ist für
ein Publikum gemacht. Und zwar nicht nur für das wirkliche
Publikum des Theaters, sondern vor allem für jenen naiven
Blick, für den sogar das Publikum noch Publikum spielt.[6] Die
Illusion ist dann gelungen, wenn sie so geschickt inszeniert
wurde, dass jemand ihr hätte Glauben schenken können. Niemand von den Anwesenden muss es geglaubt haben, sondern
nur dieser unsichtbare, naive Dritte, den sie, oft ohne es zu
bemerken, voraussetzen. Darum ist es nicht wichtig, dass wir
wirklich aussehen wie Liz Taylor oder Paul Newman; es genügt, dass wir uns einen Moment lang so anmutig verhalten,
dass jemand es hätte glauben können. Dann ist die Rolle gut
gespielt und die »Empfindung von Triumph« erzielt. Hier
zeigt sich die Beziehung, die zwischen der Verdoppelung und

dem naiven Beobachter besteht: Dass die Schönheit schön dargestellt wurde, ist entscheidend und verleiht der Sache ihren Charme; nicht die bloße anatomische Wirklichkeit. Was uns von diesem leicht verfügbaren Glück fernhält, ist lediglich die irrige Vorstellung, wir selbst müssten dabei etwas glauben; es wäre eine Sache innerer Überzeugung und nicht von geschicktem Darstellen eines »als ob«.

4. Abschnitt:

Leben als Verausgabung

12. Schmutziger Frühling:
Über das Leben als Gabe und die Verpflichtung,
sie zu erwidern. Ein Monolog

Wie das Alter und das Geschlecht ist der Frühling, der zugleich Neubeginn und Lebendigkeit signalisiert, etwas kulturell Determiniertes. Es ist bezeichnend für ganz bestimmte Epochen, dass die sich plötzlich jung fühlen und kraftstrotzend und bereit, mit ihrer ganzen Vergangenheit zu brechen und einen Neubeginn zu wagen. Und es ist bezeichnend, dass wir, die wir auch am Neubeginn eines Jahrhunderts stehen, uns überhaupt nicht frühlingshaft fühlen. Wir sind schon froh, wenn wir nicht alt und schwach sind; kräftig sind wir keinesfalls.

Es ist ebenso bezeichnend, dass der Frühling als kulturelle Metapher an der Wende zum 20. Jahrhundert auftaucht, etwa als Ver Sacrum. Die Künstler um 1900 sind Rebellen. Sie gefallen sich in Bildern der Barbarei und des Zerstörens. Der Futurist Filippo Tommaso Marinetti und seine Kollegen wollen die Bibliotheken verbrennen und die Spaghetti verbieten. Es gibt eine Nähe der Künstler zum Kriminellen. Dieses Kräftige drückt sich auch in der Bereitschaft aus, Gesetze zu überschreiten und in allen Formen schlimm zu sein. Heute dagegen sind die Künstler die Musterknaben und -mädchen der Gesellschaft. Sie sind noch viel braver als der gesellschaftliche Mainstream.

Das führt zu einer weiteren Überlegung, die mit den Begriffen Ver Sacrum und Sacre du Printemps zusammenhängt. Warum kommt das Sakrale mit dem Frühling einher? Der Sprachwissenschaftler Émile Benveniste hat, wie eingangs erwähnt, bemerkt, dass es in fast allen Sprachen zwei Bezeichnungen für das Heilige gibt: im Lateinischen zum Beispiel »sacrum« und »sanctum«. Das Sacrum ist dabei immer die bösartige Seite des Heiligen. Auf der Seite des Sanctum stehen die Heiligen, die mit ihren Sünden ins Reine gekommen sind und keine Versuchungen mehr zu fürchten brauchen. Das Sacrum dagegen hat immer etwas Gefährliches, etwas, das man nicht berühren soll. Das ist das Schmutzige am Heiligen.

Man könnte diesen Unterschied in einem weiteren Schritt zurückführen auf den Unterschied zwischen Magie und Religion. Die Magie hat mehr mit dem Sacrum zu tun, die Religion mehr mit dem Sanctum. Dieses unverträglich Böse und Schmutzige am Heiligen ist zugleich das, was uns jung und lebendig hält. Lebendigkeit bezeichnet einen bestimmten euphorischen Bezug auf dieses schmutzige Heilige.

Das Schmutzige am Heiligen hat übrigens auch Sigmund Freud entdeckt, als er bemerkte, dass das Wort »tabu« im Polynesischen diese merkwürdige Doppelbedeutung von »erhaben« und »unrein« hat. Auch dort ist das Heilige etwas, womit man besser nicht in Berührung kommt. Psychoanalytisch reformuliert kann man sagen: Das schmutzige Heilige ist nicht Ich-konform. Man kann es nicht ohne weiteres mit dem Ideal-Ich, also den Bildern, die wir von unserem eigenen Ich wunschgerechterweise machen, in Einklang bringen. Es hat immer etwas leicht Gefährliches, etwas, das uns außer uns bringt, von dem wir besessen sind, das uns anders handeln lässt als wir es üblicherweise richtig finden.

Eine erste, narzisstische Unterscheidung zwischen Ich und Außenwelt verläuft so, dass alles Lustvolle zum Ich gerechnet wird, und das ist rein. Alles Unlustvolle wird zur Außenwelt gerechnet; das ist dann unrein. Nun gibt es aber etwas, und das ist eine der wichtigsten Erfahrungen in der Kultur, das unrein und dennoch sehr lustvoll ist. Man könnte es als das problematisch Lustvolle bezeichnen.

Möglicherweise gibt es das problematisch Lustvolle als Erlebnisqualität nur für Erwachsene, während das infantile Erleben schlicht in Lustvolles und Unlustvolles geteilt ist. Für

Erwachsene aber gibt es etwas Drittes, das zwar nicht unter den Bedingungen des Idealich genießbar ist, aber dennoch ganz triumphale Lust bereiten kann. Whisky kann uns einen triumphalen Abend bereiten. Am nächsten Tag hingegen könnte es gut sein, dass wir ihn nicht sehen und schon gar nicht riechen wollen; vielleicht nicht einmal hören, wie jemand davon spricht.

Die Qualität des problematisch Lustvollen wird in der Ästhetik auch als das Sublime oder Erhabene bezeichnet. Es hat eine schädliche Qualität, die dennoch eine überlegene Lust verschaffen kann. Und es ist niemals vollkommen Ich-konform. Man sagt sich: Eigentlich wäre es vernünftiger, keinen Alkohol zu trinken, nicht zu rauchen und keinen Sex zu haben.

Das problematisch Lustvolle bringt uns über etwas hinaus, das mit dem Ich unmittelbar zusammenhängt, nämlich über eine Vernunft des Haushaltens – mit den Kräften gut umzugehen, so dass wir morgen auch noch welche haben. Das maßvolle Haushalten ist das Ökonomische oder auch – das Profane. Das problematisch Lustvolle des Alkoholtrinkens, des Feierns verweist immer auf etwas, das diese ökonomische Haushaltsnorm bricht. Das ist eine Ordnung der Verausgabung. Durch diese Großzügigkeit entsteht ein Triumph: Wir achten nicht darauf, wie viele Flaschen Champagner wir öffnen, wenn wir etwas zu Feiern haben.

Das Frühlingshafte ist ein Umgang mit dem eigenen Leben, der eine solche Verausgabung kennt. Igor Strawinskys Ballett »Le Sacre du Printemps« erzählt die seltsame Geschichte von alten Männern, die den Frühling feiern und von einer jungen Frau, die sich als Opfer für die Götter des Frühlings zu Tode tanzt. Das ist ein bizarrer Stoff. Aber es ist hier etwas in verzerrter Form erhalten geblieben, was in vielen Kulturen als Motiv eine Rolle gespielt hat und das man habituell sogar an Leuten feststellt, die vielleicht nie daran denken würden, dass das in ihrem Leben eine Rolle spielt.

Es sind jene Leute, die das Leben als Gabe begreifen. Wenn man das Leben als Gabe begreift, dann behandelt man es als ein Geschenk, bei dem man eine Verpflichtung hat – nämlich die Verpflichtung, etwas von dem Geschenk auch weiterzugeben. Wenn jemand im Lotto eine kleine Summe gewonnen hat, lädt er seine Freunde auf ein Bier ein. Er hat das Gefühl, er kann mit dieser Gabe nicht einfach haushalten, sondern er muss etwas verausgaben, damit es angemessen als etwas Sakrales gewürdigt und nicht in eine profane Haushaltsordnung überführt wird.

Das sind die Gesten, die uns glücklich machen: Wenn wir rauchen, mit Freunden trinken, tanzen bis zum Umfallen, dann verausgaben wir unser Leben und geben damit etwas zurück von der Gabe, als die wir dieses Leben begreifen. Das macht uns so froh in diesen Momenten; es macht deren Kultiviertheit aus. Das Gegenteil wäre, das Leben als Sparguthaben zu begreifen.

»Ich habe soundsoviel auf dem Konto.« »Wenn ich nicht allzu viel ausgebe, werde ich 95 Jahre alt.« Das ist eine biopolitische Mentalität, die sich in unserer Kultur zunehmend verfestigt. Die Leute werden dazu angehalten, das Leben als Sparguthaben zu betrachten und eifersüchtig darauf zu achten, dass ihnen niemand etwas davon abknapst. Sie sind kulturell nicht mehr dazu ermutigt, ihr Leben in bestimmten feierlichen Situationen groß zu verausgaben und das als Triumph zu erleben.

In dem Moment, in dem wir das Leben als Sparguthaben betrachten, gehen wir mit ihm in einer Weise um, als ob wir schon tot wären. Das ist eine Vorsicht gegenüber dem Leben, die das Leben selber tötet. Das Verschwenderische dagegen ist genau dieses Lebendige – das, was am Frühling imponiert. Wenn der Frühling einen Sinn hat in der Philosophie, dann ist es dieser Sinn des Verschwenderischen – einer Kultur der großzügigen Gabe.

13. Kunst und Liebe, Gabe und Gift

1. Das Kunstwerk als Liebesgabe

Wenn man beobachtet, unter welchen Umständen Menschen, die keine Künstler sind, jemals beginnen, Kunstwerke anzufertigen, dann sticht eine Bedingung schnell hervor: nämlich die der Liebe – in allen Abstufungen und Bedeutungen des Wortes. Verliebte produzieren zum Beispiel Collagen als Liebesbeweise für ihre Geliebten; Erwachsene erfinden Lieder als Geburtstagsdarbietungen für ihre Freunde; Kinder fertigen Zeichnungen an als Weihnachtsgeschenk für Eltern oder Großeltern.

In all diesen Fällen entsteht plötzlich im Alltagsleben von Menschen, die sonst vielleicht selten – und schon gar nicht in ihrem Beruf – an Kunst denken, unter dieser besonderen Bedingung Kunst; und immer ist der Anlass dazu eine Adressierung an eine geliebte Person. Ein starker Affekt, verbunden mit der Vorstellung einer bestimmten Person, fungiert hier als Auslöser, als notwendige Produktionsbedingung.

Freilich müssen Menschen, die professionell Kunst machen, von derart singulären Bedingungen weitgehend unabhängig sein – wenigstens ein Stück weiter als ihre dilettierenden Kollegen, die liebenden Anlasskünstler. Aber auch für die professionellen Kunstschaffenden möchte man sich fragen, ob sie jemals völlig eines solchen Affektmoments und der damit verbundenen Vorstellung einer Adressatenperson entbehren können, auch wenn diese Vorstellung vielleicht mitunter nicht nur eine Einzelperson und eine private Beziehung, sondern eher ein Kollektiv (wie das Publikum) und eine öffentliche Beziehung betrifft. Mit anderen Worten: Möglicherweise zeigt uns das Beispiel der nicht professionellen Künstler nur mit größerer Deutlichkeit eine notwendige Bedingung, die für jegliche künstlerische Produktion gilt: Man muss lieben, um Kunst machen zu können.

2. Das Nichteigentum

Wir können nun dieses Beispiel zum Anlass nehmen, um einen materialistischen Gedanken hinsichtlich der Produktionsverhältnisse in der Kunst in Betracht zu ziehen: *Die Kunstschaffenden verfügen offenbar von sich aus niemals über die Gesamtheit ihrer Produktionsbedingungen* (genauso, wie nach unserer in der Einleitung formulierten Erkenntnis die Individuen nicht alleine über die Gesamtheit ihrer Lustbedingungen verfügen): Sie mögen die erforderlichen Materialien und Geräte besitzen, die nötigen Kenntnisse und Fertigkeiten; sie mögen auch wissen, wie man neue Ideen generiert. Dennoch aber muss noch etwas hinzukommen, das die Kunstschaffenden nicht steuern können. Es muss jemanden geben, den sie begehren und von dem sie sich vorstellen können, dass er oder sie, als Ausdruck dieses Begehrens, etwas Außergewöhnliches von ihnen sehen möchte. Diverse Mythen – wie zum Beispiel der vom Kuss der Muse – haben diesen Sachverhalt immerhin hellsichtig bezeichnet, wenn sie freilich auch keine theoretische Erklärung für ihn formuliert haben. Da die Liebe allgemein, psychoanalytisch gesprochen, eine Beziehung der Übertragung ist, können wir diesem Sachverhalt nun die folgende theoretische Formulierung geben: Um produzieren zu können, müssen die Kunstschaffenden in einer *Übertragungsbeziehung* stehen. Sie müssen das Gefühl haben, dass jemand bereit ist, sie zu lieben, im Gegenzug für etwas, das von ihnen erwartet wird. Mit Hilfe der psychoanalytischen Theorie können wir den Mythos vom Kuss der Muse reformulieren und ihn als einen berechtigten Hinweis betrachten – nämlich als Hinweis auf die soziale Dimension des Kunstmachens. Künstler ist man nicht aus sich heraus, oder weil man etwa ein Genie wäre; man ist es vielmehr, weil einen etwas Gesellschaftliches überkommt – so, wie ja auch der Genius nicht das Wesen der eigenen Person ist, sondern etwas ihr ganz und gar Fremdes, von dem diese Person allenfalls momentan befallen werden kann wie von einem Dämon – auch das hat der Mythos eigentlich sehr korrekt formuliert (s. dazu Agamben 2005: 8 f.).

Ohne diese Übertragungsbeziehung und ohne den aus ihr resultierenden Affekt können die Kunstschaffenden nicht produzieren. Und diese Bedingung können sie nicht selbst, von sich aus erzeugen. Wir stoßen hier auf ein erstes Moment von Unverfügbarkeit, oder von *Nichteigentum* innerhalb der Kunstproduktion.

Ein zweites, verwandtes Moment hat der französische Soziologe Marcel Mauss in seinem Aufsatz über die Gabe hervorgehoben. Es verdient gleichermaßen Interesse, denn es betrifft wieder etwas, das für die Kunst typisch ist: Mauss hat darauf hingewiesen, dass man eigentlich nur etwas Unbrauchbares verschenken kann (s. Mauss [1925]: 16). Natürlich gibt es hier Abstufungen, und wir schenken schon einmal vielleicht jemandem ein Hemd; aber wenn, dann vielleicht nur ein ganz besonderes, glamouröses, das er nicht jeden Tag, sondern nur zu bestimmten Anlässen wie Partys tragen kann. So gibt es hier in den rohesten Praktiken des Schenkens Grenzen des Anstands, die man nicht verletzen darf. Ich kann nicht meinem Freund Otto sagen: »Otto, du bist doch so ein armer Kerl. Jetzt ist Weihnachten. Weißt du was, ich schenke dir die Miete für Januar.« Das geht nicht. Es muss ein Minimum an Unbrauchbarkeit gewahrt bleiben, damit das Geschenk annehmbar ist.

Wir beobachten somit, wie hier, mitten in der Alltagspraxis, so etwas wie *Abstraktion* entsteht – das heißt: die für Kunstwerke charakteristische Entzogenheit gegenüber alltäglichem Gebrauch. Eine doch so überaus materialistisch geprägte Praxis, worin alles seinen Nutzen und seine Funktion haben muss, wird beim Geschenke machen plötzlich luxuriös und leistet sich den Umstand, dass man mit Aufwand etwas herstellt, das zu nichts nutze ist – und über das mithin auch der Adressat nicht in einer profanen Weise verfügen kann wie über seine sonstigen Besitztümer. Auch in dieser Nutzlosigkeit, die für das Geschenk ebenso wie für das besondere Liebesgeschenk des Kunstwerks gilt, liegt also ein Moment von Unverfügbarkeit, von Nichteigentum.

Ein drittes Moment betrifft beide der zuvor genannten Seiten, sowohl die Geber als auch die Nehmer von Gaben beziehungsweise Kunstwerken. Man muss das Geschenk überreichen, und man darf es, wenn man es bekommen hat, nicht in profaner Weise verwenden. Zunächst muss man das Geschenk unbedingt abliefern: Wenn das nicht gelingt, ist das ziemlich schlimm. Wenn man dem Freund einen schönen Regenschirm schenken möchte und der hat genau den gleichen schon, dann kann man ihn vielleicht für sich selbst behalten, aber das ist doch ein bisschen prekär. Und wenn man eine feine Flasche Wein gekauft hat und sie zu einer Hochzeit mitbringen wollte, aber leider ist man ausgerechnet an dem Tag krank und kann nicht zum Fest kommen, dann steht diese Flasche Wein plötzlich zu Hause herum, und man weiß eigentlich nicht, wie man sie wieder loswerden soll. Es ist nicht ganz leicht, sie einfach unter die anderen Flaschen zu mischen und sie irgendwann mit diesen zusammen zu genießen.

Diese Tatsache, dass quasi ein Zwang zum Übergeben besteht, zum Überreichen an einen Adressaten; dass die Gabe auf keinen Fall behalten werden kann, das zeigt sich im Kunstzusammenhang am ehesten dort, wo Sammler, die eine große

Kunstsammlung angelegt haben, plötzlich den Drang verspüren, diese Sammlung der Öffentlichkeit zu schenken. Der Religionswissenschaftler Klaus Heinrich hat das hellsichtig bemerkt: Fast alle Sammler wollen ihre Kunstsammlung irgendwann wieder loswerden.[1]

Warum muss etwas unbedingt übertragen werden? Was ist das Ungute am Geschenk, das sich nicht so leicht in unsere Besitztümer eingliedern lässt? – Auch hier lässt sich die Antwort vielleicht wieder durch den Vergleich mit dem Alltagsleben gewinnen, worin geschenkt werden muss: *Man muss dann geben, wenn man selbst etwas bekommen hat.* Geben ist also eigentlich immer weitergeben. Ein Mann, der mit 18 Jahren im Ersten Weltkrieg auf ein Himmelfahrtskommando geschickt worden war, dieses überlebte und mit einer Tapferkeitsmedaille ausgezeichnet wurde, erhielt dafür vom österreichischen Staat einmal im Jahr eine kleine Summe Geldes überwiesen. Er hat diese Summe aber sein Leben lang nie angerührt, sondern sie immer an wohltätige Organisationen gespendet. Man kann dasselbe auch manchmal beobachten im Alltag, wenn man zum Beispiel sich mit Freunden regelmäßig zum Essen trifft, und eines Tages zahlt plötzlich ein Freund die Rechnung für alle, und man ist überrascht, und dann sagt er: »Ja, wißt ihr, ich habe nämlich gerade bei einer Sportwette gewonnen, und dieses Geld musste ich jetzt hier einfach ausgeben.« Spieler haben sehr oft das Gefühl, dass sie das, was sie gewonnen haben, nicht einfach behalten und als Gewinn verbuchen können. Sie müssen es wieder weitergeben. Das im Spiel gewonnene Geld »brennt ihnen auf den Nägeln«, schreibt Georges Bataille in diesem Zusammenhang (s. Bataille 2001: 314).

Die Glücklichen im Leben und die Spieler müssen den Gewinn weitergeben – entweder, indem sie wieder spielen und das Geld aufs Spiel setzen oder indem sie großzügig andere Leute beschenken. Mit etwas, das man sozusagen ohne

Arbeit gewonnen hat, kann man nicht so leicht umgehen wie mit den Gewinnen, die man aus der Arbeit bezieht. Das muss man genauso, wie man es geschenkt bekommen hat, auch wieder weiterschenken. Hier scheint ein Tabu spürbar, das es verbietet, solche Dinge einem profanen, nützlichen Gebrauch zuzuführen.

Wenn also Kunstwerke geschenkt werden müssen, wie es im Alltagsleben bei Nicht-Künstlern deutlich auftaucht, dann vielleicht deshalb, weil auch die Befähigung zum Kunstmachen als Geschenk empfunden werden kann; sozusagen eine Gabe – ein Umstand, der in Worten wie »Begabung« noch etwas zweideutig und missverständlich mitschwingt. Wenn es richtig ist, dass Kunstschaffende im Allgemeinen nur durch die soziale Übertragungsbeziehung zum Produzieren befähigt werden, dann haben sie völlig recht, wenn sie das Gefühl haben, hier der Gesellschaft etwas zurückgeben zu müssen; ganz ähnlich wie der glückliche Gewinner, der seine Freunde zum Essen einlädt.

Hieraus erklärt sich wohl auch das für das Kunstmachen charakteristische zwanghafte Moment: Kunstschaffende haben in inspirierten Momenten das Gefühl, um jeden Preis Kunst machen zu müssen; auch wenn dies ihre ökonomische oder bürgerliche Existenz, ihr Familienleben oder auch ihre Gesundheit ruinieren mag. Wer der Kunstproduktion dieses grandiose Moment von Glamour und Souveränität im Sinne Batailles abspricht, übersieht einen entscheidenden Aspekt existierender Kunst und stuft die zukünftige auf das Niveau einer kleinlichen und überschaubaren Erfüllungspraxis herab. Und er verkennt das triumphale Moment von Glück, die enorme Erfüllung, die in diesem scheinbar getriebenen und nicht selten gequält anmutenden Tun liegt.

Das Nichteigentum der künstlerischen Produktionsfähigkeit, die sich einer Übertragungsbeziehung verdankt, erfordert als Gegengabe eine selbstlose Produktion. Und das Ergebnis dieser Produktion kann selbst wieder nur bedingt angeeignet werden: daher seine Abstraktion, und daher auch das zwanghafte Bedürfnis, die Kunstsammlung der Öffentlichkeit wieder zurückzugeben.

3. Geben, was man nicht hat

Auf die künstlerische Produktion lässt sich darum wörtlich die Formel anwenden, die Jacques Lacan, in seinem Seminar über die Angst, als eine Definition der Liebe geprägt hat: Sie besteht darin, »zu geben, was man nicht hat« (und wir können sogar, wie Lacan, fortsetzen: »an jemanden, der es nicht haben will«, s. Lacan 2004: 166 ff.). Das Kunstwerk als Liebesgabe ist das exemplarische Beispiel dessen, was in jeder Liebe gegeben wird. Die Liebenden, die Kunst herstellen, geben darin das, was sie nicht haben – ihr Nichteigentum. Und da fast alle Liebenden offenbar immer in irgendeiner Weise zu Kunstschaffenden werden, lässt sich sagen, dass das Geben dessen, was man nicht hat, offenbar notwendigerweise eine materielle Gestalt annimmt: Die als Liebesgaben produzierten und überreichten Artefakte sind die Materialisierungen dessen, was die Liebenden nicht haben und nun geben.

Aus der Perspektive Lacans bedeutet dies, dass diese Objekte immer etwas Ungutes, Unheimliches an sich haben: Wenn jemand gibt, was er nicht hat, wenn er also seinen »Mangel« gibt, so hat er ihn danach nicht mehr – denn dann ist, wie Lacan schreibt, der geliebte Andere zu seinem Mangel geworden (s. Lacan, ebd.). Und die künstlerischen Liebesgaben verkörpern genau den Umstand, dass dem Liebenden nun »der Mangel mangelt«. Daher rührt die bezeichnende Schwierigkeit der Aneignung, die wir bei den künstlerischen Liebesgaben auf allen Ebenen angetroffen haben: Sie werden immer weitergereicht wie heiße Kartoffeln, die niemals jemand lange in der eigenen Hand behalten kann. Das Fehlen des Mangels stellt uns nämlich immer vor grundsätzliche Probleme unseres vom Mangel geprägten, erwachsenen Lustempfindens: Es ist so, wie wenn wir plötzlich durch bloßes Verwünschen Menschen töten könnten, oder wie wenn nur durch bloße verbale Äußerungen von uns die Wetterlage oder die Tageszeit sich ändern würden – oder wenn, wie in Mozarts »Don Giovanni«, eine Statue, die wir im Scherz ansprechen, plötzlich tatsächlich antwortet. Wir, die wir einmal (in der Kindheit) einsehen mussten, dass Wünschen alleine nicht hilft, leben seither eben im Bewusstsein dieses »Mangels«, und das bedeutet, dass alles, was uns Lust machen kann, unter dieser Bedingung stattfinden muss. Wenn der Mangel plötzlich zu Verschwinden droht und die Welt auf einmal so aussieht, als würde sie unseren Wünschen doch aufs Wort gehorchen, dann sind wir keineswegs angenehm überrascht, sondern erfahren dieses Übermaß an wunschgerechter Realität als äußerst unangenehm – eben als unheimlich im Sinne Freuds.

In der Kunst, die unter der Bedingung der Liebes-Übertragung zustande kommt, haben wir es somit immer mit einem bestimmten Überschuss zu tun, einem Exzess, der die Ökonomie unseres normalen Lustempfindens bedroht – sowohl wenn wir Kunst produzieren, als auch wenn wir sie rezipieren. Dieser Überschuss erzeugt Angst. Die entscheidende Aufgabe künstlerischer Gestaltung ist somit eine doppelte: Sie besteht darin, erstens diesen Überschuss zu produzieren und ihn zweitens erträglich beziehungsweise annehmbar zu machen.

4. Schenken als »Entgiften«

Eine der Möglichkeiten, einen Überschuss annehmbar zu machen, besteht gerade darin, das überschüssige Objekt zu verschenken. Der erwähnte Regenschirm, der ungut wirkt, solange er in meinem Besitz bleibt, wird zu einem freudigen Objekt, sobald er dem zu beschenkenden Freund übergeben ist. Diese »Entgiftung« der Objekte durch ihre Weitergabe – Marcel Mauss hatte, wie vor ihm Ralph Waldo Emerson, auf die Ambivalenz hingewiesen, die dem englischen Wort »gift« und dem gleichlautenden, verwandten Ausdruck im Deutschen innewohnt (s. Mauss [1925]: 123) – spielt eine entscheidende Rolle in alltagskulturellen ästhetischen Praktiken wie auch in der Kunst. Wenn ich zum Beispiel eines Tages die Mülltonne vor meinem Haus öffne und darin eine lebensgroße, etwas abgenutzte Kleiderpuppe aus den 50er Jahren finde, so ist vorstellbar, dass ich dieses Objekt an mich nehme. Wahrscheinlich ist weiter, dass ich, falls in nächster Zeit eine Einladung bevorsteht, diese Puppe als Geschenk mitbringen werde. Das Kitschige der Puppe, oder das, was an ihr, wie man in Kreisen wie meinen sagt, »so daneben ist, dass es schon wieder gut ist«, wird durch das Schenken aufgehoben, sozusagen »sublimiert«. Freilich haben nun die Beschenkten die Bürde dieser Gabe zu tragen.[2] Wegwerfen dürfen sie sie nicht, da sie doch ein Geschenk ist; wahrscheinlich würden sie sich aber beeilen, jedem neuen Besucher genau das schnellstens zu versichern. Ähnlich würde es mir selbst ergehen, wenn ich keine nahe Gelegenheit zum Weitergeben der Puppe vorfände und sie also zu mir nach Hause brächte. Ich würde jedem meiner Gäste eilig mitteilen, dass ich sie in der Mülltonne gefunden habe. Das Finden würde nun eine ähnliche Rolle spielen wie das Beschenktwerden: Ich könnte mich dadurch von dem Verdacht befreien, dieses Ding aus eigenem Antrieb und mit meinem eigenen Geld in einem einschlägigen Geschäft erworben zu haben.

Dies ist ein entscheidendes ästhetisches Moment in den sogenannten »Ready-mades« der klassischen Avantgarde, den mehr oder weniger gefundenen, meist leicht modifizierten Objekten von Marcel Duchamp und Man Ray: Es sind Objekte, die ihre ästhetische Konsistenz und Annehmbarkeit nur aus dem Umstand beziehen, dass sie gefunden wurden bzw. dass es hohe Anteile von Vorgefundenem an ihnen gibt. Würden wir, im Gegenteil, wissen, dass die Künstler viel Planung und handwerkliche Arbeit investiert haben, um zu diesen Resultaten zu gelangen, so wäre ihr Reiz wohl dahin. Ihr Gefundensein verschafft ihnen den Status eines glücklichen, unbeabsichtigten und unverdienten Gewinns, eben den eines Geschenks: darum trägt eines der berühmtesten Ready-mades von Man Ray 1921 den programmatischen Titel »cadeau« (Geschenk). Es ist überdies bezeichnend, dass gleichzeitig mit Man Ray auch der Dadaist Walter Serner sich in seiner juristischen Doktorarbeit »Die Haftung des Schenkers« mit dem Thema beschäftigte – wenige Jahre, bevor Mauss seinen »Essai sur le don« verfasste.

Diese ästhetische Notwendigkeit des zufälligen Vorfindens und mithin Beschenktseins, im Gegensatz zu einer beabsichtigten Produktion und Aneignung hatte bereits Immanuel Kant in seiner »Kritik der Urteilskraft« hellsichtig bemerkt: Der Gesang der Vögel gefällt uns, obwohl wir ihn (was Kant als Bedingung für die Empfindung von Schönheit auffasst) »unter keine musikalische Regel bringen können« – er gefällt uns wohl deshalb, weil wir darin, wie Kant erklärt, »vermutlich unsere Teilnehmung an der Lustigkeit eines kleinen beliebten Tierchens mit der Schönheit seines Gesanges« vertauschen (Kant [1790]: § 22). Sobald wir aber entdecken müssen, dass nicht der Vogel der Verursacher des bezaubernden Gesanges war, sondern vielmehr ein geschickter menschlicher Nachahmer, dann verliert sich alle Schönheit schlagartig und es passiert, dass das Artefakt »unserm Ohre ganz geschmacklos zu sein dünkt« (Kant, ebd.). Auch in diesem Fall ist das Vorfinden, das Unbeabsichtigte, das Nichtgemeintsein, der Zufall einer den zusammentreffenden Elementen völlig äußerlichen »rencontre« im Sinne Althussers (s. Althusser [1982]) –

mithin der Charakter einer Gabe – entscheidend für deren ästhetische Annehmbarkeit.

5. Schenken als Vergiften

In auffälligem Gegensatz zu dieser ermöglichenden, annehmbar machenden Dimension des Schenkens steht jedoch eine andere ästhetische Erfahrung. Der Philosoph Blaise Pascal hat sie wie folgt beschrieben:

>»Daher kommt es, daß das Spiel und der Umgang mit Frauen, der Krieg und die hohen Ämter so begehrt sind. Das ist nicht etwa deshalb, weil wirklich Glück darin läge, oder weil man sich vorstellte, die wahre Seligkeit sei es, das Geld zu besitzen, das man beim Spiel gewinnen kann, oder sie bestehe in dem Hasen, dem man nachjagt; man würde ihn nicht haben wollen, wenn man ihn geschenkt bekäme.« (Pascal 1997: 96)

Der Hase als Jagdbeute, als Fang, der durch beabsichtigtes, planvolles Nachstellen erwirtschaftet wird, ist großartig. Sobald er jedoch geschenkt wird, ist er wertlos, wenn nicht gar unerträglich. Gerade als Geschenk scheint er also den Charakter eines unheimlichen Überschusses anzunehmen. Das Schenken, anders als in den zuvor beschriebenen Fällen, fungiert hier nicht als »entgiftende« Maßnahme; vielmehr vergällt es allererst die Freude am Objekt. Schenken wirkt hier als »Vergiften«.

6. Die ästhetische Antinomie und ihre Erklärung

Wir sind hier auf eine echte Antinomie im Feld der Ästhetik gestoßen: Das Schenken, das uns als geeignetes Verfahren zur Erträglichmachung unerträglicher Objekte begegnet war, erwies sich in einem anderen Fall als genau das, was das Objekt unerträglich machte. Woher rührt diese zwiespältige Funktion? Und unter welchen Bedingungen zeigt sich diese Praxis einmal von ihrer gutmütigen, »benignen«, das andere Mal von ihrer unguten, »malignen« Seite? – Eine Antwort wird möglich, wenn wir die Frage erneut vom Gesichtspunkt der Angst her betrachten.

Wenn wir mit dem Fall von Pascals Hasen beginnen, erscheint die Lösung einfach: Das Nachstellen gegenüber dem Hasen dient als willkommene Ablenkung gegenüber den Gedanken an uns selbst und an unsere, wie Pascal voraussetzt, erbärmliche menschliche Lage. Solange wir Hoffnung haben, einen Hasen zu fangen, brauchen wir an Letztere nicht zu denken und sind darum beruhigt. Nicht der Hase als Objekt, sondern die Zerstreuung, die er ermöglicht, ist das ästhetisch Entscheidende. Ohne diese Zerstreuung entstünde Angst. Wenn uns der Hase ohne Jagd überlassen wird, entsteht sie umso mehr: dann ist er schlimmer als gar nichts, denn er durchkreuzt dann sogar noch die Chance auf Ablenkung. Der Hase als jagdloses Geschenk macht weitere Jagd überflüssig und verunmöglicht dadurch jegliches ablenkende Begehren; er ist der »Mangel des Mangels« und liefert uns darum unverzüglich der fundamentalen Existenzangst aus, der wir Pascal zufolge erliegen, wenn es nichts gibt, das uns daran hindert, an uns selbst zu denken, und wir gezwungen sind, der Wahrheit unserer elenden Lage ins Auge zu sehen. Darum ist Schenken hier fatal: denn es vernichtet ablenkendes Begehren.

In den entgegengesetzten Fällen von Kants Vögeln, den Ready-mades von Ray und Duchamp sowie meiner im Mülleimer gefundenen Kitschpuppe liegt der Ort der Angst anderswo. Entscheidend für die ästhetische Erfahrung ist bei diesen zwiespältigen, nicht von sich aus schönen Objekten, wer als ihr naiver Bewunderer in Betracht kommt. Wer diese Objekte absichtsvoll anfertigt oder bewusst käuflich erwirbt, findet sie offenbar vorbehaltlos schön. Diese naive Position ist für Träger eines komplexeren Geschmacks (wie professionelle Kunstschaffende oder Kunstphilosophen) jedoch mit Angst besetzt: Niemand will bei seiner unkultivierten Naivität ertappt werden. Darum ist immer ein Element der Distanzierung notwendig – wie eben Finden oder Schenken. Wer ein solches Objekt findet, erfreut sich nicht nur am Objekt, sondern auch an der liebevollen, aber distanzierten Vorstellung jenes Geschmacks, an den das Objekt direkt oder ursprünglich adressiert war. Wer es hingegen verschenkt, bildet zusammen mit dem Beschenkten eine Art von heimlicher Gesinnungsgemeinschaft, die ein heiteres »als ob« inszeniert: zusammen spielt man einem virtuellen Beobachter vor, man würde tatsächlich an dem Objekt Gefallen finden, und man verrät ihm dieses geteilte Geheimnis, dessen die Eingeweihten sich sicher fühlen, nicht. (Genauso, wie man sich, dem Psychoanalytiker Octave Mannoni zufolge, beim Beobachten eines Zaubertricks im Variété daran freut, gemeinsam mit dem Künstler und dem übrigen Publikum gegenüber einem virtuellen Zuseher das »als ob« des Übernatürlichen und des Glaubens daran aufrechtzuerhalten; siehe Mannoni 1985: 9.)

Darum kann man zum Beispiel die Übertragung eines Eurovisions-Songcontests in Gruppen geschmackssicherer Menschen als sublimes Ereignis genießen, während man sich alleine zu Hause vor dem Fernseher elend fühlen müsste. Schenken versichert einen somit, wie Finden, der geschmacklichen Distanz gegenüber dem geschmacklosen Objekt, und darüber hinaus bestätigt es die solidarischen Eingeweihten in ihrer Fähigkeit, die Prinzipien ihres elaborierten Geschmacks zeitweilig zu überschreiten, so dass sie nicht nur (wie gewöhnliche gebildete Menschen) an hervorragenden Dingen Gefallen finden können, sondern eben auch an solchen, die so schlecht sind, dass sie schon wieder gut sind. Sobald jedoch die Distanz gegenüber dem naiven Geschmack verlorenzugehen droht, entsteht Angst: Auch hier beginnt ein Mangel zu mangeln – nämlich eben die Distanz, der Mangel an Nähe. Der Glaube an die ästhetische Qualität des Objekts scheint dann, wie Mannoni schreibt, »auf einen selbst zurückzufallen«, und dies ist angstbesetzt (s. Mannoni 1985: 28). Die Erklärung liegt auf der Hand: Denn wer ernsthaft glaubt, so etwas wäre schön, ist schlichtweg naiv. Und Naivität ist das Kennzeichen des Narzissmus: Es ist jene Weltauffassung, die noch nicht begriffen hat, dass man zwischen Wünschen und Wirklichsein unterscheiden muss. Die Wiederkehr dieser naiven, narzisstischen Weltauffassung aber ist für erwachsen gewordene, der Bedingung des Mangels unterstellte Menschen unheimlich, mit Angst besetzt.

Schenken beseitigt somit im Fall von Pascals Hasen die rettende Distanz; in den Fällen der geschmacklich zweifelhaften Objekte hingegen stellt es sie her. Darum ist es einmal angsterzeugend, das andere Mal dagegen macht es die angstbesetzte Situation ästhetisch genießbar.

7. Kunst hassen

Es erscheint demnach notwendig, die Dimension der Angst innerhalb der ästhetischen Erfahrung nicht zu übersehen. Andernfalls würde ein mindestens dreifacher theoretischer Schaden drohen: Erstens würde man damit die soziale Dimension der Kunst verkennen, mithin die Angewiesenheit der Produzierenden auf eine gesellschaftliche Situation der Übertragung. Zweitens würde missverstanden werden, woher der ästhetische Genuss stammt: Das zwiespältige Moment daran, und die doppelte Notwendigkeit, etwas Unerträgliches erst hervorzubringen und es dann annehmbar zu machen, würden übersehen. Und schließlich würde auch unerklärlich bleiben, weshalb der schlechte Künstler gehasst wird. Darin liegt nämlich eine Besonderheit des Feldes der Kunst, die es von anderen, sonst vergleichbar erscheinenden Bereichen auffällig unterscheidet: Wir hassen den schlechten Künstler, der uns mit schlechter Kunst quält. Eine gescheiterte Geschäftsfrau würden wir entweder gleichgültig betrachten oder sie für ihren Bankrott bemitleiden. Auch den schlechten Sportler hassen wir nicht: Wir haben Mitgefühl für den stürzenden Radfahrer, die gefallene Eiskunstläuferin oder die knapp unterlegene Fußballmannschaft.[3] Anders als im Sport, der von seinen Ausübenden doch meist für eine unzweifelhaft großartige Sache gehalten wird, ist die Kunst (wie die Philosophie) für die darin Beschäftigten insgesamt eine zu großen Teilen verabscheute Branche. Dies bildet sogar eines der entscheidenden Motive, Künstler zu werden: Niemand macht das, weil er die Kunst insgesamt so toll findet. Jeder, der es macht, fühlt sich dazu getrieben, weil er einen beträchtlichen Teil der Kunst hasst oder verabscheut und ihm etwas ganz anderes entgegensetzen will.

Die Erklärung dieses Phänomens hängt wieder mit Lacans Definition der Liebe und ihrem Bezug zur Angst zusammen: Wir hassen den schlechten Künstler, weil er es nicht fertiggebracht hat, zu geben, was er nicht hat. Was er uns gegeben hat, war nur das, *was er hat*.

14. Die Revolver der Überschüsse
Über Anti-Ökonomien und Anti-Künste

»Warum kann meine rechte Hand nicht meiner linken
Geld schenken?«

(Wittgenstein 1980: 148)

»Es genügt unserer linken Hand nicht, daß sie weiß,
was die rechte tut; auf gewundene Weise versucht sie es
sogar zurückzugewinnen.«

(Bataille 2001: 105)

1.

Beim Nachdenken über das Schöne verfallen Philosophen
leicht auf den Gedanken an das Nutzlose, Interesselose, Über-
flüssige oder Überschüssige. Wenn man sich in der Folge die
Frage nach dem Nutzen dieses vermeintlich Nutzlosen oder
nach der Funktion dieses Funktionslosen stellt, so könnte
man in einer ersten Assoziation denken, dass es auf der einen
Seite Schüsse gibt und auf der anderen Seite Überschüsse,
und dass folglich so, wie für die Schüsse die Revolver da sind,
auch für die Überschüsse etwas da sein könnte – die Revolver
der Überschüsse eben.

Dies würde verweisen auf jene Revolver, die in der Kunst
des 20. Jahrhunderts eine prominente Rolle gespielt haben,[1]
zum Beispiel im zweiten Manifest des Surrealismus von André
Breton, wo es heißt:

»Die einfachste surrealistische Handlung besteht darin, mit
Revolvern in den Fäusten auf die Straße zu gehen und
blindlings soviel wie möglich in die Menge zu schießen.

188

Wer nicht wenigstens einmal im Leben Lust gehabt hat, auf diese Weise mit dem derzeit bestehenden elenden Prinzip der Erniedrigung und Verdummung aufzuräumen – der gehört eindeutig selbst in diese Menge und hat den Wanst ständig in Schußhöhe.« (Breton [1930]: 56)

Man kann dieses Zitat wohl nur dann einigermaßen verstehen, wenn man weniger die etwas rätselhaft bleibende Utopie der Gewalttat ins Auge fasst und mehr auf das Motiv einer blinden Verausgabung achtet. Bretons Revolver sind nicht Revolver gezielter Schüsse, sondern blinder Verausgabung von Überschüssen.

Erst in einem zweiten Schritt, im zweiten Satz, und dank einer Art von »sekundärer Bearbeitung« (im Sinne Freuds) bekommt diese Verausgabung etwas Gerichtetes. Als Schießerei zweiten Grades, als Meta-Schießerei, in der es darum geht, ob blindlings geschossen werden soll oder nicht, richtet sie sich nun gezielt gegen die Gegner jeglicher blinder Schießerei; als Proklamation blinder Verausgabung zielt sie nun auf jene, die sozusagen sparsam sind und darum niemals auf den Gedanken und die Lust an einer solchen Verausgabung verfallen.

2.

Mit diesen ziellosen Schießereien (die im Unterschied zu den regelmäßig vor allem in den USA vorkommenden nicht aus Verzweiflung angedacht werden) zielt Breton in seinem Text auf eine ganz bestimmte, einem Problem der Ökonomie antwortende Handlungsweise. Denn das Töten ist ein möglicher Ausgang in einer Situation, in der mit Überschüssen umgegangen werden muss. Dies hat Georges Bataille klar erkannt in seinen Studien über eine sogenannte »allgemeine Ökonomie« (s. Bataille 2001: 58). Als allgemein bezeichnet Bataille eine Ökonomie, die nicht allein die im engeren Sinn ökonomischen Prinzipien des Haushaltens und des effizienten Einsatzes der Ressourcen beinhaltet, sondern vor allem auch eine Anti-Ökonomie, die darüber hinaus die Tatsache erkennt, dass das zentrale Problem aller in der Geschichte aufgetretenen Gesellschaften darin bestand, jene Überschüsse loszuwerden und zu verschwenden, welche von der Ökonomie im engeren Sinn immer und mit Notwendigkeit hervorgebracht werden. In Batailles allgemeiner Ökonomie hat somit, wie er schreibt, »die Verausgabung (oder die Verzehrung) der Reichtümer Vorrang vor der Produktion« (Bataille 2001: 35).

Bataille hält dieses Problem von Überschüssen und ihrer Verschwendung sogar für ein universelles Problem jeglichen Lebens und seiner von der Sonne gespeisten Energie (s. ebd.: 289). Wo ein Organismus Überschüsse produziert, investiert er sie entweder in Wachstum oder, falls dieses auf Grenzen stößt, in Fortpflanzung. Spätestens wenn die Fortpflanzung auf Grenzen der Ausbreitung stößt, muss mit Verzehr anderer Organismen begonnen werden. Insofern ist bereits der Pflanzenfresser ein Luxus – ein Verschwendungselement gegenüber der Pflanze und umso mehr das Raubtier gegenüber dem Pflanzenfresser.[2] Dieser Überlegung über Fortpflanzung und Verzehr folgend, gelangt Bataille zu der reizvollen These, »der Geschlechtsakt ist in der Zeit, was der Tiger im Raum ist.« (Bataille 2001: 38)

Da Geschlechtsakte und Tiger – entsprechend der langen Geschichte ihrer Würdigungen in Kunst und Poesie – in gewisser Weise als Paradebeispiele dessen gelten dürfen, was von Menschen als schön empfunden wird, können wir an diesem Punkt versuchen, eine allgemeine ästhetische Schlussfolgerung zu ziehen. Wir können sagen: Schönheit ist der Glanz der Verausgabung.[3] Dieser Glamour zeigt sich dort, wo etwas Anti-Ökonomisches aufblitzt; etwas, das nicht der engeren Ökonomie des Haushaltens, sondern nur der allgemeinen Ökonomie gehorcht, in der die Verschwendung die Überschüsse des Haushaltens aufhebt. Bataille bezeichnet diese Schönheit auch als »Großzügigkeit« (s. Bataille 1986: 207).

(Auch wenn wir vielleicht noch unentschieden lassen müssen, ob wir für den Gedanken des Schönen als Verausgabung Sympathie empfinden wollen oder nicht, können wir doch bereits an dieser Stelle ahnen, dass diese Konzeption Batailles möglicherweise geeignet ist, manche Schwierigkeiten der klassischen Ästhetik zu lösen, die sich aus der Bestimmung des ästhetischen Wohlgefallens als »interesselos«, der Kunst als »autonom« oder auch der Gefühle als »unveräußerlich« etc. ergeben.)

3.

Es ist auffällig, dass man so, wie man von Anti-Ökonomie auch von Anti-Kunst sprechen kann (s. Sontag 1968). Diesen beiden gesellt sich als dritte noch die Anti-Philosophie hinzu (s. Badiou 2008). Aber solche Antipoden oder Antagonisten bzw. negative Größen gibt es nicht für alle Praktiken: Wir kennen kaum Anti-Wissenschaft, Anti-Sport, Anti-Religion oder Anti-Politik.

Möglicherweise können wir in den besonderen Fällen von Ökonomie, Kunst, Philosophie aus der Existenz ihrer negativen Größen eine Schlussfolgerung ziehen: dass es hier jeweils eine Anti-Praxis gibt, deutet darauf hin, dass diese Praktiken mit einem Exzess zu tun haben, mit etwas Maßlosem, einem Überschuss, den sie aus sich ausschließen müssen. In der Ökonomie strebt das Maßvolle des Haushaltens danach, das Maßlose der Verschwendung auszuschließen; in der Kunst das Maßvolle des Schönen das Maßlose des Erhabenen; in der Philosophie müssen die Bemühungen um die Rationalität den Verdacht ausschließen, dass eben diese Bemühungen nur die blendenden Rationalisierungen (im psychoanalytischen Sinn) von unbeleuchtet bleibenden Motiven sind. Dementsprechend bemerkt Alain Badiou: »Die Philosophie ist ein Akt, und die Fabeleien um die ›Wahrheit‹ sind seine Einkleidung, seine Propaganda, seine Lüge.« (Badiou 2008: 8)[4]

Die jeweiligen Anti-Praktiken wären dann das, was sich jeweils um den ausgeschlossenen Überschuss kümmert und dadurch jenen konstitutiven Ausschluss rückgängig macht, der notwendig war, damit die positiven Praktiken von Ökonomie, Kunst, Philosophie sich etablieren konnten. Bataille kann sich hier in einem Wortspiel auf den Gegensatz stützen, den er im Französischen zwischen den Begriffen *penser* (denken) und *dépenser* (verausgaben) herstellt (s. dazu Moebius 2006: 141).

4.

So befremdend, paradox und bizarr diese Überlegungen zur Verausgabung auf den ersten Blick (wie Bataille selbst eingesteht, 2001: 64) anmuten mögen, kennen wir manches davon doch sogar in Spuren unserer eigenen Erfahrung. Nicht immer bemerken wir, dass diese Erfahrung uns lehrt, eine geläufige Vorstellung über das Verhältnis von Arbeit und Nichtarbeit fallenzulassen und nach einer besseren zu suchen.

Der geläufigen Vorstellung zufolge kann es so scheinen, als ob man im Allgemeinen arbeiten müsste (sofern man überhaupt Gelegenheit dazu hat) und es nur manchmal, in seltenen Momenten, bleiben lassen dürfte. Zum Arbeiten gezwungen, manchmal vielleicht frei zur Nichtarbeit – das ist die Formel eines zur Naturerscheinung stilisierten Arbeitsethos. Angesichts dessen, was unsere Erfahrung zeigt, erweist sich diese Formel jedoch als hochgradig irreführend. Denn in Wahrheit ist es genau umgekehrt: Oft muss man das Arbeiten bleiben lassen. Die Nichtarbeit ist dann nicht bloß erlaubt, sondern vorgeschrieben. Sie stellt eine Pflicht dar, die sofort (termingerecht) erfüllt werden muss.

Das gilt nicht nur für jene Gesellschaften, wie sie Sigmund Freud in »Totem und Tabu« beschreibt und an denen uns (wie an jeder fremden Gesellschaft) sofort in erster Linie deren weitgehende Prägung durch zwanghafte rituelle Strukturen auffällt. Selbst in unseren utopielosen Arbeitskulturen gibt es, wie bereits erwähnt, noch kleine, unterschwellige Spuren dieser Pflicht zur Nichtarbeit. Zu bestimmten Zeiten muss die Arbeit im Büro unterbrochen werden; dann müssen Sektflaschen geöffnet werden – etwa wenn Silvester ist oder wenn ein bestimmter Kollege Geburtstag hat. Dann wäre es unanständig und obszön, zu arbeiten; dann muss vielmehr mit dem Sekt angestoßen werden; und er muss getrunken werden, wenigstens in kleinen, »zum Anstoßen« vorgesehenen Mengen – selbst von denen, die keinen Sekt mögen oder nach Vorschrift ihres Arztes keinen Alkohol trinken dürfen. Genauso müssen wohl die Mitglieder einer totemistischen Stammesgemeinschaft an bestimmten Tagen Stücke vom Totemtier verzehren, ob sie wollen oder nicht. An den übrigen Tagen des Jahres hingegen ist ihnen der Genuss dieses Fleisches strikt untersagt; aber ebenso wirkt der Sekt, als typisches »Anlassgetränk«, ja auch in unserer Kultur eigentümlich deplatziert und nahezu unappetitlich, wenn man ihn abseits der Anlässe konsumieren möchte. Man muss die Feste feiern, wie sie fallen – das bedeutet auch, dass man sie sonst eben nicht feiern darf.

Das Fernsehen übt heute, unter der neidvollen Beobachtung der Vertreter der christlichen Religionen,[5] diese Zwänge zur Arbeitsniederlegung wohl am stärksten aus. Insbesondere bei bestimmten Sportereignissen sind Belegschaften und Privatpersonen zum Live-Zusehen verdammt, ob sie wollen oder nicht. Und wenn (etwa bei Olympiaden, die in einem anderen Erdteil stattfinden) die Übertragungen mitten in der Nacht ausgestrahlt werden, dann muss eben mitten in der Nacht ferngesehen werden. Nicht einmal die weit verbreitete Existenz von Videorekordern kann diesem Brauchtum Abbruch tun.

5.

Man könnte sagen: mehr als die – doch ebenfalls nicht unbeträchtlichen – Zwänge zur Arbeit setzen uns manchmal noch die Zwänge zur Nichtarbeit unter Druck. Diese gehen, wie Bataille bemerkt hat, von der Religion aus:

»Das religiöse Verbot richtet sich grundsätzlich gegen eine bestimmte Handlung, aber es kann dieser Handlung auch einen neuen Wert verleihen. Zuweilen ist es möglich oder sogar vorgeschrieben, das Verbot zu verletzen, es zu überschreiten.« (Bataille 1993: 74)

Der von Bataille gebrauchte Begriff der Religion muss hier allerdings – entsprechend unseren Beispielen – in einem sehr weiten Sinn gefasst werden. Denn die Religionen des Sekttrinken- oder Fernsehenmüssens erfreuen sich bekanntlich heute bei uns keiner institutionellen Repräsentanz (etwa in der Form von Kirchen) und keiner personellen Vertreter. Es sind vielmehr Kulte, die sich auf das beziehen, was Michel Leiris als das »Heilige im Alltagsleben« bezeichnet hat (s. Leiris [1938]).

Wenn wir die Gesamtheit dieser Kulte dementsprechend als »Kultur« bezeichnen, bemerken wir in Batailles Konzeption eine neue, unerwartete Erkenntnis. Bataille zufolge besteht die Kultur nicht – wie oft (etwa in Bezug auf das Inzestverbot) angenommen wurde, aus grundlegenden Verboten. Sie besteht auch nicht in erster Linie aus Anreizen, wie sie Michel Foucault bemerkt hatte. Vielmehr besteht der entscheidende Zug der Kultur, Bataille zufolge, darin, dass sie befiehlt:[6] und zwar befiehlt sie Vergnügen; sie befiehlt: »Trinken!«, »Fernsehen!«, »Spielen!«[7] Gleichsam mit vorgehaltenem Revolver (wenn wir uns an die Unerbittlichkeit ihrer Befehle erinnern) nötigt sie uns zu unserem Genuss: Sie zwingt uns zur Verausgabung – und mithin zur Schönheit.

6.

Die Revolver der Überschüsse befinden sich in den Händen der Kultur. Sie ist es, die diese Waffen auf uns richtet. Manchmal spüren wir diese Revolver recht deutlich im Rücken. Es kann zum Beispiel vorkommen, dass wir bei einer Wette etwas Geld gewinnen; bezeichnenderweise neigen wir dann oft dazu, diesen Gewinn mit Freunden feiernd zu verzehren oder zu vertrinken. Es erschiene uns problematisch, schändlich oder »ungut«, ihn einfach als Haushaltseinnahme zu verbuchen.

Ebenso verhält es sich bei anderen Überschüssen. Manchmal unterläuft uns ein glücklicher Objektfund. Gemäß der von Susan Sontag im »Camp«-Aufsatz analysierten und inzwischen unter Angehörigen der Popkultur weit verbreiteten Fähigkeit, geschmacklose, kitschige oder subkulturelle sowie auch völlig schmucklose Objekte in den Rang ästhetischer Objekte zu erheben (s. Sontag [1964]), nehmen wir vielleicht manchmal zum Beispiel eine auf der Straße liegende Radkappe, die ein schräges oder sonstwie ansprechendes Automarken-Logo ziert, mit nach Hause. Auch die schlichten Nothämmer, die früher zum Einschlagen der Fensterscheiben im Notfall in Straßenbahnen angebracht waren, genossen lange Zeit Kultstatus unter popkulturellen Sammlernaturen. Kulturwissenschaftler, die zufällig in der Nähe von Wallfahrtsorten unterwegs sind, versäumen es oft nicht, ihren Kollegen zu Hause eine Plastikmadonna, die mit abschraubbarer Krone auch als praktische Flasche für geweihtes Wasser dienen kann, mitzubringen.

Entscheidend für die Möglichkeit, diese Dinge ästhetisch zu

genießen, ist allerdings ein bestimmter Transfer. Meist verschenken wir solche Dinge. Wenn wir sie aber bei uns zu Hause haben, dann beeilen wir uns unseren Gästen gegenüber, zu versichern, dass wir sie auf der Straße gefunden oder selbst geschenkt bekommen haben. Diese Objekte besitzen sozusagen den Status »heißer Kartoffeln«. Sie sind etwas, das man niemals für sich selbst angefertigt oder im Geschäft gekauft haben möchte. Insofern sind sie dem profanen Mechanismus des Erwerbs, Herstellung oder Kauf, entzogen. Wir brauchen andere Leute, Gleichgesinnte, um diese prekären oder sogar obszönen überschüssigen Dinge sozusagen zu entschärfen. Sie können nur als »Gaben« im Sinne von Marcel Mauss gehandhabt werden (s. Mauss 1989). Nur ihr Verschenken ermöglicht ihre ästhetische Erfahrung und versichert gegen die Angst, selbst als Träger eines kitschigen Geschmacks betrachtet zu werden.

So sehr die Ready-mades von Marcel Duchamp ihre Auswahl sowie ihre Bedeutung der speziellen Ikonographie des Künstlers verdanken (s. dazu Zaunschirm 1983), ist gerade die Gleichgültigkeit ihrer kunstfremden oder trivialen Herkunft – die viele Kommentatoren zu einer eher irreführenden »Provokationstheorie« veranlasste – dem Umstand geschuldet, dass sie dem Künstler als Funde wahrnehmbar waren. Die Freude, die er an ihnen entwickeln konnte, verdankte sich ihrer Natur als Gaben, die vom Anderen her kamen.

7.

Wenn Bataille versichert, dass alle Gesellschaften Überschüsse produzieren und mithin vor der Notwendigkeit stehen, sie großzügig und glamourös zu verausgaben, so scheint es doch historische Unterschiede zu geben, die gerade uns heute besonders leidvoll ins Auge stechen.

Bei einer Untersuchung zum Glamour und seiner Verteilung in verschiedenen Epochen ist mir zum Beispiel aufgefallen, dass wir heute die Zeit vor etwa 40 Jahren als besonders glanzvoll und stylish empfinden (dies kommt z. B. in der Nostalgie der Autoindustrie zum Ausdruck: in der Wiederaufnahme von Designs der 60er Jahre wie Mini, Ford Mustang, Ford GT 40; oder auch der Reprints von älteren, aber in den 60er Jahren zu besonderer Popularität gelangten Typen wie Fiat 500 und VW Käfer). Unsere eigene Zeit hingegen kommt uns schal und wenig glamourös vor; und darin irren wir uns wohl nicht. Wir können uns kaum vorstellen, dass unsere heutigen Designs einer Epoche in 40 Jahren besonders verführerisch erscheinen könnten. Die von uns bewunderte Epoche hingegen war sich selbst ihres Glanzes durchaus bewusst – das zeigt sich unter anderem daran, dass sie keine der unseren vergleichbare Nostalgie nach einer anderen Zeit hegte.

Bei der Sichtung von Material aus dieser Zeit bin ich auf Fernsehaufnahmen über den Rennfahrer Jochen Rindt gestoßen. Man sah darin zum Beispiel, wie der spätere, posthum gekrönte Weltmeister während des Trainings über einem Reifenstapel einsam auf der Boxenmauer sitzt und eine Zigarette raucht. In einer anderen Sequenz sieht man, wie Rindt unmittelbar nach einem Rennsieg zusammen mit anderen auf der Ladefläche eines Lastwagens steht, der die Gruppe offenbar zur Siegerehrung fährt. Man sieht Rindts schmutziges Gesicht mit dicken schwarzen Streifen unter den Augen (denn damals trugen die Piloten noch keine Vollvisierhelme) und sieht ihn lachen. – Ich glaube, es gibt wenig, das diesen schlichten Aufnahmen an Glamour gleichkommt.

Man liegt wahrscheinlich nicht falsch, wenn man diesen Glamour, abgesehen vom Zeitkolorit und der Mode etc., mit der Figur des Rennfahrers in Verbindung bringt. Die überschäumende Freude zeigt sich umso mehr als Lebensfreude, je stärker die Bilder von der (heute unvorstellbaren) Einsamkeit des Piloten in der Trainingspause oder des Schmutzes in seinem Gesicht zugleich das Zerbrechliche seines Glücks und das eminent Gefährliche seiner Tätigkeit – in dem aus Gewichtsgründen extrem fragil konstruierten Lotus – vor Augen führen (ein Eindruck, der klarerweise durch das Wissen um den tragischen Tod des Piloten noch verstärkt wird).

Dass Rindt sich der Gefahren in sehr hohem Maß bewusst war, ist durch zahlreiche Äußerungen und überlieferte Details belegt. Philosophisch interessant ist hier der Umstand, dass sich dadurch an diesen Bildern die besondere und etwas paradoxe Struktur dessen erkennen lässt, was man Lebensfreude nennt: Diese strahlende Liebe zum Leben ist nur möglich für jemanden, der bereit ist, sein Leben aufs Spiel zu setzen (und dies ohne jede kokette Todessehnsucht oder blinde Waghalsigkeit).[8] Seine ständigen Auslotungen von Grenzen – schon als kleiner Junge soll er der Einzige gewesen sein, der es schaffte, auf eine im Wasser schwimmende Luftmatratze zu springen und darauf stehenzubleiben – dienten Rindt offenbar dazu, sich die Tatsache zu verdeutlichen, dass er lebte; ähnlich, wie andere es sich auf weniger waghalsige Weise durch kleine Alltagsunterbrechungen wie etwa das Brecht'sche »Theetrinken« vergegenwärtigen. An diesem Beispiel lässt sich auch deutlich erkennen, worin der Unterschied zwischen den Gründen des Lebens und seinem etwaigen Sinn besteht: Die Gründe sind etwas verschwindend Kleines – jene Lächerlichkeiten, die imstande sind, uns die Gewissheit zu verschaffen, dass wir leben. Auch für diese Gründe mag es mitunter notwendig sein, das Leben zu geben. Etwas ganz anderes ist die Frage, für welche Idee oder Sache man dazu bereit wäre. Ohne die erste, durch die Gründe bestimmte Haltung aber gerät diese zweite Frage schnell zum lebensfeindlichen Ressentiment: Man beginnt dann nach einer Sache zu suchen, die kostbar genug wäre, gegen das Leben eingetauscht zu werden, und die diesem dadurch einen Wert verschaffen könnte – als ob das Leben eine solche Tauschwertgebung nötig hätte. Erfrischend gegen eine solche Haltung gedacht ist die Bemerkung Montaignes, wonach es keine Idee gibt, die zu dumm wäre, um mit dem eigenen Leben verteidigt werden zu können (s. Montaigne 2006: 23).

Anders als bei den meisten heutigen, glanzlos strebsam anmutenden Rennfahrern gewinnt man bei Jochen Rindt darum den Eindruck, dass er vor allem aus Lebensfreude schnell war. Man sollte die Aufnahmen von Rindt den Kindern in der Schule zeigen – sie könnten davon etwas über die Haltung zum Leben lernen. Es würde ihnen vielleicht helfen, nicht zu solchen zimperlichen, reaktionären Weicheiern zu werden wie wir, die oft schon beim Anblick einer Zigarette in die Hosen machen.

Der Glamour, der uns heute an den Bildern Jochen Rindts besticht, ist der Glanz einer Haltung, die das Leben nicht als profanes Haushaltsgut, sondern als Gabe begriff.[9] In vollen Zügen leben und dementsprechend das Leben als Gabe begreifen heißt eben, diese Gabe nicht in ein kleinliches Haushalten der Bewahrung um jeden Preis zu überführen. Hier zeigt sich eine eigentümliche Dialektik – ähnlich wie bei der Freundschaft: denn auch in diesem Feld betrachten wir nur denjenigen als einen wirklichen Freund, der bereit ist, die Freundschaft zu uns aufs Spiel zu setzen, die Harmonie zu opfern, uns beim Kragen zu nehmen und mit uns harte Worte zu sprechen, falls es nötig sein sollte. Auch für Leben und Freundschaft gelten die Gesetze der notwendigen Verdoppelung (s. oben, Kap. 10).

8.

Daraus wird schnell klar, weshalb der Glamour, um den wir die späten 60er und frühen 70er Jahre beneiden, uns heute nicht zugänglich ist. Denn unsere Epoche tut alles andere, als das Leben zu lieben. Entgegen ihrer trügerischen Selbstein-schätzung als Kultur des postmodernen, pluralistischen He-donismus (die Slavoj Žižek und Peter Sloterdijk in ihren jeweiligen Kritiken vielleicht zu schnell übernommen haben; s. Žižek 2004; Sloterdijk 2006), müssen wir uns die profunde Lust- und Lebensfeindlichkeit dieser aktuellen Kultur vor Au-gen halten. Hierfür hat Žižek selbst brillante Beispiele gelie-fert: Ist dies nicht eine Kultur des totalen »Non-ism«, worin man ständig sozusagen Dinge ohne Ding bekommt wie Kaffee ohne Koffein, Bier ohne Alkohol, Cola ohne Kalorien, Schlag-obers ohne Fett, Sex ohne Körperkontakt, Religion ohne Lei-denschaft, Kriege ohne (eigene) Verluste (oder sogar perverse Mäuse ohne Zähne) etc. (s. Žižek 1992, 2004, 2004 a)?

Die für unsere Zeit charakteristische totale Besorgtheit um Leben und Gesundheit zeigt uns genau die andere Seite der zuvor genannten Dialektik: ein Leben, welches das Leben nicht riskieren will, beginnt unweigerlich dem Tod zu gleichen. Hegel hätte gesagt: Diese maßlose Furcht vor der Beschädi-gung des Lebens ist die maßlose Beschädigung selbst.

9.

Da unsere postmoderne Kultur also sich ihren Zugang zu Glamour und Großzügigkeit versperrt – bedeutet das zu-gleich, dass wir auch die Verschwendung vermeiden, dass wir nicht verausgaben? Sind wir Vertreter einer Kultur der Spar-samkeit, die auf ihre entscheidende anti-ökonomische Auf-gabe im Sinne Batailles, die Handhabung der Überschüsse, vergisst?

An diesem Punkt zeigt sich der Unterschied einer an Ba-taille orientierten Position gegenüber den meisten Formen von Kritik an zeitgenössischem Effizienzfieber und an neo-liberaler Verachtung gegenüber Kultur, Schönheit und allem, was das Leben lebenswert macht. Bataille lehrt uns, dass wir gerade hier darauf achten müssen, nicht zu »fools« (im Sinne der Unterscheidung Mandevilles zwischen der naiven Kritikposition des Narren [fool] und der zynischen des Schurken [knave]; s. Mandeville 1980) zu werden; dass wir uns vor närrischen Argumentationen hüten müssen, die gegenüber einem schnöden, ökonomischen und effizienten Sein ein träumerisches, wunschgerechtes und vermeintlich humanes Sollen einfordern.

Die Gefahr einer Kritik, welche – ganz den alten philosophischen Spurrinnen der Frankfurter Schule und des theoretischen Humanismus folgend – meint, das spezifisch Humane gegen die Entfremdung und Verdinglichung; eine Rationalität der Zwecke gegen die überall vorherrschende Rationalität der Mittel etc. in Schutz nehmen und einfordern zu müssen; deren Tenor lautet, wir hätten den Menschen oder das Gefühl vergessen; die Gefahr einer solchen Kritik also ist nicht allein, dass die »knaves« (Schurken), gegen die die Kritik sich richtet, vielleicht grausam lachen und erwidern, sie hätten davon gar nichts bemerkt, und sie würden beim Gasgeben in ihren Maybachs auch eine ganze, vielleicht eben für uns nicht nachvollziehbare Menge Menschliches fühlen und empfinden. Wenn wir uns in der Kritik immer nur auf die zweite Hälfte einer von uns zuvor ontologisch sorgsam zweigeteilten Welt berufen und auf ihr insistieren, dann wäre es durchaus denkbar und naheliegend, dass unsere Gegner einfach entgegnen, dass sie eine solche zweite Hälfte noch nie wahrgenommen hätten und dementsprechend wohl auch nicht brauchen.

Die Gefahr ist jedoch in einer anderen Hinsicht noch viel größer. Eine solche Kritik liefert nämlich nichts als eine Klage, in die bezeichnenderweise am liebsten immer jene einstimmen, die von der beklagten Misere am meisten profitieren. Damit bekommt die Kritik sogar etwas zugestanden – und zwar schätzungsweise vielleicht etwa ein Promille der

Summe, um die es in diesem Konflikt geht. Um dieses wenige Geld darf sie dann von Zeit zu Zeit das Gewissen einer Gesellschaft spielen, die dann ihrerseits den Vorteil daraus zieht, in der übrigen Zeit umso gewissenloser weitermachen zu können.

10.

Bataille hingegen würde seine Kritik ganz anders platzieren. Zunächst würde er die von humanistischen Kritikern und Kritisierten gleichermaßen geteilte Grundannahme bestreiten, dass diese Gesellschaft lediglich das Effiziente und Instrumentelle finanziert, das Kulturelle (das manchmal als das Menschliche wahrgenommen wird) hingegen einspart. Bataille würde die Annahme nicht unterschreiben, wonach diese Gesellschaft sparsam, zweckrational oder effizient wäre.

Batailles entscheidender Punkt ist vielmehr die These: Die Verschwendung ist immer da. Weil jede Gesellschaft Überschüsse produziert, verschwendet sie sie auch (s. Bataille 2001: 298). Die Frage ist nur, wie. Hier treten die entscheidenden Unterschiede auf, unter denen wir heute leiden. Zur Verdeutlichung können wir übrigens Batailles These von der Universalität der Verschwendung mit einer These Freuds vergleichen. Freud lehrte nämlich, dass die Lust immer da ist. Entsprechend der materialistischen Voraussetzung des Demokrit, dass niemals etwas zu nichts werden kann, ist die Lust immer präsent – nur, wie Freud zeigt, eben nicht immer in der lustvollen Form. Sie kann auch als unbewusste Lust, in der manifest äußerst unlustvollen Form des neurotischen Symptoms auftreten. Dann genießen wir, ohne es zu bemerken. Wir halten dann sogar an den Symptomen, unter denen wir leiden, noch fest und verteidigen sie gegen jeden analytischen Heilungsversuch, weil in ihnen eben unsere Lust steckt;

weil sie, wie Freud konstatierte, die »Sexualbetätigung der Neurotiker« sind.

Dasselbe kann man über unsere Kultur aus der Sicht Batailles sagen: Wir verschwenden, ohne es zu bemerken. Unsere Verausgabung existiert, aber nicht in der lustvollen Form der Großzügigkeit. Darum vernichtet unsere Gesellschaft ihre Überschüsse in der neurotischen und unlustvollen Form des unbewussten Genießens.[10] Der symptomale Ausdruck davon ist das Paar, das sich aus den verzweifelten Rufen nach noch mehr Effizienz und den Klagen über das Vergessen des Menschlichen komplementär und komplizenhaft zusammensetzt.

11.

Wenn wir uns vorzustellen versuchen, wie sich die Effizienz unserer Gesellschaft aus der Sicht von fremden, beobachtenden Kulturanthropologen darstellen würde, so zeigt sich – ohne dass wir allzu viel Phantasie entwickeln müssten (denn schließlich gibt es bereits Wissenschaftler, die zu genau solchen Beobachtungen gelangen; s. Power 1994, Strathern 2000) – ein klares Bild. Die fremden Beobachter würden sagen: Hier ist eine ehemals produktive Gesellschaft, die heute nur noch als die Verwaltungsetage der Weltfabrik fungiert. Sie betrachtet sich selbst vielleicht als effizient und produktiv, aber in Wahrheit legt sie ihre eigene Produktivität, wo sie nur kann, lahm.

Überall müssen Bremsen eingebaut werden, die dafür sorgen, dass keine nennenswerte Produktivität entsteht. Nehmen wir nur die Kunst: Da gibt es zum Beispiel die Brems- und Verzehrmechanismen der Kuratorenschaft und der Vermittlung, so dass auf jeden Künstler heute schon mindestens zwei Kuratoren und Vermittler kommen. Aber auch der verbleibende eine Künstler kann aufgrund dieser Umlagerung kaum noch produzieren; innerhalb seiner Arbeit nimmt das Künstlerische nur einen verschwindenden Anteil von weniger als 10 Prozent ein gegenüber dem Löwenanteil aus Kuratorenkommunikation, Marktbeobachtung, Selbstvermarktung, public relations, branding, socializing etc. Auch Kunstakademien tragen wirksam zur Produktionsbremsung bei, indem sie ihren Studierenden zum Beispiel versichern, dass der kreative Prozess mindestens ebenso wichtig sei wie das Resultat. Damit erreichen sie, dass den Studierenden nicht nur kein Resultat, sondern oft nicht einmal mehr ein Prozess gelingt.

Oder beobachten wir die Wissenschaft. Hier sehen wir Forscher, die anstatt zu forschen, nur noch über vergangenes Forschen berichten oder aber Anträge für zukünftige Forschungsvorhaben schreiben. Und anstatt dass Universitäten lehren würden, sehen wir, wie sie immer größere Anstrengungen darauf richten, ihre Lehre zu evaluieren, die Öffentlichkeit mit immer mehr PR zu strapazieren, ständig ihre Strukturen zu reformieren, neue Curricula und Abschlüsse zu entwickeln etc. Gleichzeitig hat sich gerade unter den Bedingungen einer vermeintlichen »Ökonomisierung« der Universitäten, wie manche beobachten können, »eine neue politische Transformationsfunktionärsfraktion herausgebildet, die diesen neuen Ökonomisierungsdruck zu ihrem politischen Karrieregeschäft macht« (Nitsch 2004). Eine gewaltige parasitäre Ansammlung von reformeuphorischen Wissenschafts- und Bildungsagenturen kreist die Institutionen von Forschung und Lehre ein, nimmt ihnen die Gelder weg und sorgt dafür, dass sie so gut wie nichts mehr hervorbringen.

Hier wird also, wie Bataille folgern würde, massiv verschwendet. Aber so, wie es Gesellschaften gibt, die wissen, dass sie zaubern, und solche, die es nicht wissen[11] (die Praktiken unserer permanent evaluierenden Gesellschaft werden übrigens von den Kulturanthropologen mittlerweile unter dem Schlagwort »audit society« zusammengefasst und als

Form zeitgenössischer Magie beschrieben; s. Power 1997, Schwarz 2006), gibt es eben auch Gesellschaften, die wissen, dass sie verschwenden, und solche, die das nicht wissen und nicht wahrhaben wollen. Man muss jedoch auch den Nichtwissenden zugestehen, dass sie imstande waren, sehr wirksame Mechanismen der Verschwendung zu entwickeln; Mechanismen, die in der Lage sind, in großem Maßstab Ressourcen zu verschlingen. Weil sie es aber eben nicht wissen, entgeht diesen Gesellschaften dabei der zauberhafte Glanz – der Glamour ihrer Verschwendung – und sie kennen das Gefühl der Großzügigkeit nicht.

Darum würde Batailles Kritik gegen die Proponenten des Effizienzfiebers ganz anders lauten als die geläufigen Kritiken. Bataille würde weder sagen: Gebt uns doch ein bisschen Geld, damit die menschliche Seite nicht ganz vergessen wird. Er würde auch nicht sagen: Seht her, auch wir sind manchmal effizient und bringen einen unvorhergesehenen Nutzen hervor.

Bataille würde vielmehr sagen: Reden wir einmal offen. Wir sehen ja ein, dass wir bisher vielleicht nicht genug verschlungen haben. So hattet ihr Grund, uns durch wirksamere Verschwendungsapparate zu ersetzen. Aber gebt uns doch einfach probeweise noch einmal die Mittel, die ihr jetzt für Spindoctoren, Evaluierungsgendarmen, Reformprediger, Bildungsagenturen etc. hinauswerft, und ihr werdet sehen: Wir werden es glanzvoll fertigbringen, diese Ressourcen bis auf den letzten Cent in lustvollen kulturellen und kulturtheoretischen Verausgabungen zu verschwenden. Euch und uns wird dann, anders als jetzt, der schöne Glamour der Großzügigkeit umstrahlen.

15. Die finstere Seite der Tischmanieren

Schon in den vertrautesten Bereichen des Alltagslebens zeigt sich an gewissen, mehr oder weniger deutlichen Anzeichen, dass die Nahrung, so einfach sie auch sein mag, um einem biologischen Bedürfnis zu entsprechen, immer von einem komplexen System von Regeln umgeben ist, die einem Erfordernis der Kultur gehorchen: Es gibt bestimmte Zeiten, zu denen gegessen wird; man muss essen, was auf den Tisch kommt; man soll mit vollem Mund nicht sprechen; man darf beim Essen nicht stören etc.

Dieses Gitter von Regeln der symbolischen Ordnung besitzt jedoch, wie die Kulturtheoretiker bemerkt haben,[1] immer auch eine Kehrseite: Auf der anderen Seite jener Manieren, mit denen wir uns selbst von der Barbarei fernzuhalten versuchen, lauert allerdings seltsamerweise nicht die Anarchie, sondern ein Ensemble von ebenfalls strengen, aber einigermaßen bizarren Regeln. Es sind nämlich gerade Regeln der Überschreitung jener ersten, manierlichen Regeln. Schon im Alltagsleben treffen wir solche Regeln der Überschreitung an, auch wenn sie sich da vielleicht noch einigermaßen harmlos ausnehmen: Wenn die Regeln der Diät (etwa die vom Hausarzt erlassenen) zum Beispiel besagen, dass man nichts Süßes essen soll, dann muss man umgekehrt, wenn eine Kollegin Geburtstag hat, diese Regel übertreten und wenigstens die zum Feiern nötige Menge eines Tortenstücks gemeinsam mit den anderen Firmenangehörigen verzehren. Wenn man in der Regel arbeiten soll, dann muss man gemäß der Kehrseite der Regel das Arbeiten bleibenlassen und feiern, wenn eine Festlichkeit oder ein Feiertag ansteht. Und wenn man in der Regel sparsam und maßvoll sein soll, dann gebietet es die Überschreitungsregel der festlichen Großzügigkeit, den teuren Champagner maßlos, »in Strömen« fließen zu lassen (s. Bataille 1986: 201).

Durch solche kehrseitigen Regeln wird es auch oft vorgeschrieben, etwas zu essen, was sonst (nach den manierlichen Regeln sowie dem allgemeinen sittlichen Empfinden) auf keinen Fall verspeist werden darf: zum Beispiel andere Menschen, Exkremente, das eigene Leben. Auf der finsteren Seite der rituellen Regelungen der Nahrungsaufnahme finden wir darum Anthropophagie, Koprophagie und Formen des absichtlichen Sich-Zutodeessens, sozusagen Thanatophagie.

Vielleicht lässt sich das Gewöhnliche und Normale nicht immer ausgehend vom Bizarren am besten erkennen; die Überschreitungsregeln der Esskultur sind jedoch hier zumindest aus drei Gründen relevant. Erstens bilden sie, so unappetitlich sie auch anmuten mögen, oft die unerlässlichen Stützen sozialer und sittlicher Ordnung: Wenn man sie beseitigt, dann zerstört man die Grundlagen des geordneten, vermeintlich zivilisierten Lebens. So hat, wie Slavoj Žižek zeigte, der humane Kapitän Bligh wohl die Fundamente seiner eigenen legalen Autorität untergraben, als er die traditionellen, illegalen Bestrafungs- und Initiationsriten unter den Seeleuten der »Bounty« verbot (s. Žižek 1995). Auf der finsteren Seite der Tischsitten finden wir darum regelmäßig feierliche Gemeinschaftsmahlzeiten, »Kommunionen« (s. Smith 1899: 13), die für das Zusammenleben der Gruppe und die Aufrechterhaltung ihrer Regeln notwendig sind.

Zweitens sind die Überschreitungen, so barbarisch sie als Verletzungen zivilisierter Regeln auch erscheinen mögen, immer Akte, die aus einer Art von ethischem Pflichtgefühl, und nicht aus bloßer unkultivierter Neigung, begangen werden. Darum müssen sie, drittens, in ästhetischer Hinsicht als Akte begriffen werden, die, sofern sie überhaupt ein Wohlgefallen erzeugen können, dies jedenfalls »gegen das Interesse der Sinne« tun: Sie gehören darum, gemäß der von Immanuel Kant getroffenen Einteilung, in das Gebiet der Ästhetik des Erhabenen. Insofern man die gesamte moderne Kunst, aufgrund des von ihr regelmäßig vollzogenen Bruchs mit dem sogenannten guten Geschmack, der Ästhetik des Erhabenen (Sublimen) zugeordnet hat,[2] kann man darum gerade an der Kehrseite der Tischmanieren jene Figuren finden, durch die eine künstlerische Auseinandersetzung mit dem Thema der Nahrung über das interessierte Wohlgefallen einer bloß angenehmen oder dekorativen Kulinarik hinausgeht und zur Kunst wird. Oder, in den Worten Jacques Lacans formuliert: Indem man die Nahrung auf die andere Seite des Gitters der symbolischen Ordnung wandern lässt, erhebt man das nahrhafte oder schmackhafte Objekt zum sublimen »Ding« (s. Lacan [1959–60]: 138). Man vollzieht damit den – nach psychoanalytischer Auffassung für die Kunstproduktion charakteristischen – Vorgang der Sublimierung.

1. Anthropophagie

Dem Anthropologen William Robertson Smith folgend, erkannte Sigmund Freud, dass jene rituellen Mahlzeiten, in denen totemistische Gesellschaften ihr sonst für den Verzehr untersagtes Totemtier feierlich verspeisen, keine Opferhandlung an einen Gott darstellen, sondern vielmehr die Wiederholung eines früheren Verbrechens: Das Totemtier, das von den Clanmitgliedern als Verwandter betrachtet wird, nimmt darin den Platz des einstigen Urvaters ein. Ihn haben die vereinten Brüder, nach Freuds kühner Konstruktion, einst in einer Revolte getötet und gemeinsam verzehrt (s. Freud [1912–13]: 426). Durch dieses Urverbrechen und seine regelmäßige symbolische Wiederholung wird allerdings von da an immerhin das Inzestverbot des Clans etabliert und sichergestellt: Niemand darf nun mehr den Platz des Urvaters einnehmen und über die weiblichen Angehörigen sexuell verfügen. So phantastisch Freuds Spekulation anmuten mag, so lehrreich erscheint doch der darin aufgestellte notwendige Zusammenhang zwischen dem Überschreitungsgebot (man muss »kannibalistisch« vom verbotenen, sozusagen verwandten Tier essen) und dem dadurch gesicherten Inzestverbot. Von diesem Zusammenhang ausgehend, erscheint es wenig erstaunlich, dass heutige westliche Gesellschaften, die ihre eigenen, noch vor kurzem gültigen Überschreitungsgebote (z. B. des feierlichen Alkohol- oder Tabakgenusses) nunmehr vorwiegend mit Unverständnis betrachten und durch Verbote ersetzen, auch zunehmend inzestuöser werden – und zwar nicht so sehr auf der Ebene realer Verbrechen, sondern insbesondere, was die Faszination durch diese betrifft (s. dazu Berkel 2006). Wenn wir uneingestanden vom Inzest fasziniert sind, dann beginnen wir alles, was die Wahrung eines Gesetzes und die damit verbundene Zivilisiertheit verspricht, als bodenlos autoritäre, ja sogar inzestuöse Geste zu diffamieren: Alle Männer oder Frauen, die nun eine Vaterfunktion einnehmen, erscheinen uns jetzt als Urväter; und zwar insbesondere dann, wenn sie gerade das Gegenteil tun und – zum Beispiel rauchend, trinkend oder sonstwie mondän – den Überschreitungsgeboten der symbolischen Ordnung folgen.

Dieser Zusammenhang zeigt sich auch in der Kunst. Wenn dort einmal die menschliche Sprache, anders als in der psychoanalytischen Theorie, nicht als Medium eines unpersönlichen Gesetzes betrachtet wird, sondern vielmehr als Mittel zur Herstellung einer unerträglichen zwischenmenschlichen Nähe, dann kann sogar rohe Gewalt oder bloßes kannibalisches Aufgefressenwerden als Befreiung, ja sogar als zivilisierter Akt begriffen werden – insofern Zivilisiertheit, wie Richard Sennett feststellte, eben darin besteht, andere nicht

»mit dem eigenen Selbst zu belasten« (Sennett [1974]: 336).
So konnte Oswald Wiener schreiben:

> »und wie schön ist erst die welt, wenn jeder seine dreck-
> schleuder dem spucken aufhebt; wenn da der feind steht
> und ich muss ihn nicht beschreiben und nicht hassen
> sondern töten oder anders getötet werden. und der feind
> will meine frau vögeln oder mein fleisch fressen oder ein-
> fach meine knochen brechen und nichts weiter, jedenfalls
> nicht einen eindruck machen.
>
> in solchen sachen sind wir jung und kräftig und stossen
> zu und töten ohne applaus. und deine sprache kann mir
> nicht den krebs erregen ich werde sterben weil ich schlicht
> und ohne zorn getötet werde weil ich im weg stehe und
> weil ich nahrhaft bin.« (Wiener [1969]: LXII)

Die Überschreitung der nackten, kannibalischen Gewalttat
verunmöglicht hier das als inzestuös Empfundene des gegen-
seitigen Beschreibens, Hassens oder des Applauses – und dies
wird als beträchtlicher Vorteil erlebt; sogar, wenn man selbst
Opfer oder Futter sein sollte. Ähnlich positiv bezieht sich auch
eine andere künstlerische Avantgardeformation auf den Verzehr von Mitmenschen, diesmal jedoch vordergründig nicht
als Gefressene, sondern als Fresser: die brasilianische Gruppe
rund um den Verfasser des 1928 veröffentlichten »Manifesto
antropofago«, Oswaldo de Andrade. Darin heißt es: »I am
only interested in what's not mine. The law of men. The law of
the cannibal.« (Andrade 1928)

Klarerweise verdankt sich diese Parteinahme oder Selbst-
zuschreibung einer Auseinandersetzung mit den europäischen Kolonisatoren – und zwar in einer eigentümlichen Dialektik: Indem sie sich selbst zu Kannibalen erklären, versuchen
die Kolonisierten den Kolonisatoren zu zeigen, dass sie eben
keine sind.

Anders als postmoderne identitätspolitische Initiativen,
die sich zu befreien versuchen, indem sie sich nur noch vom

Eigenen ernähren, fressen de Andrades gebildete Kannibalen nur das Fremde. Darum haben Menschen und Kannibalen in diesem Text dasselbe Gesetz. Genau darin zeigt sich nämlich das Menschliche der Kannibalen – als Allgemeines, nicht auf die eigene Identität Erpichtes. Zugleich erweist es sich als Humanes: Denn diese selbsterklärten Kannibalen sind das genaue Gegenteil jener Charaktere, die – in einem von Slavoj Žižek kommentierten Witz – erklären, in ihrer Gegend gäbe es keine Kannibalen; die letzten habe man schon vor Monaten gefressen (s. Žižek 1991: 92). Nur der Kannibale, im Gegensatz zum Nichtkannibalen, gewährleistet Nichtausrottung.

2. Koprophagie

Ähnlich wie de Andrades Kannibalen operieren andere, unseren Tischsitten ebenfalls recht fernstehende Akteure. Stephen Greenblatt hat in seiner Studie »Schmutzige Riten« das Beispiel eines indianischen Geheimordens zitiert, deren Mitglieder 1881 ihrem weißen Ehrengast, einem anthropologisch interessierten US-Kavallerieoffizier, ein beispielloses Spektakel boten, das in gewissen Zügen an eine christliche Messe erinnerte und in dessen Verlauf sie, unter maßloser Erheiterung, auch bis zum Verzehr von Urin, wenn nicht gar von Exkrementen, gelangten. Greenblatt zeigt anhand zahlreicher Beispiele, dass diese vermeintliche »nostalgie de merde« eine charakteristische, in vielen Kulturen aufgetretene (und bereits im Alten Testament festgehaltene) Protestgeste von Unterdrückten gegenüber ihren Unterdrückern darstellt. Allerdings trägt dieser Protest immer Züge dessen, was man in der Psychoanalyse als »Gegenübertragung« bezeichnet (s. dazu Signer 1997): »Wenn du mich für einen Wilden hältst, dann werde ich dir mal einen richtigen Wilden vorspielen, so dass du staunst«, scheint diese Geste trotzig zu sagen. Daraus ergibt sich ihr von Greenblatt treffend erkannter, ambivalenter Wert:

»Auch wenn das Schmutzige symbolisch auf die Weißen zeigt, sind es die Indianer, die es verschlingen. Die beleidigende Geste ist gleichzeitig eine Anerkennung der eigenen Niederlage, denn der satirische Humor der Unterdrückten, wie treffend er auch sein mag, setzt immer den Unterdrückungszustand als gegeben voraus.« (Greenblatt 1995: 36)

Für diesen schmutzig-rituellen Protest gilt also, was Karl Marx allgemein über die Ambivalenz der Religion festgestellt hat: »Das religiöse Elend ist in einem der Ausdruck des wirklichen Elendes und in einem die Protestation gegen das wirkliche Elend.« (Marx [1844]: 17)

Da die Kunst in der modernen westlichen Kultur einer der prominentesten Austragungsorte gesellschaftlicher Gegenübertragungen ist, haben sich solche »skatologischen Riten« hier in vergangenen Jahrzehnten vor allem auf diesem Terrain gezeigt: etwa in bestimmten künstlerischen Performances des Wiener Aktionismus, zum Beispiel der Aktion »Kunst und Revolution« im Hörsaal 1 der Wiener Universität vom Juni 1968,[3] oder in Mike Kelleys Arbeit »A Nostalgic Depiction of the Innocence of Childhood« (1990).[4] Auch in der Popkultur treten solche Phänomene auf – etwa, wenn Hip-Hopper Sachen singen, die wir nicht hören oder gar in den Mund nehmen möchten. Das gutbürgerliche Feuilleton gibt sich dann ratlos bis entsetzt (s. Radisch 2007); es vergisst aber dabei die Gegenübertragung – das heißt: den Faktor des eigenen Blicks. Genau dieser war es ja, dem man das Spektakel bieten und den man dadurch auch fernhalten wollte. Schließlich müssen Jugendliche, wie bereits oben ausgeführt wurde, etwas unternehmen, um zu verhindern, dass ihre Eltern dieselben Konzerte besuchen. Auch hier zeigt sich die Überschreitung wieder als zivilisierende Kraft: als eine Macht des Fernhaltens und der Vermeidung von erstickender Nähe und intimem bzw. inzestuösem Verständnis.

Freilich sind es nicht immer nur die Unterdrückten oder Bedrängten, die sich mit Leidenschaft dem Exkrementellen nähern. Ein beträchtlicher Teil von D. A. F. de Sades Roman »Die 120 Tage von Sodom« ist dieser Passion gewidmet. Es scheint auch auf den ersten Blick ins Bild zu passen, wenn in Pier Paolo Pasolinis gleichnamigem Film von 1975 die Herren ihre Opfer zwingen, Exkremente zu verzehren. Aber man darf nicht übersehen, dass Pasolini keine Verfilmung unternommen hat; seine Protagonisten sind vielmehr Faschisten, die in Kenntnis des Romans diesen für ihre eigenen Verhältnisse adaptieren. Darum bleibt ihnen etwas fremd, was für die Sade'schen Libertins von zentraler Bedeutung ist: nämlich deren eigene Lust am Verzehr von Kot:

> »Herr Präsident, Sie sind steif«, sagte der Herzog; »Ihre Reden bringen immer solche Anzeichen bei Ihnen hervor.« – »Steif?«, sagte der Präsident, »nein; aber ich bin im Begriffe, Fräulein Sophie scheißen zu lassen, und ich hoffe, daß ihr köstlicher Dreck vielleicht einige Wirkung bei mir hervorrufen wird. – Ah, wahrhaftig, mehr als ich dachte!«, rief Curval, nachdem er die Würste verschlungen hatte »bei Gott, auf den ich scheiße, mein Schweif fängt an, zu Bewußtsein zu kommen.« (de Sade 1979, Teil 2: 181)

Dass die Herren selber Exkremente verspeisen, und dies nicht, wie Greenblatts Indianer, aus Protest gegen ihre Inferiorität, sondern im Gegenteil mit dem Gefühl herrschaftlichster Autonomie, mag uns ähnlich rätselhaft erscheinen wie ihren faschistischen Imitatoren. Aber das zeigt lediglich, dass das für die Epoche der Aufklärung zentrale Thema der Autonomie für die Faschisten (und vielleicht auch für unsere Epoche) eben keine Rolle spielt. Für Sades Libertins hingegen ist es entscheidend: Sie sind in hohem Maß daran interessiert, ihr sexuelles Wohlgefallen derart zu kultivieren, dass es größtmögliche Unabhängigkeit von seinem Gegenstand erreicht. Nur dadurch können sie autonom sein; andernfalls wären sie in ihren eigenen Augen Sklaven ihrer Objekte. So benötigen sie vorzugsweise solche Gegenstände, die völlig klarstellen, »daß es nicht das Objekt der Ausschweifung ist, das uns reizt, sondern die Idee des Bösen« (Sade 1979, Teil I: 214). Das Exkrement eignet sich dafür wie kaum etwas anderes. Darum seine Prominenz in Sades Roman.

Man muss darum Sade nicht allein, wie Jacques Lacan es vorgeführt hat, auf der Ebene der Ethik parallel mit Kant lesen (s. Lacan [1963]), sondern auch auf der der Ästhetik. Auch in Kants Ästhetik des Erhabenen geht es schließlich darum, dass keinerlei Anlässe vom Objekt ausgehen; vielmehr ist nur ein absolut uninspirierendes Objekt geeignet, zu beweisen, dass man als Beobachter selbst Träger der für das Wohlgefallen maßgebenden Ideen ist:

»So kann der weite, durch Stürme empörte Ozean nicht erhaben genannt werden. Sein Anblick ist gräßlich; und man muß das Gemüt schon mit mancherlei Ideen ange-füllt haben, wenn es durch eine solche Anschauung zu einem Gefühl gestimmt werden soll, welches selbst erhaben ist […]« (Kant [1790]: 166, § 23).

Das Wohlgefallen, das Kant hier im Auge hat, ist offensicht-lich eines, das sich in erster Linie an der Ideenfülle des »ei-genen Gemüts« entzündet, und nicht an den Qualitäten des Gegenstandes. Kants »empörter Ozean« ist darum das präzise Gegenstück zum Exkrement der Sade'schen Wüstlinge.

3. Thanatophagie

Wenn es eine getreue Verfilmung von Sades Roman gibt, dann ist es viel mehr als Pasolinis Film von 1975 (der keine zu sein beansprucht) ein anderer, der allerdings interessanterweise ohne jede Gewalt auskommt: Marco Ferreris »Großes Fressen« (»La grande bouffe«) von 1973. Vier Männer ziehen sich in eine Villa zurück, um dort, wie man allmählich zu verstehen beginnt, mit einem Übergenuss von köstlichen Speisen ihrem Leben ein Ende zu setzen. Vier Freunde; ein einsamer Ort, den aufgrund von Schneefällen niemand verlassen kann; einige erfahrene Frauen; eine Schar von Kindern; erotische Erzählungen; köstliche Speisen – es gibt zahlreiche überraschende Übereinstimmungen im Detail mit den »120 Tagen«, und natürlich das hervorstechende Zentralmerkmal einer gigantischen, durch zuvor vereinbarte, präzise Regeln bestimmten Ausschweifung.

Diese zur Pflicht erhobene Orgie hat mit der von Sades Libertins einen entscheidenden Zug gemeinsam. Es ist jener, den Kant selbst für unmöglich hielt und den Lacan, im Gegensatz dazu, als die Übereinstimmung zwischen der Sade'schen und der Kant'schen Pflichtethik markierte (s. Lacan [1963]): Während Kant der Auffassung war, dass keine sinnliche Neigung stark genug wäre, der Drohung durch den Galgen standzuhalten, wohingegen das sittliche Pflichtgefühl dies vermöge (s. Kant [1788]: 140), zeigte Lacan, dass gerade die Sade'schen Wüstlinge ihre Passionen mit einer Entschlossenheit betreiben, die durch Todesgefahr keineswegs eingeschüchtert – sondern vielleicht sogar erst recht angespornt – wird. Ihre bösartige, den Neigungen gewidmete Pflicht ist genauso todesresistent wie die von Kant untersuchte (und von ihm vielleicht vorschnell als gut bestimmte).

Auch die weniger verbissenen Genießer bei Ferreri sehen dem Tod ins Auge. »Wenn du nicht isst, dann stirbst du nicht«, sagt einer der Helden zum anderen aufmunternd und füttert ihn mit Püree. So bizarr uns auch diese Überschreitung anmutet, können wir ihren Sinn doch heute vielleicht sehr gut erahnen. Auch hier erweist sich die finstere Kehrseite der Regeln wieder als eine Stütze. Denn dem Tod ins Auge sehen zu können ist eine entscheidende Voraussetzung, um zu leben. Jene Biopolitiken, die gegenwärtig, unter dem Vorwand, das Leben zu schützen, jeglichen Genuss als gesundheitsschädigend dämonisieren und verbieten, machen schon dieses Leben selbst zum Tod; zu einer Art von vorzeitiger Leichenstarre. Ebenso möchte man sich auf manchen Flughäfen, wo unbescholtene Passagiere ihre Schuhe ausziehen und ihre Gürtel abgeben müssen, so dass ihnen Röcke und Hosen hinunterrutschen, die Frage stellen, ob es nicht besser ist, einmal gebombt, als tausendmal erniedrigt zu werden. Das Obszöne ist hier nicht die Überschreitung der symbolischen Ordnung; es ist vielmehr diese beflissene, jegliche Überschreitung verhindernde Art des Regelbewahrens selbst. Die Helden Ferreris hingegen zeigen gerade in ihrer tödlichen kulinarischen Unternehmung ihre Liebe zum Leben. Der Maxime des Juvenal entsprechend,[5] vergegenwärtigen sie sich die Gründe, für die es sich zu leben lohnt. Wenn diese ihnen hinreichend präsent sind, dann sind sie sogar bereit, dafür ihr Leben zu geben.

5. Abschnitt:

Die Gründe des Lebens

16. Arbeiten oder Spielen: Wofür leben wir?
Georges Bataille liest Johan Huizinga

1. Bataille, der Entdecker

Eine der Stärken des Philosophen Georges Bataille (1897 bis 1962) besteht in seinen Entdeckungen: Er hat aus den Archiven wenig bekannte, kostbare Text- und Bildmaterialien unter die Surrealisten sowie unter seine soziologischen, anthropologischen und philosophischen Mitstreiter gebracht;[1] er hat die Bedeutung der Philosophie Nietzsches erkannt, diese verteidigt und für die Linke reklamiert, gerade als die Nationalsozialisten versuchten, Nietzsche für sich zu vereinnahmen; damit hat er der französischen Philosophie einen Zugang zu diesem Autor ermöglicht, der maßgebend wurde für deren Produktivität in den 60er Jahren.[2] Eine weitere Entdeckung Batailles betrifft den niederländischen Kulturtheoretiker Johan Huizinga. Als einer der Ersten, und so gut wie nur wenige andere, spätere Kommentatoren hat Bataille die außerordentliche Bedeutung jener Thesen begriffen, die Huizinga 1938 in seinem Buch »Homo Ludens« (»Der spielende Mensch«) vorgelegt hatte.

1951, zum Erscheinen der französischen Ausgabe dieses Buchs, veröffentlicht Bataille einen Aufsatz, der weit mehr ist als nur eine Rezension.[3] Seine präzise Auseinandersetzung ist Dokument eines philosophischen Scharfblicks für theoretische Vorstöße, die, wie Bataille selbst formuliert, in der Lage sind, »Perspektiven zu eröffnen«.[4] Genau die Perspektiven, die er hervorhebt, sind es auch, die angesichts der Entwicklungen in der Gegenwartskultur sowohl die Theorie Huizingas als auch die von Bataille selbst außerordentlich aktuell erscheinen lassen. Zugleich legt Bataille die Schwierigkeiten und

Differenzen offen, die ihn von Huizinga trennen. Schließlich aber lassen sich gerade an diesen Schwierigkeiten die Ecksteine eines theoretischen Systems erkennen, in dem Batailles eigene zentrale Themen wie Souveränität, Überschreitung und Verausgabung vielleicht sogar besser hätten untergebracht werden können als innerhalb der von Bataille selbst festgehaltenen Voraussetzungen. Der Entdecker Bataille stößt hier auf etwas, das ihn herausfordert, gerade jene theoretischen Annahmen in Frage zu stellen, die ihm seine Entdeckung ermöglicht haben.

2. Der Exzess, die Kultur und das Verschwinden des Spiels

Johan Huizingas Theorie des Spiels weist zwei kühne und paradoxe Thesen auf. Durch sie unterscheidet sie sich massiv sowohl von den meisten Theorien des Spiels als auch von dessen üblichem Verständnis.

(1) In einem ersten Schritt stellt Huizinga fest, dass das Spiel wie keine andere Praxis Begeisterung auszulösen vermag: Babys zum Beispiel bringt es zum Krähen und Massen von erwachsenen Zuschauern einer Sportveranstaltung zur Raserei.[5] Diesen Exzess, diese für das Spiel charakteristische, besondere Begeisterung bezeichnet Huizinga als »heiligen Ernst«. Er ist grundsätzlich vom weitaus gemäßigteren, profanen Ernst verschieden.

Daraus ergibt sich bereits eine erste, und wie Huizinga bemerkt, durchaus paradoxe Folge: Spieler müssen nämlich immer wissen (oder wenigstens glauben), dass sie spielen. Ihre tiefe Immersion kann nicht daher rühren, dass sie kurz vergessen hätten, dass es sich nur um ein Spiel handelt – denn dann befänden sie sich lediglich in jener mäßig erfreuten, ein wenig mürrischen oder bloß gelangweilten Stimmung, mit der wir unseren Alltagsgeschäften nachgehen. Es ist die *durch-*

schaute Illusion des Spiels, welche den Exzess und die Gebanntheit auslöst; und nicht etwa, wie man hätte meinen können, die *undurchschaute.*[6]

Da nun allein das Spiel den heiligen Ernst, das »Fieber«,[7] diese gesteigerte Anteilnahme und Festlichkeit zu erzeugen vermag, steht das Spiel, wie Huizinga folgert, am Ursprung jeglicher Kultur: der religiösen, künstlerischen wie auch sportlichen. All diese Teilkulturen verdanken ihren Ursprung dem Exzess und der Feierlichkeit der »Spielsphäre«.[8]

(2) Ausgehend von dieser ersten These stößt Huizinga nun auf ein Rätsel: Obwohl das Spiel den Ursprung jeglicher Kultur bildet, zeigt sich in der Geschichte eine eigenartige Tendenz zum Rückzug bzw. Verlust des Spiel-Elements – und zwar aus allen von ihm begründeten Kulturbereichen, Religion, Kunst, Sport.[9] Anhand vieler historischer Beispiele zeigt Huizinga, wie sich das Spielerische dieser Bereiche zunehmend verliert – eine erklärungsbedürftige Tendenz zum Verschwinden des »heiligen Ernsts«, zum Rückzug der freudigen Begeisterung – oder, wie man es mit Max Weber nennen könnte, zur »Entzauberung der Welt«[10].

Gerade heute, da wir in Architektur, Autodesign, Mode, Film und Kunst sehnsüchtig auf den Glamour der 60er Jahre schielen, sind wir selbst gute Beispiele für Huizingas These. Unsere Sehnsucht ist offenbar der Effekt eines weiteren solchen Profanisierungsschubes, dank dessen uns unsere Welt weitaus glanzloser vorkommt als eine doch erst kurz zurückliegende. Die Erklärung für diese von Huizinga mit großem Bedauern beobachtete geschichtliche Tendenz ist außerordentlich schwierig. Huizingas eigene Antworten erscheinen mitunter tastend und vorläufig beziehungsweise selbst erklärungsbedürftig: der »Nützlichkeitsbegriff«, das »Wohlfahrtsideal«, der Aufschwung von Wissenschaften und Technik veranlassen »den Menschen«, wie Huizinga schreibt, »die Welt nach dem Muster seiner eigenen Banalität selig zu machen«.[11]

Anders als Weber, der ein ähnliches Bedauern sogar in ähnlichen Worten zum Ausdruck brachte, aber die Ursache für die Entzauberung in der Sphäre der Ideologie, in der von der protestantischen christlichen Religion bewirkten Verinnerlichung, verortete,[12] macht Huizinga vage benannte ökonomische oder wissenschaftlich-technische Entwicklungen verantwortlich – eine Begründung, die allerdings gerade angesichts der von ihm selbst herausgearbeiteten Charakteristik des Spiels viele Lücken in der Kausalkette offenlässt. Sein Versuch einer Erklärung dafür, weshalb Menschen gerade in dem, was sie für ihren Fortschritt halten, zunehmend dasjenige opfern, woher sie ihre Begeisterung beziehen, muss darum wohl als gescheitert betrachtet werden. Dies dürfte auch der Grund sein, weshalb Huizinga sein außerordentlich brillantes, mit überreichem empirischem Material ausgestattetes und im Bogen der Darstellung durchaus abgeschlossenes Buch als unvollendet ansah.[13]

3. Spiel und Geschenk: Erscheinungsformen des alltäglichen Heiligen

Huizingas Thesen über das Exzessive des Spiels und die Tendenz zum Spielverlust der Kultur berühren zentrale Fragen von Batailles eigener Philosophie. Insbesondere die Aufmerksamkeit, die Huizinga der Frage des Heiligen widmet, sowie sein umfassendes, auf außerreligiöse ebenso wie auf religiöse Praktiken bezogenes Verständnis des Heiligen finden bei Bataille Resonanz und Zustimmung. Dabei kann Bataille sich auf einen Begriff stützen, den sein Mitstreiter Michel Leiris 1938, in einer sehr glücklichen Formulierung, geprägt hatte:[14] den Begriff eines »sacré quotidien« – eines Heiligen, das nicht jenes der institutionalisierten Religionen ist, sondern vielmehr die kleinen oder auch großen Formen begreift, mit denen

Menschen ihren profanen Alltag unterbrechen und ihm eine feierliche sowie sozial verbindende Dimension verleihen; etwa, wenn sie zusammen ein Glas Wein trinken. Das ist auch Batailles Auffassung des Heiligen: Es umfasst alle Praktiken, die soziale Verbindlichkeit und Solidarität erzeugen.[15] Darum hat er keine Schwierigkeiten, Huizinga darin zu folgen, wenn er kindliche Spiele oder auch sexuelle Praktiken mit Spielelement unter dem Gesichtspunkt des heiligen Ernsts betrachtet.

Einen ersten, folgenreichen Interpretationsschritt setzt Bataille, indem er Huizingas Theorie mit der von Marcel Mauss entwickelten Konzeption der Gabe verbindet.[16] Mauss hatte unter diesem Namen eine Form des nicht auf dem Tausch- oder Nützlichkeitsprinzip beruhenden Verkehrs zwischen Menschen bezeichnet; eine Struktur gegenseitiger Verpflichtung, die auf das Ansehen der eigenen Person oder Gruppe gegründet ist und eine spezifische Form der Solidarität begründet.[17] Darum war Mauss nach den Erfahrungen des ersten Weltkriegs interessiert an den ethnologischen Berichten über umfangreiche Formen des Schenkens, wie sie von nordamerikanischen Indianern vorlagen, sowie an den Spuren solcher Praktiken in westlichen, kapitalistischen Gesellschaften – in denen solche Praktiken offenbar weitgehend, wenn auch nicht ganz, verschwunden sind und mit ihnen eben auch die Prinzipien einer nicht auf Gewinn orientierten Solidarität.[18]

Die Verbindung zwischen Huizingas Spiel und dem Schenken bei Mauss besteht für Bataille zunächst im Motiv des Wettbewerbs: Beim Potlatsch – und in weitaus milderer Form vielleicht auch noch beim Schenken in kapitalistischen Gesellschaften – versuchen die Kontrahenten, einander an Großzügigkeit zu überbieten. Ähnlich wie bei den von Huizinga beschriebenen exzessiven Formen des Spiels gehen die gleichsam besessen Schenkenden beim Potlatsch oft über jegliche Grenzen hinaus – mitunter zerstören sie die Gaben vor den Augen des Beschenkten oder nehmen wirtschaftlichen Ruin oder sogar den eigenen Tod in Kauf.[19] Spielen und Schenken scheinen gleichermaßen von einem Prinzip »interesselosen« Agierens gekennzeichnet zu sein; oder, genauer gesagt, von verpflichtenden Imperativen, die (und darin besteht die Verbindung beider Praktiken zum Heiligen) jenen des *Tabu* gleichen: Man darf Gewinne beim Spiel nicht einfach als Einnahmen verbuchen;[20] und ebenso schäbig wäre es, seinen Champagner ganz alleine zu trinken und ihn nicht bei einem festlichen Anlass an seine eingeladenen Freunde zu verschenken.[21]

Wie das Spiel aber ist auch die Gabe in kapitalistischen Gesellschaften im Verschwinden begriffen, was Mauss mit ähnlichem Unbehagen, Bedauern und Besorgnis beobachtet, wie Huizinga es in Bezug auf das Spiel zum Ausdruck bringt.

4. Großzügigkeit und Souveränität von Schenken und Spielen

Bataille verleiht diesen Befunden nun eine über die Ansätze von Mauss hinausgehende Dimension, indem er sie unter dem Gesichtspunkt der *Souveränität* betrachtet. Wenn Menschen nur ihren materiellen Interessen folgen, dann verhalten sie sich, wie Bataille betont, eigentlich bloß wie Dinge. Das *Funktionelle* ist aus Batailles Sicht immer *servil*: alles »dient« hier zu etwas.[22] Erst wenn Menschen, wie sie es im Bereich des Heiligen tun, jenseits ihrer materiellen Interessen agieren und Großzügigkeit zeigen oder die Bereitschaft, alles aufs Spiel zu setzen, dann verhalten sie sich eigentlich wie Menschen, d. h. *souverän.*

Unter diesen Voraussetzungen bekommt das Verschwinden des Heiligen von Spiel und Gabe seine vollständige politische Bedeutung: Wenn Menschen aufhören, sich spielerisch und großzügig zu verhalten, dann verlernen sie, souverän zu sein. Ihr ganzes Leben gerät zu einer knechtischen Existenz.

Das ist der Grund, weshalb Bataille und seine Mitstreiter sich für eine linke Theorie des Heiligen, für die Erforschung und Verteidigung des Heiligen im Alltagsleben einsetzen: Wenn dieses Unternehmen nicht gelingt, dann droht die Gefahr, dass der Faschismus siegt, indem er den Sehnsüchten der Leute billige, kriegerische Faszinationssurrogate bietet und sie zugleich auf der politischen Ebene vollständig knechtet.

Zu einem sehr ähnlichen Befund wie Bataille gelangte 1974 der Soziologe Richard Sennett, als er bemerkte, dass die in westlichen Gesellschaften seit der Renaissance bestehende Unterscheidung zwischen privatem und öffentlichem Verhalten zugunsten des privaten gegenwärtig zu verschwinden droht.[23] Dieses Verschwinden des »public man«, dessen Existenz übrigens, Sennett zufolge, ebenfalls auf dem Prinzip des Spiels – des schauspielerischen Darstellens einer öffentlichen Rolle – beruht, hat zur Folge, dass Menschen nicht mehr in der Lage sind, sich als *citoyens* zu verhalten; d. h. als bewusste politische Subjekte, die nicht nur ihren partikularen *Bourgeois*-Interessen folgen, sondern auch den allgemeinen Angelegenheiten der Gesellschaft Rechnung tragen. Unter neoliberalen Bedingungen, wie wir sie gegenwärtig beobachten können, erscheint es plausibel, dass diese »Tyrannei der Intimität« und die Zerstörung jeglicher öffentlicher Haltung das adäquate Pendant einer Entwicklung des Kapitalismus darstellt, für den die Demokratie lediglich ein entbehrliches Übergangsstadium war und der sich weltweit, auch in seinen Ursprungsländern, mehr und mehr nach dem autoritären Modell eines »Kapitalismus mit asiatischem Antlitz« bzw. einer »postdemokratischen Verbotsgesellschaft« organisiert.

Menschen, die sich auf solche Weise knechten und ihrer Universalität berauben lassen, verlieren, Bataille zufolge, gerade das, wofür es sich – wenigstens für Menschen – überhaupt zu leben lohnt. Sosehr das Heilige also bei Bataille auf scheinbar »immateriellen« Prinzipien des interesselosen Spiels, des

Nicht-Funktionalen, des Ansehens, Ruhms, der Feierlichkeit, des Glamour und der Verausgabung beruht, sosehr findet sich gerade darin das elementare materialistische Prinzip: Materie in diesem Verständnis ist nämlich genau *das, wofür es sich zu leben lohnt*. Bataille erinnert an die schönen Verse des Juvenal: *»Et propter vitam vivendi perdere causas«*.[24]

Gerade gegenwärtig, zum Beispiel angesichts der exzessiven, erniedrigenden Sicherheitskontrollen auf Flughäfen, möchte man sich die Frage stellen, ob wir nicht zugunsten des nackten Lebens gerade die Gründe zum Leben preisgegeben haben. (Wenigstens dort, wo die Bedrohung ein so geringes Maß aufweist wie in den Ländern Mitteleuropas, erscheinen solche Maßnahmen doch als eine obszöne und zynische Parodie von Zuständen, in denen sie eine ganz andere Notwendigkeit haben, wie z. B. in Israel.) Jedenfalls empört die Selbstverständlichkeit, mit der die politisch Verantwortlichen voraussetzen, dass wir den Tod mehr fürchten als die Schande. Bataille hätte diesbezüglich darauf bestanden, dass man zumindest doch die Wahl haben möchte. Sein Vorschlag hätte wohl gelautet, anstatt zweier Preisklassen wie »business« und »economy« sollte man den Passagieren lieber zwei verschiedene Formen des Flugbetriebs zur Wahl stellen, einmal mit und einmal ohne Kontrollen, zum Beispiel »security« und »pride«.[25]

Auch die derzeit mit immer größerem Fanatismus vorangetriebenen Rauchverbote in den meisten Staaten Europas müssen aus der Perspektive Batailles als Versuche erscheinen, einem fragwürdigen nackten Leben zuliebe die Gründe, die es lebenswert machen, zu liquidieren. Bezeichnenderweise bildet die Tabakkultur ja nicht nur ein entscheidendes Eleganzelement im öffentlichen Auftreten, sondern auch eine Praxis der Großzügigkeit und des Gabentauschs: Anders als z. B. Nahrungsmittel werden Zigaretten regelmäßig verschenkt oder als Gegengabe für Feuer angeboten.

5. Bataille: Worin Huizinga gegen seine Kritiker recht hat

Anders als die meisten seiner Zeitgenossen und im Gegensatz auch zu späteren Kommentatoren folgt Bataille Huizinga gerade in dessen kühnsten Thesen und baut seine weiteren Folgerungen darauf auf. Dies ist eine bedeutende philosophische Leistung. Insbesondere in einem entscheidenden Punkt stellt er sich auf Huizingas Seite: Das Spiel begründet jegliche Kultur – *auch die religiöse*. Bataille betrachtet Huizingas Theorie somit als eine adäquate Theorie des Heiligen. Dieser Punkt war unter Batailles Mitstreitern am »collège de sociologie«, die sich vorzugsweise mit der Soziologie des Sakralen auseinandersetzten,[26] durchaus umstritten. Roger Caillois, der ebenfalls Mitglied des »collège de sociologie« war, hatte – ähnlich wie vor ihm Emile Benveniste – gegen Huizinga eingewandt, das Spiel stehe mit seiner Harmlosigkeit unterhalb des profanen Lebens, die Religion mit ihrem überwältigenden Charakter hingegen darüber.[27] Bataille nimmt diese Frage wieder auf und prüft sie. Abgesehen von allen Erscheinungsformen von zwanghafter Spielsucht, die man gegen Caillois hätte ins Treffen führen können, betrachtet er zwei von Huizinga stammende Belege als schlagend: das Platon-Zitat, wonach der religiöse Mensch als Spielzeug für die Götter zu agieren habe; und die Tatsache, dass ein Vater, der von seinen Kindern beim Vorbereiten der Utensilien für eine Weihnachtsmann-Zeremonie überrascht wird, sogar bis zum Totschlag zornig werden kann.[28] In den 50er Jahren erscheint Bataille als einziger Philosoph auf weiter Flur, der bereit war, Huizingas radikale These anzuerkennen. Heute ist diese Position nicht mehr ganz so umstritten; sie erfreut sich sogar unter Vertretern der großen christlichen Religionen einer stillen Anerkennung, wenn diese mitunter ein wenig neidvoll das Fernsehen als neue Form der Religion untersuchen.[29] Die exzessive, bannende Macht des Spiels, die Menschen bis zur

Raserei treiben kann, entgeht Bataille nicht. Und die Blindheit von Caillois in dieser Frage kann er aus der Verfassung der Epoche ableiten, in der wir leben: »Allein das schwache Spiel ist anerkannt in einer Welt, in der das Nützliche souverän ist.«[30]

Später hatte Theodor W. Adorno im Gegensatz zu Caillois gerade das zwingende Moment des Spiels anerkannt, aber daraus den Einwand gegen Huizinga entwickelt, dieser habe übersehen, dass das Spiel »Nachbild von Praxis« sei. »Das Wiederholungsmoment im Spiel« sei das »Nachbild von unfreier Arbeit«, so Adorno, und erfülle die Funktion, die Menschen »vor allem durch Umfunktionierung physischer Unlust in sekundäre Lust« auf die Anforderungen der Praxis zu gewöhnen[31] – eine hastige und dogmatische Kritik, die manche interessante Frage aufwirft, aber de facto lediglich die Wirkung hatte, eine ernsthafte philosophische Diskussion von Huizingas Thesen innerhalb der Kritischen Theorie für Jahrzehnte zu verunmöglichen.[32] Bei seiner Operation einer Abbildung des Spiels auf andere Praktiken bleibt Adorno jedenfalls eine Erklärung schuldig: Er verrät nicht, wie es möglich sein soll, dass das »Nachbild« imstande sein soll, Leuten, denen schon das Vorbild nicht geschmeckt hat, dieses schmackhaft zu machen.

Bataille interessiert sich im Gegensatz zu Adorno für die entscheidende Differenz des Spiels gegenüber den übrigen Praktiken. Er erkennt mit Huizinga, dass das Spiel selbst dann, wenn es eine andere Praxis nachahmen sollte (was vielleicht nicht für alle Spiele zutrifft), jedenfalls eine Praxis ist, die sich durch einen markanten Zug auszeichnet, der anderen Praktiken grundsätzlich abgeht: eben die frenetische Begeisterung bzw. den Bann, in den es Spielende und Zuschauende schlagen kann. In diesem Punkt ist das Spiel jedenfalls nicht Nachbild von irgendetwas. Und es bleibt sehr fraglich, ob der zwanghafte Bann des Spiels, wie Adorno annahm, irgendetwas mit jenen repressiven Zwängen zu tun hat, die in einer Klassengesellschaft bestehen. Diese spezifische, begeisternde und bannende Qualität des Spiels unterscheidet das Spiel ja übrigens auch von allen anderen Praktiken, die (wie z. B. Lizenzproduktion) ebenfalls Nachbilder von Praxis sind, sowie von anderen repetitiven Methoden wie z. B. dem disziplinierenden Drill, die ihre Gewöhnungsfunktion weitgehend ohne Gewinn an Freude erfüllen. Selbst wenn es also wahr sein sollte, dass die überschäumende Freude, die das Spiel hervorruft, in einer unfreien Gesellschaft eine affirmative Funktion erfüllt, wie Adorno meint, ist sie wert, näher untersucht zu werden; denn vielleicht kann sie in einer ganz anderen Gesellschaft auch eine ganz andere Funktion erfüllen – wenn sie nicht sogar imstande ist, als entscheidende Kraft zur Entstehung einer solchen anderen Gesellschaft beizutragen. Bataille sieht, im Gegensatz zu Adorno, im Spiel eine solche unbeugsame, nicht-kollaborative, souveräne Kraft.

6. Batailles Souveränitätstheorie des Spiels

Batailles außerordentliches Verständnis von Huizingas Theorie beruht allerdings auf einer Reihe von massiven theoretischen Vorannahmen. Diese Vorannahmen entstammen der Philosophie G. W. F. Hegels beziehungsweise deren spezifischer Interpretation durch Alexandre Kojève, die der philosophischen Szene Frankreichs in den 30er Jahren ihren Stempel aufdrückte[33] und für Bataille ebenso wie für eine ganze Reihe anderer französischer Philosophen (darunter Sartre, Merleau-Ponty, Lacan) eine prägende Rolle spielte.[34] Im Zentrum von Kojèves Hegel-Interpretation stand das Kapitel »Selbständigkeit und Unselbständigkeit des Selbstbewusstseins; Herrschaft und Knechtschaft« aus der »Phänomenologie des Geistes«:[35] zwei Selbstbewusstsein, die von einer »Begierde« nach

Anerkennung angetrieben sind, lässt Hegel dort zu einem Kampf auf Leben und Tod antreten. Der eine Agent riskiert den Tod und kämpft, der andere aber bleibt dem Leben verhaftet und unterwirft sich. So entstehen in dieser Fabel die Figuren von Herr und Knecht. In der Folge schiebt der Herr den Knecht zwischen sich und die materielle Welt und lässt ihn für sich arbeiten. Der arbeitende Knecht aber, so die linkshegelianische Lesart Kojèves, sorgt durch Weiterentwicklung der Arbeitsmittel für den Fortgang der weiteren, in der »Phänomenologie« dargestellten Geschichte.[36]

Diese Hegel-Interpretation stellt nun für Bataille den theoretischen Rahmen dar, innerhalb dessen er seine eigenen zentralen Thesen entwickelt und in deren Koordinaten er auch Huizingas Theorie einzuschreiben bzw. zu lokalisieren versucht. Er unterscheidet die utilitäre Welt des Nützlichen, Dienenden, Knechtischen, von der souveränen Welt der herrschaftlichen Großzügigkeit und nutzlosen Verausgabung. Das Spiel verortet er in der Zweiteren. Damit gewinnt er das, was man als eine »Souveränitätstheorie des Spiels« bezeichnen könnte.[37]

Das Spiel gehört nun in jene Sphäre, in der die Dinge und Handlungen keinem Nutzen unterworfen werden: die Welt des Heiligen, der Ausnahmezustände und Überschreitungen der profanen, utilitären Ordnung, in denen Bataille den Glanz des Menschen aufblitzen sieht.[38] Zur Größe dieser herrschaftlichen Welt gehört es, alles aufs Spiel zu setzen – nicht allein Geld und andere Ressourcen, ohne jegliche kleinliche Beschränkung, sondern durchaus auch das eigene Leben.[39]

Aus diesem Grund kann Bataille zunächst sehr gut die These Huizingas nachvollziehen bzw. bestätigen: Das Spiel begründet tatsächlich die Sphäre des Heiligen, denn sein exzessives Element, sein »heiliger Ernst«, besteht in der Überschreitung der gemäßigten Ordnung des Profanen. Ebenso verfügt Bataille über eine Erklärung des seltsamen Umstandes, dass das Spiel seine Spieler so maßlos in Bann ziehen kann: Souveränität besteht eben nicht darin, kleinlich auf das Behalten von Kontrolle zu achten; sondern darin, sich dem Spielimpuls zu überlassen – bis hin zu dem Punkt, wo man zum »Spielzeug seines Spiels« werden kann.[40] Schließlich begreift Bataille leicht – vielleicht sogar zu leicht –, weshalb es im Spiel, wie Huizinga anhand historischer Beispiele hervorgehoben hatte, mitunter um Leben und Tod gehen kann: Auch das eigene Leben bleibt nicht von der universellen herrschaftlichen Großzügigkeit ausgenommen. Genau wie Hegels Herr setzt auch der Spieler, der darin seine Souveränität zeigt, sein Leben leichtherzig und bedenkenlos aufs Spiel – denn Verausgaben, *dépenser*, ist eben das Gegenteil von vernünftig Denken oder Bedenken-Hegen, *penser*.[41]

7. Vorteile und Schwierigkeiten

Sosehr diese hegelianische Vorbereitung Bataille in die Lage versetzt, die Thesen Huizingas zu begreifen und für sie zu großen Teilen Partei zu ergreifen, sosehr erschwert sie ihm das Verständnis mancher weiterer Aspekte von Huizingas Theorie. Zunächst führt diese Prädisposition dazu, dass Bataille einen bestimmten Typ des Spiels – das Wettkampfspiel – gegenüber anderen privilegieren muss; und zwar jene Wettkampfspiele, in denen die Spieler (wie beim Wetten oder beim Potlatsch) in souveräner Weise ihr *Eigentum* oder (wie bei dem – von Hegel allerdings gar nicht als Spiel begriffenen – Kampf zwischen Herr und Knecht) ihr *Leben* aufs Spiel setzen. (Man darf den Wettkampf nur dann nicht dem Spiel annähern, so Bataille, unisono mit Huizinga, wenn dieser auf profane, lukrative Zwecke ausgerichtet ist und dadurch das desinteressierte Spielprinzip verletzt.)[42]

Dass der heilige Ernst nach Huizingas Beobachtung zum

Beispiel auch aufkommt, wenn Leute beim Sport zusehen oder auch wenn Kinder mit Hilfe aneinandergereihter Stühle »Eisenbahn« spielen, muss innerhalb dieser Souveränitätstheorie des Spiels weitgehend unverständlich bleiben – sofern es nicht einfach unter den etwas vagen Begriff eines nicht zweckgerichteten Tuns subsumiert wird. Nicht immer sehen spielende Menschen dem Tod oder dem finanziellen Ruin ins Auge; manchmal verschwenden sie bloß ein wenig Zeit – aber das tun andere, nicht spielende (und dementsprechend eben nicht von heiligem Ernst ergriffene) Müßiggänger ebenso; und die Souveränitätstheorie des Spiels bleibt das Kriterium schuldig, anhand dessen die einen von den anderen zu unterscheiden wären.

8. Erster Einspruch Batailles: Nicht nur das Spiel,
   sondern auch die Arbeit erzeugt Kultur

Aus dieser Konstruktion ergibt sich für Bataille ein erster Kritikpunkt gegenüber Huizingas These vom Spiel als Ursprung jeglicher Kultur. Der Kojève'schen linkshegelianischen Lesart der »Phänomenologie des Geistes« folgend, hält Bataille Huizinga entgegen, dass die Kultur nicht nur durch das Spiel, sondern ebenso sehr auch durch die Arbeit begründet wird. Nicht nur der riskant spielende Herr, sondern vor allem auch der arbeitende Knecht erzeugt Kultur.

Ob diese Einführung eines zweiten Prinzips, wie Bataille selbst meint, von einer dialektischen Vorgehensweise zeugt;[43] oder ob diese nicht eher darin bestanden hätte, aus einem einzigen Prinzip den Widerspruch der beiden einander ausschließenden Subprinzipien abzuleiten (wie Bataille es selbst wenig später ganz korrekt in Bezug auf Hegel bemerkt),[44] ist eine andere Frage. Fragwürdig ist jedenfalls die Schlussfolgerung, die Bataille aus seiner Annahme einer ursprünglich dualen Prinzipienlage zieht. Bataille meint nämlich – wie viele Hegelianer vor und nach ihm –, nun anstelle einer »rigiden, starren Darstellung«, wie Huizinga sie seiner Meinung nach liefert, eine Theorie der Bewegung, eine »historische (dialektische) Darstellung« gewonnen zu haben.[45] So glaubt Bataille eine Antwort zu besitzen auf jene Frage, die für Huizinga das zentrale, ungelöste Rätsel der Kulturgeschichte bildete: warum das Spiel, das jegliche Kultur begründet, von dieser Kultur zunehmend zum Verschwinden gebracht wird. Die »dialektische« Betrachtung scheint Bataille eine Lösung hierfür zu liefern: Das Spiel – und mit ihm alle Generosität, jegliche Souveränität, aller Glanz – verschwindet deshalb aus der Kultur, weil es vom zweiten bestimmenden Kulturprinzip, der Arbeit, negiert wird. Man muss also anerkennen, so Bataille, »dass diese Dualität im Inneren der modernen Kultur einen erschöpfenden Widerspruch aufrechterhält«.[46] Alle Tränen über das Verschwinden des Bezaubernden und des Charme sind vergeblich, denn: »Die Kritik der negierenden Welt der Arbeit taugt allein dann, *wenn sie zunächst einmal einräumt, dass die Welt, die jene des Spiels verneinte, sie nicht irrtümlich verneinte, sondern sie deswegen verneinte, weil es ihr Wesen war, sie zu verneinen.*«[47]

Diese apodiktische Antwort mag auf den ersten Blick beeindrucken; aber sie ist doch viel zu pauschal, um eine Erklärung zu sein, und ihre Wirkung besteht eher darin, dass sie das von Huizinga eröffnete Problem verschließt, anstatt es zu lösen. Batailles »Antwort« ist überhaupt keine Antwort: Hieran zeigt sich exemplarisch, dass die logische Kategorie des Widerspruchs nicht in der Lage ist, eine Erklärung historischer Veränderung zu liefern. Denn wenn das die Antwort auf die Frage ist – wenn also das Verschwinden des Spiels darin begründet ist, dass dieses von der Arbeit negiert wird –, dann stellt sich die Frage, warum das Spiel überhaupt jemals eine Blüte erleben konnte. Wenn beide Prinzipien, Spiel und

Arbeit, gleich ursprünglich sind – wieso wird dann das eine erst allmählich gegenüber dem anderen stärker? Wenn es das Wesen des Prinzips Arbeit ist, die Welt des Spiels zu verneinen, warum tut es dies dann nicht sofort? Warum wird dieses Wesen erst mit solcher historischer Verzögerung wirksam? Wieso haben wir nicht schon von Anfang an jene von Bataille und Huizinga konstatierte Situation, in der das Feierliche des Spiels in einer grauen profanen Alltäglichkeit untergegangen scheint? Die Annahme einer negierenden Macht des Prinzips Arbeit kann also allenfalls das Verschwundensein des Spiels erklären, aber nicht dessen Verschwinden. Die logische Zeit (die nötig ist, um die Schritte einer Dialektik zu setzen) ist keine reale; ihre Elemente können nur als Resultat erscheinen, aber nicht als Prozess. Historische Prozesse lassen sich nicht als Wirkungen *logischer Widersprüche* begreifen, sondern nur als Wirkungen von *Realrepugnanzen*, von Gegensätzen realer, materieller Kräfte, die selbst wachsen, sich ausbreiten, unter verschiedenen Bedingungen (z. B. dem Einfluss weiterer Kräfte) aufeinandertreffen etc.[48]

Ob man nun Bataille darin zustimmt, die Arbeit als kulturbildendes Prinzip anzuerkennen (wie es z. B. auch Sigmund Freud tat) oder nicht; dies löst nicht das Problem, weshalb das Spiel seine Rolle in der Kultur verliert – jedenfalls nicht auf dem Weg einer »Dialektik«. Wenn es die Arbeit war, wodurch das Spiel verdrängt wurde, dann müssen zusätzliche Faktoren am Werk gewesen sein – zum Beispiel, dass die Arbeit begonnen hat, Funktionen des Spiels zu übernehmen (etwa indem sie, wie Max Weber es beschreibt, sozusagen vom *Beruf* zur *Berufung* wurde).

9. Zweiter Einspruch Batailles: Spiel ist nicht nur Ordnung, sondern auch deren Überschreitung

Batailles zweiter Kritikpunkt richtet sich gegen Huizingas Formulierung, wonach das Spiel *Ordnung* sei. Dem hält Bataille, der die Ordnung dem Bereich des Profanen, Nützlichen zurechnet, entgegen, dass das Spiel doch ebenso sehr Exzess sei – beziehungsweise eine »Regel der Entregelung« darstelle.[49] In diesem Punkt scheint Bataille eine berechtigte Präzisierung anzubringen, die mit Huizingas eigenen Thesen sogar besser übereinstimmt als die genannte Formulierung. Denn Huizinga selbst hatte ja darauf hingewiesen, dass vom Spiel eine befehlende, gebieterische Macht ausgeht und dass die Spieler, indem sie in diesen Bann des Spiels geraten, ihre übliche, wohlgeordnete Beziehung zur profanen Wirklichkeit aufgeben – sie kreischen oder geraten in »Raserei«. Die Spielsphäre ist also tatsächlich eine Sphäre der Entregelung, und diese Entregelung ist von einer entsprechenden Regel diktiert. »Sei kein Spielverderber« – dies ist der universelle Imperativ des Spiels; er lässt sich wie folgt fortsetzen: »…und mach mit beim Spiel, auch wenn es dir noch so unsinnig erscheinen und gegen die Prinzipien deines üblichen Lebens verstoßen mag.«

Bataille wie Huizinga würden in diesem Punkt übereinstimmen. Ihnen gemeinsam wäre das Verdienst, die Kultur nicht als Ordnung von Verboten aufgefasst zu haben, sondern vielmehr am Grund der manifesten Verbote ein *Gebot* entdeckt zu haben – wie es Bataille am Beispiel des Inzestverbots vorführte, das er originell als Gebot einer großzügigen Verausgabung reformulierte.[50] Huizingas Ausgangsthese, wonach das Spiel die Kultur begründet, hätte dazu die Anregung geliefert: Denn das Spiel verbietet nichts, sondern gebietet das Mitspielen.

10. Ein Stolperstein: Gibt es tierische Spiele?

Noch in einem dritten Punkt entdeckt Bataille eine Diskrepanz gegenüber Huizinga. Sie betrifft die Frage, ob man auch in Bezug auf bestimmte Aktionen der Tiere von Spielen sprechen kann. Gemäß einer auf Kojève gestützten Konzeption der Souveränität läge die Vermutung nahe, dass das Spiel etwas spezifisch Menschliches wäre. Denn wenn Natur alles ist, was unter Gesetzen steht, so käme es nur unter Menschen, deren Natur angeblich darin besteht, keine zu haben, zu den wider-natürlichen Gesten der Überschreitung, des Glanzes und der großzügigen Verausgabung. Darum geht Bataille am Beginn seines Textes auch kurz der Frage nach, ob Huizingas Titel, »Homo Ludens«, ein Versuch sein könnte, das Wesen des Menschen durch das Spiel zu bestimmen. Doch Bataille erkennt zu Recht, dass Huizinga keine derartige Definition geben möchte.[51] Kann man also sagen, dass Tiere spielen? – Bataille kann sich Huizingas Argument nicht ganz verschließen: Es ist wahr, dass die Hunde beim Spielen einen Unterschied machen und die Kinnladen beim Beißen nicht gänzlich schließen wie beim Kampf.[52] Aber für Bataille muss hier eine wichtige Forderung erfüllt sein: Man könnte doch nur dann von tierischem Spiel sprechen, wenn es auch tierische Arbeit gäbe. Jedoch, sosehr die Redewendungen und die Beatles (in ihrem Song »A Hard Day's Night«) uns das auch nahelegen, Bataille hält fest: *Tiere arbeiten nicht* (bzw. nur dann, wenn sie vom Menschen z. B. als Acker- oder Zugtiere eingesetzt werden).[53] Schon das, was sie für ihren Lebensunterhalt tun, hat nichts mit menschlicher interessierter Tätigkeit gemeinsam; es erzwingt auch keine »ausgleichenden Reaktionen, wie es Feste oder heilige Handlungen sind«.[54] Tiere sind also schon beim Jagen oder Sammeln von Früchten souverän, während Menschen es nicht sind. Und weil das Spiel für Bataille nur als Gegenteil zu interessierter Tätigkeit begriffen werden kann, gibt es für ihn dort, wo es keine Arbeit gibt, eben auch kein Spiel.

Bataille scheint an diesem Punkt nicht zu bemerken, dass sich das von ihm veranschlagte Kriterium von dem Huizingas unterscheidet. Huizinga war hier deshalb zu einer anderen Schlussfolgerung gelangt, weil er das Spiel nicht als das Gegenteil von Arbeit bzw. interessierter Tätigkeit begriff, sondern – genau wie auch Sigmund Freud – von *Wirklichkeit*.[55] »Jetzt ist es nicht echt« – zu diesem Gedanken sind offenbar auch Hunde fähig, wenn sie nicht fest zubeißen, und darum sind sie imstande, die exzessive Freude des heiligen Ernsts zu erleben.

11. Spielen auf Leben und Tod

Was Bataille hier beschäftigt und seine Theorie an ein anderes Kriterium gefesselt hält, ist das Motiv der Souveränität: Wenn das, was Tiere tun, ein Spiel wäre, dann müssten sie dabei auch ihr Leben riskieren. Nun ist aber doch gerade das Gegenteil der Fall. Sie beißen eben nicht zu – und sie scheinen zu wissen oder darauf zu vertrauen, dass auch ihre Spielgefährten dies nicht tun werden. Menschen hingegen, so hatte Bataille in seiner hegelianischen Souveränitätstheorie angenommen, setzen alles aufs Spiel – ihr Eigentum und ihr Leben. Die von Huizinga angeführten Beispiele – etwa des sogenannten »Halsrätsels«, des Ratespiels, bei dem es um Leben und Tod ging – dienten Bataille hierfür als Beleg.[56]

Gerade am Beispiel des Halsrätsels kann man jedoch eine weitere, entscheidende Differenz zwischen Batailles Konzeption und der Theorie Huizingas erkennen. Auf solche tödlichen Spiele haben Menschen sich nämlich nicht, wie Bataille annimmt, in souveräner und gleichberechtigter Weise eingelassen (so, wie ja auch in der Geschichte der Klassenkämpfe einander wohl nur selten gleich gut bewaffnete Feinde gegenüberstanden, für die der Kampf dasselbe Risiko bedeutet hätte – ein Grund, weshalb Hegels Fabel von Marxisten grundsätzlich als »Robinsonade« kritisiert wurde).[57] Das Halsrätsel wurde den Menschen vielmehr aufgezwungen – und zwar solchen, deren Leben bereits verloren bzw. in den Händen ihrer Feinde war. Genau das ist der Fall in der von Huizinga erwähnten denksportlichen Begegnung zwischen Alexander dem Großen und den von ihm bedrohten, gefangengenommenen indischen Gymnosophisten.[58]

Es gibt eine lange Kulturgeschichte solcher »erzwungener Spiele«,[59] worin die Mächtigen ihre gefangenen Feinde nicht sofort allesamt getötet, sondern sie vielmehr – wie zum Beispiel 1625 im berüchtigten »Frankenburger Würfelspiel« während der österreichischen Bauernkriege – genötigt haben, zu spielen; zum Beispiel paarweise um ihren Kopf zu würfeln. Die Sphinx und Ödipus im Mythos oder auch Lacans drei Gefangene[60] wären weitere Fälle solchen Spielens um das eigene Leben unter der Voraussetzung seines Verwirktseins. Wenn das Todesrisiko also gerade hier nicht, wie Bataille annimmt,[61] das Wesen des Spiels ausmacht, weil es nicht erst durch das Spiel in den sozialen Zusammenhang eintritt, sondern bereits zuvor gegeben ist; was ist dann das Wesen dieser Spiele beziehungsweise: worum geht es in ihnen?

12. Worum geht es bei den erzwungenen Spielen?

Auch in dem Film »No Country for Old Men« der Cohen-Brüder müssen Leute spielen. Ein Killer, der keine Zeugen zurücklässt, zwingt sie, eine Münze zu werfen. Haben sie Glück, lässt er sie am Leben (freilich begreifen nicht immer alle, dass es darum geht. Vielleicht ist es eher dieser Umstand, der einmal einen ahnungslosen Ladenbesitzer rettet). Eine

Frau aber weigert sich, zu spielen. Damit schafft sie ein gewisses Problem für den Killer. Hieran lässt sich erkennen, wozu das Spielenlassen für die Mächtigen gut ist. Es geht darum, einen Anschein zu erzeugen: Es soll so aussehen, als ob die Verlierer an ihrem Tod selbst schuld wären. Die Frau, die nicht spielt, muss der Killer hingegen sozusagen aus eigener Willkür töten. Sie verweigert ihm den Augenschein, dass irgendetwas anderes als er selbst an ihrem Tod schuld wäre. Nicht das reale Risiko des Todes ist der Einsatz bei diesem Spiel von ungleich Mächtigen, sondern vielmehr etwas Imaginäres: ein »als ob«, das dem Mächtigen zusätzlich zur Tötung seines Feindes noch eine illusorische Legitimation verleiht – der Andere hätte ja seine faire Chance gehabt.

13. Die aufgehobene Illusion des Spiels

Freilich ist dieser Schein eine Illusion, die niemanden täuscht, da sie ja von allen Beteiligten durchschaut wird. Aber gerade solche aufgehobenen Illusionen, solche »Einbildungen ohne Eigentümer«, sind, wie Huizinga bemerkt hat, fähig, außerordentliche Wirkungen hervorzurufen. Sie sind es ja, die den Exzess, das Frenetische, die Begeisterung des »heiligen Ernsts« hervorrufen. Ohne das Wissen, dass das Spiel nur ein Spiel ist, ohne die durchschaute gegenteilige Illusion also, ist keine solche überschäumende Freude, wie sie Spieler erfasst, möglich.

Dies ist die entscheidende Bedeutung der Folgerung aus Huizingas erster These. Huizinga hat nicht zuletzt aus diesem Grund auf den etymologischen Zusammenhang zwischen den Worten »Spiel« (ludus) und »Illusion« (wörtlich: »Einspielung«) hingewiesen.[62] Die durchschaute Illusion besitzt eine paradoxe, überraschende Wirkungsmacht. Sie ist für Huizinga das entscheidende Prinzip des Spiels – und nicht, wie für Bataille, das Todesrisiko. Darum sind die Hunde, die den Kiefer nicht schließen, für Huizinga Spielende: Sie wissen, dass es in diesem Moment nicht um wirklichen Kampf geht. Für Bataille hingegen spielen sie nicht: Denn sie riskieren nichts.

14. Was dient denn jemals wirklich zu nichts?

Obwohl Bataille Huizingas These von der aufgehobenen Illusion im Spiel durchaus wahrgenommen und ihm diesbezüglich auch zugestimmt hat[63] – was erneut seinen Scharfblick für hervorragende philosophische Vorstöße belegt –, vermochte er nicht die Konsequenzen aus ihr zu ziehen, da die hegelianischen Voraussetzungen ihn in eine andere Richtung zwangen. Huizingas Entdeckung aber enthält beträchtliches theoretisches Potential. Zunächst liefert sie wohl den Schlüssel zu der nicht allein für Batailles Theorie, sondern ebenso sehr z. B. für die Ästhetik Kants und seiner Nachfolger zentralen Frage, was eigentlich genau unter dem Begriff des »Interesselosen« zu verstehen ist – also zum Beispiel unter einem »der Notwendigkeit nicht unterworfenen Denken«, von dem Bataille spricht,[64] oder unter dem »interesselosen Wohlgefallen« Kants. Bataille stößt immer wieder auf dieses Problem – zum Beispiel, wenn es darum geht, die »reine Verausgabung« in seinem Sinn von einer bloß umwegrentablen Investition, von einem ideologischen Manöver oder von einer Charity- bzw. PR-Maßnahme zu unterscheiden.[65] Für Bataille besteht – ebenso wie für Kojève – ein unüberbrückbarer Abgrund zwischen dem Nützlichen, Zweckdienlichen, Servilen, Positiven auf der einen Seite, und dem Nutzlosen, Verschwenderischen, Herrischen, Negativen, das den Tod nicht fürchtet, auf der anderen. Aber es fällt ihm schwer anzugeben, wann dieses Verschwenderische jemals nicht doch positiv und bloß dazu da ist, selbst dem Servilen zu dienen und es zu stützen. Wann ist das Andere wirklich das ganz Andere der nützlichen Welt, und nicht doch etwa nur deren klammheimlicher Komplize? Wann haben wir es mit reiner Negativität zu tun und wann bloß mit einem Überbau?

Gibt es zum Beispiel jemals ein Spiel, das nicht bloß der Erholung und damit wieder der Reproduktion der Arbeitskraft dient – also einem völlig utilitären, knechtischen Zweck?[66] Wäre es nicht souveräner, anstatt zu spielen, das Geld gleich zu verschenken?[67] Würde es nicht von größerer Souveränität und »sprezzatura« zeugen, auf die Anerkennung und Wertschätzung der anderen zu pfeifen, anstatt darum zu kämpfen? Gibt es überhaupt reine Verschwendung? Oder beruht nicht jede letztlich auf einer vielleicht schlauen, um mehrere Ecken vorausgedachten, verachtenswerten Berechnung? (Das analoge Problem trifft die Kant'sche Ästhetik: Wie kann man jemals irgendein Wohlgefallen unzweifelhaft als »interesselos« bezeichnen? – Nietzsches Spott scheint hier ohne jede Gegenwehr als lachender Sieger vom Platz zu gehen.)[68]

Mit Huizinga aber könnte eine Lösung dieses Problems gelingen: Man könnte nämlich vielleicht dann sinnvollerweise von »Interesselosigkeit« sprechen, wenn das ganze (und durchaus leidenschaftliche) Interesse der Spielenden – dank der Illusion des Spiels – auf etwas anderes als auf ihre profane Wirklichkeit gerichtet ist. Sie interessieren sich in diesem Moment nicht für diese Wirklichkeit, sondern für die Fiktion des Spiels. Sie mögen sich dabei die Haare raufen oder einander um den Hals fallen: Eben weil sie nicht vergessen haben, dass das Spiel ein Spiel ist, können sie alles Übrige vergessen und sich so ungehemmt benehmen, wie sie es innerhalb ihrer »interessierten« Wirklichkeit niemals tun würden. Auch wenn das Spiel selbst klarerweise eine Wirklichkeit ist, ist es der übrigen Wirklichkeit doch so sehr entgegengesetzt, dass die Spieler sich selbst und diese übrige Wirklichkeit vollkommen vergessen können – eben im wachen Bewusstsein, dass das, worin sie sich befinden (Huizingas »Spielsphäre«), etwas ganz anderes ist als diese übrige Wirklichkeit. In diesem präzisen Sinn wären sie gegenüber dieser übrigen Wirklichkeit in diesen Momenten desinteressiert – beziehungsweise souverän.

15. Nicht verschwenden, sondern spielen

Vielleicht könnte Batailles gesamte »Anti-Ökonomie« besser reformuliert werden, wenn es in ihr nicht um die Verausgabung realer Ressourcen, sondern um einen bestimmten Umgang mit Fiktionen und den entsprechenden exzessiven Affektauf- und -abbau ginge. Auch Batailles eigene Beispiele deuten ja eher auf ein »als ob« der Verschwendung hin denn auf eine wirkliche ruinöse Verausgabung: Indem man sorgfältig die Preisschilder entfernt, tut man als Schenkender so, als ob die verpackten Geschenke keinen Preis hätten; man erweckt als Gastgeber den Anschein, als ob der Champagner unendlich fließen könnte – auch wenn es gar nicht der Fall ist und alle Beteiligten das auch wissen.[69]

Die *Überschreitungen* in Batailles Sinn könnten daher als eine Form des *Mitspielens* begriffen werden. Wenn wir uns dem Gebot des Spiels beugen und seine Fiktion annehmen, dann begeben wir uns in eine Sphäre, die von der unserer übrigen Wirklichkeit strikt unterschieden ist. Unser ganzes Empfinden ist dann anders: Dann werden uns auch Dinge, die in der übrigen Wirklichkeit mit Ekel behaftet sind, wie etwa manche alkoholische Getränke, Tabakwaren oder auch der Austausch von Körperflüssigkeiten, plötzlich als sublime Kostbarkeiten erfahrbar. Das, was sonst nicht möglich ist, wird unter der Fiktion des Spiels, wo es geboten ist, und in Gesellschaft, möglich. So sind wir unter Gleichgesinnten plötzlich in der Lage, sogar scheußlichste Dinge als grandiose Gaben zu verzehren;[70] wir feiern dabei die Transformation des jeweiligen Objekts in etwas Sublimes ebenso sehr wie die

Gesellschaft und ihren Illusionsrahmen, die uns diese Verwandlung ermöglicht haben. Unter den Bedingungen der gebietenden Fiktionssphäre der Liebe werden zum Beispiel Körperflüssigkeiten, die wir sonst verabscheuen, zu beträchtlichen Lustquellen. Und der Whisky, den wir am Morgen nicht riechen, ja nicht einmal erwähnt haben möchten, wird am Abend unter philosophierenden und rauchenden Freunden zu einem Beweis der Freundschaft – und im weiteren der Tatsache, dass es sich zu leben lohnt.

Auch das spezifische Prinzip gesellschaftlicher Solidarität, das Mauss und Bataille in den Praktiken des Schenkens und Spielens gesucht hatten, lässt sich demnach hier erkennen. Denn gerade bei jenen Fiktionen, von denen niemand getäuscht wird, wie zum Beispiel bei der Höflichkeit,[71] ist es entscheidend, Spielgefährten zu haben, die mithelfen, die Fiktion aufrechtzuerhalten. Kollegen, die einander faktisch wenig wohlgesinnt sind, fühlen sich dennoch einander spürbar verbunden, wenn sie gemeinsam kurz das Theaterstück gegenseitiger Anteilnahme und Wertschätzung aufgeführt haben – auch sie werden nämlich von jener diebischen Freude erfasst, die ihnen bewusster und begreiflicher wäre, wenn es ihnen gelungen wäre, mit ihrer Szene tatsächlich einen Mitarbeiter einer Konkurrenzfirma hinters Licht zu führen.[72] Dieses theatralische »als ob« ist auch im Spiel, wenn es gelingt, im öffentlichen Raum die Figur des »public man« zur Erscheinung zu bringen. Unsere Würde und unser Glanz beruhen also nicht auf unserer Bereitschaft, Kopf und Kragen zu riskieren, sondern auf unserem Sinn für das Befolgen einer Fiktion. Und die gesellschaftliche Solidarität ergibt sich aus dem geteilten Respekt für diese Fiktion – im ebenso respektvollen Bewusstsein, dass auch die anderen, die mitspielen, keine Idioten sind. Vielmehr sind sie ja hilfreiche Ungetäuschte, die dazu beitragen, jene Verhältnisse herzustellen, dank deren wir in der Lage sind, die Dinge zu genießen, für die es sich zu leben lohnt.

17. Der Genuss, die Philosophie und das Niedrige

1. Das Vorbild aller Freuden

Alles, was schmeckt, macht auf Menschen, wie es scheint, schon früh einen tiefen Eindruck und hinterlässt eine Spur, von der viele spätere Dinge und Erfahrungen gezeichnet werden – auch solche, die mit Nahrung nur noch indirekt oder gar nicht mehr zu tun haben. So bemerkt Sigmund Freud, dass die menschlichen Sexualtriebe am Beginn ihrer Entwicklung noch schwach und hinsichtlich ihrer Objektwahl unsicher sind. Sie folgen diesbezüglich darum anderen Trieben, nämlich jenen der Selbsterhaltung, die sich ihrerseits mit großer Bestimmtheit jenen Personen zuwenden, von denen die elementaren lebenserhaltenden Güter wie beispielsweise Nahrung empfangen werden. Geliebt wird also zunächst, was eine(n) ernährt oder schützt.[1] In der »Objektwahl nach dem Anlehnungstypus« lehnen sich die Sexualtriebe gleichsam an die entschiedeneren Selbsterhaltungstriebe an und erheben die fütternde Person zum begehrten Objekt – ein Muster, das sich bekanntlich nicht nur bei Kleinkindern, sondern, in freilich elaborierterer Form, auch bei Erwachsenen beobachten lässt und das in Sprichwörtern wie »Liebe geht durch den Magen« sowie in weiterer Folge in kannibalischen Metaphern wie der vom »Fressen« oder »Vernaschen« einer Person Niederschlag gefunden hat.

Nicht nur das Sexuelle aber, sondern auch andere Formen des Wohlgefallens scheinen vom Nahrungsgenuss beeindruckt: zum Beispiel das ästhetische Urteilsvermögen beziehungsweise der Sinn für das Schöne. Darum wird dieses – verräterischerweise – mit dem Namen »Geschmack« bezeichnet. Gar nicht so unberechtigt erscheint darum die kühne These des Philosophen Epikur: »Ursprung und Wurzel alles Guten ist die Lust des Bauches, auch das Weise und Überfliegende bezieht sich nur auf diese.«[2]

2. Das Niedrige und die Gebildeten unter seinen Verächtern

Gerade dieses dem Ästhetischen anhaftende kulinarische Erbe (beziehungsweise der entsprechende Verdacht) wurde allerdings von anderen Philosophen immer wieder heftig bestritten. Immanuel Kant zog eine scharfe Demarkationslinie zwischen Tisch und Tafelbild, indem er zwischen dem »interessierten Wohlgefallen«, das immer die Existenz des jeweiligen Gegenstandes voraussetzt, und dem »interesselosen Wohlgefallen« unterschied, das bereits von der bloßen Vorstellung in der Reflexion ausgelöst werden kann. Um an einer Wurstsemmel oder an einem bequemen Stuhl Freude zu haben, ist es notwendig, dass man sie wirklich essen kann oder auf ihm Platz nehmen darf. Um sich an den schönen Proportionen einer Palastfassade zu erfreuen, genügt es hingegen, wenn man sie auf einer Postkarte zu sehen bekommt oder sie sich auch nur lebhaft vorstellen kann. Das Schöne im Sinne Kants ist das, was fähig ist, diese existenz- und verfügungsunabhängige Freude auszulösen: Schön ist, so Kant, was »ohne alles Interesse« der Sinne gefällt.[3]

In seiner Argumentation für das interesselose Wohlgefallen, das zum Beispiel von Kunst und Architektur hervorgerufen werden kann, mokiert sich Kant ein wenig über jenen irokesischen Sachem, der feststellte, »ihm gefalle in Paris nichts besser als die Garküchen«.[4] Ein anderer Angehöriger einer Stammeskultur freilich machte gegenüber den Europäern eine Bemerkung, die das Lachen und die Beschämung durchaus auch in die entgegengesetzte Richtung zu lenken vermag. Er sagte: »Wir haben keine Kunst; wir tun alles, so gut wir können.«[5]

Ein später Parteigänger von Kants Position war Theodor W. Adorno, der dieselbe Grenzlinie zog, indem er streng formulierte: »[...] die Emanzipation der Kunst von der Küche oder der Pornographie ist irrevokabel.«[6] Er fügte allerdings sofort hinzu: »Aber sie kommt in der Interesselosigkeit nicht zur Ruhe.« Mit feinem Sinn für eine der Sachlage innewohnende Spannung setzte Adorno dann fort: »Wer Kunstwerke konkretistisch genießt, ist ein Banause; Worte wie Ohrenschmaus überführen ihn. Wäre aber die letzte Spur von Genuss exstirpiert, so bereitete die Frage, wozu überhaupt Kunstwerke da sind, Verlegenheit.«[7]

Freilich war die noble, »desinteressierte« und dem Niedrigen abholde Partei auch in der Neuzeit nicht die einzige auf dem Terrain. Dank seiner profunden Kenntnis der antiken Kultur konnte Friedrich Nietzsche hellsichtig und mit vernichtendem Spott dagegenhalten:

»so bekommen wir denn von ihnen gleich von Anfang an Definitionen, in denen, wie in jener berühmten Definition, die Kant vom Schönen gibt, der Mangel an feinerer Selbst-Erfahrung in Gestalt eines dicken Wurms von Grundirrtum sitzt. ›Schön ist,‹ hat Kant gesagt, ›was ohne Interesse gefällt.‹ Ohne Interesse! Man vergleiche mit dieser Definition jene andre, die ein wirklicher ›Zuschauer‹ und Artist gemacht hat – Stendhal, der das Schöne einmal *une promesse de bonheur* nennt. Hier ist jedenfalls gerade das abgelehnt und ausgestrichen, was Kant allein am ästhetischen Zustande hervorhebt: le désintéressement. Wer hat recht, Kant oder Stendhal? Wenn freilich unsre Ästhetiker nicht müde werden, zugunsten Kants in die Waagschale zu werfen, dass man unter dem Zauber der Schönheit sogar gewandlose weibliche Statuen ›ohne Interesse‹ anschauen könne, so darf man wohl ein wenig auf ihre Unkosten lachen – die Erfahrungen der Künstler sind in Bezug auf diesen heiklen Punkt ›interessanter‹ und Pygmalion war jedenfalls nicht notwendig ein ›unästhetischer Mensch‹.«[8]

Wenn es also nicht gelingt, eine präzisere theoretische Formulierung für das sogenannte »Interesselose« zu finden; wenn kein besseres Kriterium angegeben werden kann, warum zwischen den einen Genüssen und den anderen eine unüberbrückbare Kluft, ein prinzipieller Gattungsunterschied bestehen soll, dann droht die Gefahr, dass die ganze behauptete Interesselosigkeit sich in nichts auflöst und restlos aufgeht in der Erklärung, die Bertolt Brecht gefunden hat:
»Bei den Hochgestellten
Gilt das Reden vom Essen als niedrig.
Das kommt: sie haben
Schon gegessen.«[9]

3. Die Knödelargumente und die Philosophie

Auch abseits der Fragen der Ästhetik wurde das Essen von den Philosophen oft, wenigstens dem Anschein nach, mit einer gewissen Verachtung behandelt. Eine bestimmte, mit allzu viel Bodenhaftung im *Common sense* verankerte und ausschließlich auf das Evidente und Einleuchtende fixierte Art des Denkens bezeichnet Freud als »Suppenlogik mit Knödelargumenten«.[10]

Dieselbe Geringschätzung für kulinarisch belastete philosophische Gedanken zeigt sich auch in der scharfen Kritik Louis Althussers an »der gediegenen Sprache des ›Evidenz‹-Pragmatismus«, der gerne und sehr schnell eine nicht näher bestimmte »Praxis« zum Kriterium der Theorie erhebt. Dazu schreibt Althusser: »Dies ist das bekannte Spielchen mit dem Kriterium der Praxis! Und wenn unser Hunger nach diesem

Gang noch nicht gestillt ist, dann variiert man gern das Menu noch ein wenig oder serviert uns soviel davon, wie wir brauchen können, um satt zu werden. Man sagt uns: Die Praxis ist der Prüfstein, die Praxis des wissenschaftlichen Experiments! Oder – um uns vom ›marxistischen‹ Charakter des Arguments zu überzeugen: die gesellschaftliche Praxis! [...] Oder man tischt uns schließlich noch den missglückten Pudding von Engels auf und sein nahrhaftes, wahrscheinlich aus Manchester bezogenes Argument, wonach die Probe auf einen Pudding darin besteht, dass man ihn isst!«[11]

Allerdings muss diese Abneigung der Philosophen gegen die nahrhaften Argumente nicht unbedingt in dem Sinn verstanden werden, dass so simple Dinge wie Suppe, Knödel und Pudding in der feinen Sphäre der Philosophie nichts verloren hätten. Man kann sie auch ganz anders auffassen – nämlich dahingehend, dass selbst Suppe, Knödel und Pudding weitaus komplexere und raffiniertere Realitäten sind als jene philosophischen Argumente, die meinen, sich auf deren angebliche Einfachheit und Evidenz stützen zu können. Nicht die Suppe etc. hat darum in der Philosophie nichts verloren, sondern allein jene Suppenlogik, die fälschlich meint, dass Suppe eine grundsimple, durch und durch evidente, nicht weiter der Erörterung bedürftige Sache wäre. Wirklich primitiv ist nur eine Theorie, die irgendetwas anderes für primitiv hält.

4. Das täuschend Einfache

Ungerechtfertigt wie die Geringschätzung der Nahrungsmittel als simple, selbstverständliche Dinge war auch die des Stilllebens, das sie darstellt.[12] Gerade am Stillleben zeigt sich, dass das scheinbar Banale oder Triviale oft täuschend ist. Aus dem Stillleben gingen schließlich die Raffinessen der Trompel'œil-Malerei hervor. Und eine der ersten Formen dieser Illusionskunst stellte »zu Boden geworfene Essensreste« dar: Sie waren in der Antike auf Bildern zu sehen, die man als »Ryparografien« bezeichnete.[13]

Könnte es sich folglich, ähnlich wie mit der vermeintlich niederen Gattung des Stilllebens, auch mit dem Essensgenuss selbst verhalten? Ist das, was uns am Essen schmeckt, vielleicht komplexer, als wir gemeinhin voraussetzen, wenn wir es als diffamierende Metapher für schlechte Philosophie gebrauchen? Könnte es sein, dass auch der Genuss beim Essen, wie bei der Trompe-l'œil-Malerei, keineswegs mit simplen Realitäten, sondern vielmehr mit einer hinterlistigen Form der Illusion zu tun hat? Eignen sich die niederen Genüsse denn als Träger hoher Täuschungskunst? Kann im Sinnbild des Einfachen überhaupt irgendetwas so Kompliziertes verborgen sein? Würde sich hier auf merkwürdige Weise der Satz aus Oscar Wildes Stück *A Woman of No Importance* bewahrheiten, der lautet: »Ich schwärme für einfache Genüsse. Sie sind die letzte Zuflucht der Komplizierten«?[14]

5. »Ich weiß zwar, dennoch aber ...«

Dass das, was uns in helle Begeisterung oder tiefe Verzweiflung versetzt, nicht Realitäten sind, sondern Einbildungen, wusste die antike Ethik sehr genau. So betonte der Stoiker Epiktet, dass es niemals die Tatsachen sind, welche die Menschen in Aufruhr versetzen, sondern immer ihre Einbildungen von den Tatsachen.[15] Selbst in den scheinbar simplen, nicht weiter der Erklärung bedürftigen, bloß auf der Reizung der Geschmacksknospen und der Stillung des Hungers beruhenden Gaumenfreuden wäre also noch etwas anderes, Luftigeres, schwerer Greifbares, Imaginäres am Werk?

Um diese in Bezug auf die Frage des Nahrungsgenusses besonders paradox erscheinende (und gegen jedes Knödelargument völlig wehrlos anmutende) These plausibel zu machen, müssen wir allerdings eine Präzisierung anbringen. Sie betrifft die bestimmte Form der Einbildung. Der Psychoanalytiker Octave Mannoni hat bemerkt, dass bei vielem, was uns im Alltagsleben Freude macht oder sogar kleine Triumphe auslöst, eine bestimmte Form der Illusion vorliegt. Wenn wir uns im Varieté am Trick eines Zauberkünstlers erfreuen, dann wissen wir genau, dass nichts Übernatürliches vorliegt. Aber wir sind begeistert, weil eine entsprechende Illusion erzeugt wurde – sozusagen für irgendjemand anderen. »Man hätte glauben können« – dies ist das Prinzip einer solchen, an unbestimmte andere adressierten, sozusagen »anonymen« Illusion. Die Struktur unserer Freude an ihr fasst Mannoni darum in die Formel »je sais bien, mais quand même ...« – »Ich weiß zwar [dass es nur eine Illusion ist], dennoch aber [ist es großartig].«[16]

Genau diese Struktur ist es auch, mit der wir die Freude an Trompe-l'œil-Effekten erfassen können: Wir wissen zwar immer genau, dass da keine Essensreste am Boden liegen oder Glasscheiben über den Gemälden zerbrochen sind; dennoch aber finden wir es großartig, denn irgendjemand anderer hätte es ja glauben können. Mannoni zeigt mit dieser Entdeckung, dass die von Freud am Fetischismus entdeckte Struktur der Verleugnung keineswegs auf diese spezielle Perversion beschränkt ist; sie liegt vielmehr auch sämtlichen kulturellen Genüssen – auch den nichtperversen – zugrunde. Sie findet sich im Theater und im Kino ebenso wie in der Malerei und sogar in den freudigen Effekten der Höflichkeit; ja überall dort, wo eine bestimmte Illusion erzeugt wird, ohne dass man angeben könnte, wen sie täuschen soll. Man kann, gestützt auf den gleichlautenden Befund des niederländischen Kulturtheoretikers Johan Huizinga in Bezug auf das Spiel und dessen kulturbegründende Funktion, sogar zu dem Schluss gelangen, dass diese Form der durchschauten, nichtgeglaubten, mithin aufgehobenen und anonymen Illusion das allgemeine Lustprinzip in der Kultur darstellt.[17] Alles, was als einfache, sinnliche Freude erscheint, wäre vielleicht von einer – möglicherweise manchmal unbemerkt bleibenden – Form der Illusion begleitet, die bloß andere täuscht. So waren ja auch viele Gastmähler oft implizite Re-Inszenierungen von früheren Gelagen; und manche römische Stillleben nicht nur Darstellungen von Nahrungsmitteln, sondern auch Erinnerungen an frühere, griechische Stillleben.[18] Insofern würde sich die Bemerkung von Anatole France erklären, der feststellte, dass man nicht sinnlich sein könne, ohne ein wenig Fetischist zu sein.[19]

6. Der diskrete Charme der Gastronomie

Wenn man den aktuellen Umgang bestimmter mehr oder weniger wohlhabender gesellschaftlicher Genusseliten mit der Kulinarik beobachtet, so kann man leicht feststellen, dass hier seit einigen Jahren ein neuer Boom eingesetzt hat, der dieses bislang solide und ruhige Metier in ungeahnte Höhen von kultureller Wertschätzung und sensationslüsterner Neugier erhebt: Kochsendungen im Fernsehen erscheinen nicht mehr nur im biederen Vorabendprogramm, sondern auch als mehr oder weniger spektakuläre, optisch gestylte Inszenierungen von hohem Distinktionswert im kunstsinnigen Abend- und Nachtprogramm, mit regelrechten Stars wie Sarah Wiener oder Jamie Oliver. Hier steht nicht einfach ein Koch mit Haube und Schürze in einer unauffälligen Musterküche und schnipselt mit Sorgfalt seine Zutaten, während er sachlich erläutert, wann man sie am besten in den Topf gibt. Vielmehr wird erst mit auffälligen klassischen, aber seltenen Fahrzeugen wie einer alten Vespa oder einem VW Käfer Cabrio durch die jeweilige ferne Gegend gefahren, um den kulturanthropologischen Hintergrund oder wenigstens das lokale Flair der jeweiligen Speise vor Augen zu führen. Unter Einbeziehung ausgesuchter alter, weiser Köchinnen und Köche sowie ausgesuchter Kochwerkzeuge und -materialien wird dann in möglichst pittoresken Küchen vor Ort das kostbare, jahrhundertealte, überlieferte Wissen um die Einzigartigkeit dieser Spezialität an ein Millionenpublikum verraten. Günstig wirkt dabei auch die Präsentation individueller Marotten – wie zum Beispiel, dass man die Zutaten mit den Fingern nimmt und sie verächtlich, fast wie Müll, in den Topf wirft. Solch arrogant-punkiges Gehabe erzeugt medialen Wiedererkennungs- und Kultwert und schützt die urbane Bobo-Zuseherschaft vor jener Biederkeit, die sie fürchtet wie der Teufel das Weihwasser und Dracula den Knoblauch.

7. Mythen des Genießens

Schon auf dieser Ebene zeigt sich, dass die Nahrung hier nicht als einfaches, bloß auf die oralen Sinnesorgane zielendes Genussmittel fungiert, sondern auch als Träger von Fiktionen – als ein »Mythos« in jenem präzisen semiologischen Sinn, wie ihn Roland Barthes seinerzeit unter anderem am Beispiel von Beefsteak und Pommes frites analysiert hat.[20] Ähnlich wie Trompe-l'œil-Malerei suggerieren auch exquisite Speisen irgendwelchen anonym bleibenden Beobachtern die Vorstellung, wir befänden uns mitten in der Kulturlandschaft, aus der die Gerichte stammen. Diese Illusion ist es, die uns vor allem an ihnen schmeckt. Und dazu müssen wir sie vielleicht nicht einmal verzehren: Die bloße Vorstellung, sie zu kochen oder zu essen, würde uns schon die Wirksamkeit der anonymen Illusion verschaffen. An diesen ›mythologischen‹ Genüssen gäbe es also durchaus etwas, das bereits in der bloßen Vorstellung gefällt. Sie wären mithin Kandidaten für die Kategorie des interesselosen Wohlgefallens. Vielleicht übernehmen aus diesem Grund gegenwärtig Objekte des Designs oder der angewandten Künste mehr und mehr jene Funktionen, die früher ausschließlich von der Kunst erfüllt wurden: Gestylte Kochbücher ersetzen das Stillleben, kunstvoll zubereitete Gerichte das Trompe l'œil und schicke Geländewagen das Landschaftsbild.

In dieselbe Richtung wie diese an der Gegenwartskultur gewonnene Beobachtung sowie ganz gegen Kants und Adornos oben zitierte Beteuerungen spricht auch die Einbeziehung des Starkochs Ferran Adrià in die von Roger Buergel ausgerichtete *documenta 12* im Jahr 2007. Darüber hinaus kann man leicht feststellen, dass die Gattung des Kochbuchs einen soziologischen Quantensprung durchgemacht hat. Es ist nicht mehr das schlichte Geheimnis, das man diskret innerhalb einer Familie an die nächste Generation weitergibt, sondern eine neue, spektakuläre, in Fotografie und Graphik aufwendig gestaltete Gattung, die als stilvolles Geschenk unter Gleichaltrigen gerne gereicht und – ganz ähnlich übrigens wie neuerdings auch die Utensilien für ausgefallenere erotische Vorlieben – stolz hergezeigt wird.[21] Seit kurzem existieren sogar spezielle Geschäfte, die sich nahezu ausschließlich dem Vertrieb dieses neuen Luxusguts widmen.

All diese Phänomene belegen eine zeitgenössische Sehnsucht nach dem Glück, das in der kenntnisreichen Beschaffung und der mit Muße durchgeführten Zubereitung von Nahrung liegt, die über ihre materiellen Verfeinerungen hinaus auch mit den Ahnungen fremder Kulturen oder ferner Vergangenheiten (beziehungsweise, wie bei Adrià: Zukunftsvisionen) der eigenen Kultur angereichert ist. Insofern entspricht diese ideelle Aufladung des Materiellen von Speisen und Kochkunst der allgemeinen Tendenz dessen, was gegenwärtig als »Kulturkapitalismus« bezeichnet wird. Das Charakteristische am Kulturkapitalismus besteht darin, wie Mark

Slouka hellsichtig bemerkt hat, dass mit der Ware ein Stück Leben gekauft wird.[22] Materielle Objekte dienen gegenwärtig immer mehr lediglich als Requisiten für eine Erfahrung, für die Teilhabe an einem bestimmten Lebensstil oder einer Überzeugung. Bestimmte Äpfel sind nicht nur Obst, sondern Versprechen von gesundheitsbewusstem Leben oder sogar von ökologischem Protest. Spezielle Turnschuhe dienen nicht nur als Sportgeräte, sondern zugleich als modische Requisiten, als Zeichen des informierten Einspruchs gegen Kinderarbeit in China oder sogar, gerade dank ihres besonderen Logos, als definitive Überwindungen des Logo-Wahnsinns.[23]

8. Verdeckte Genussflucht

Allerdings stellt sich bei diesen Versuchen der Teilhabe an Ideellem durch Aneignung von Materiellem immer eine bestimmte Zweideutigkeit ein: Ist das wirklich der Beginn einer eingehenderen Beschäftigung mit dem, worauf das Objekt verweist? Müssen diese ›mythologischen‹ Genussobjekte als Beweise eines verstärkten Hedonismus in unserer Kultur gewertet werden? Oder deutet sich in ihnen nicht vielleicht eine neue Schwierigkeit an – ein tief sitzendes Problem, das unsere Gegenwartskultur mit dem Genießen hat?

Sind zum Beispiel die scheinbar allradgetriebenen Geländewagen, die in zunehmendem Maß unsere Städte bevölkern, wirklich dazu da, Wochenenden im Grünen zu verbringen? Haben sie dieselbe Funktion wie jene Landschaftsbilder, welche die ausflugsfreudigen Bürger des 19. Jahrhunderts für die misslichen Wochentage ins Wohnzimmer hängten, als Erinnerung an erlebte Natur und als Ansporn für den nächsten Spaziergang? Oder dienen die sogenannten SUVs genau dem Gegenteil, nämlich dazu, eine Erfahrung von Natur und ›Offroad‹ zu verkörpern, ohne dass man überhaupt noch hinzufahren braucht? Die Tatsache, dass viele von diesen Fahrzeugen, obwohl sie so aussehen, gar nicht geländegängig sind, da sie ausschließlich mit Zweiradantrieb angeboten werden, dürfte ein deutlicher Hinweis auf Letzteres sein.

Dasselbe könnte auch für das aufwendig designte Kochbuch zutreffen, das gegenwärtig sozusagen den Erben des klassischen, bürgerlichen Stilllebens darstellt. Bedeutet denn der Erwerb eines solchen Kochbuchs tatsächlich, dass man nun eine neue Freizeitbeschäftigung gewonnen hat und beabsichtigt, von nun an mehr Zeit in der Küche zu verbringen? Oder verhält es sich vielleicht genau umgekehrt – ist das Kochbuch nur der sehnsüchtige, symbolische Ersatz für ein Feld von Erfahrungen, das unwiederbringlich verlorengegangen ist, weil wir aufgrund eines immer hektischeren Berufslebens nur noch entweder ganz schnell zu Hause etwas Kaltes beziehungsweise Fertiges oder ohnehin immer im Restaurant essen? Kulturkapitalistische Waren und Praktiken haben somit eine »interpassive« Dimension an sich: Sie dienen nicht dazu, Genüsse zu ›verschaffen‹, sondern dazu, sie durch punktuelle symbolische Stellvertretung zu ›ersetzen‹.[24] Solche Dinge erscheinen charakteristisch für Kulturen, in denen, wie der Philosoph Günther Anders bemerkte, nicht die Güter, sondern vielmehr die Bedürfnisse knapp geworden sind.[25]

9. Das Leiden am Genuss

Immerhin scheint in manchen dieser raffinierten interpassiven Methoden, die nur so tun, als ob sie dem Genuss Vorschub leisten wollten, während sie ihn in Wahrheit fernhalten, etwas Entscheidendes aufbewahrt. Nicht immer nämlich wird der Genuss ausschließlich deshalb durch symbolische Vertretung ersetzt, weil wir nicht genug Zeit zum Genießen haben. Oft geschieht es auch aus einem wesentlicheren Grund, der mit dem Genuss selbst zu tun hat. Es gibt Leute, die früher starke Trinker waren, nun aber, ›trocken‹ geworden, ihre frühere Leidenschaft sowohl weiter pflegen als auch in Schach halten, indem sie häufig Gäste einladen und diesen ständig die Gläser nachfüllen. Auch in Bezug auf den Sexualgenuss scheint solches Verhalten zu existieren – zumindest in der Literatur: »Mein Onkel Octave«, notiert ein Romanheld bei Pierre Klossowski, »litt an seinem ehelichen Glück wie an einer Krankheit, von der er glaubte, genesen zu können, wenn es ihm gelänge, sie auf andere zu übertragen.«[26]

Symbolisches Ersetzen findet also dort statt, wo am Genuss gelitten wird. Die Äquivalenz, die für eine solche Ersetzung notwendig ist, besteht darin, dass ein solcher leidvoller Genuss gleichermaßen eine Belohnung wie eine Strafe bedeutet und es folglich als eine angemessene Antwort erscheint, wenn man ihn durch Delegieren an andere Personen ebenso sehr herbei bittet, wie man ihn abwehrt. Schwieriger erscheint die Frage, inwiefern im Genuss Leiden enthalten sein könnte. Wenn es aber gelingt, eine Antwort auf diese Frage zu finden, dann ist es auch möglich anzugeben, weshalb die aktuellen Probleme mit dem Genießen massiver sind und tiefere Ursachen haben als nur einen Mangel an Zeit.

10. Das ungute Moment

Wenn man sich in einem kurzen Rundblick vergegenwärtigt, welche Eigenschaften die Dinge auszeichnen, dank deren wir im emphatischen, absolut anmutenden Sinn Genuss empfinden können, dann fällt schnell eines auf: Sie sind entweder teuer wie Abendkleidung oder Champagner; sie sind ungesund wie fettes Essen oder Alkohol; sie können stechend schmerzhaft sein und einem Tränen in die Augen treiben wie Pfefferoni, Kren oder vietnamesische Suppen; oder sie haben manchmal auch etwas mehr oder weniger Unappetitliches an sich wie Blutwürste, Innereien, Schnecken oder Muscheln.

Genau diese negativen Eigenschaften sind es, welche in der postmodernen, sich als hedonistisch gerierenden Kultur den Dingen sorgfältig weggenommen werden. Allen Genussmitteln ist gleichsam der Stachel gezogen: Es gibt, wie Slavoj Žižek betont hat, Bier ohne Alkohol, Schlagobers ohne Fett, Zigaretten mit weniger Schadstoffen – inzwischen auch Fußball ohne Kraftausdrücke, Bars ohne Tabakkultur, virtuellen Sex ohne Körperkontakt.[27] Die Frage ist aber: Sind wir nun glücklicher und können wir jetzt uneingeschränkt genießen?

Die Antwort wird klar, wenn man sich in Erinnerung ruft, dass das Genießen vom Feiern abhängt. Feierliche Momente sind solche, in denen Menschen ihren profanen Alltag unterbrechen – einem Gebot folgend wie zum Beispiel dem, dass der Geburtstag eines Kollegen gefeiert werden muss. Dann müssen die Sektflaschen geöffnet, muss mit dem Jubilar angestoßen werden; und zwar sogar von denjenigen, denen der Arzt den Alkohol verboten hat. Sie bekommen eine kleine, symbolische Menge ›zum Anstoßen‹ eingeschenkt. Den Geburtstag eines Erwachsenen kann man, wie gesagt, eben nicht mit Multivitaminsaft feiern. Um den profanen Alltag wirksam zu unterbrechen und einen feierlichen Moment herzustellen, ist etwas nötig, das man nicht immer trinken kann. Und etwas, das auch nicht in allen Momenten gleichermaßen lustvoll ist: Mag der Yuppie-Libertin seine Domina auch teuer bezahlen für ihren sublimen »Natursekt« oder ihre kostbaren Ohrfeigen, so würde er deren Äquivalente, die er an der nächsten Straßenecke leicht gratis bekommen könnte, doch angeekelt oder erschrocken ablehnen.

11. Die Markierungen der Festlichkeit

Nur mit Objekten, die irgendeine ungute, nicht auf Dauer verträgliche Eigenschaft aufweisen, können wir feiern; und nur indem wir feiern, können wir im emphatischen Sinn genießen. Darum gehen in einer vermeintlich hedonistischen Kultur – die uns wie Kinder behandelt, indem sie uns nichts als bekömmliche Dinge vor die Nase setzt und uns permanent auffordert zu genießen – die Genüsse verloren. Dies ist nicht etwa deshalb so, weil Unlust notwendig wäre, damit im Kontrast zu ihr Lust empfunden werden kann. Sondern darum, weil unsere besten Genüsse darin bestehen, dass wir für Momente unsere gewöhnlichen Prinzipien gesunder Ernährung, nüchterner Verfassung, sparsamen Haushaltens, der Ablehnung und des Ekelns etc. über Bord werfen und eine triumphal lustvolle, feierliche Überschreitung begehen. Erwachsensein bedeutet letztlich nichts anderes, als genau dazu in der Lage zu sein: auf die eigene Erwachsenheit auch mal für kurze Zeit pfeifen zu können. Genau darin zeigt sich die der Verdoppelung verdankte Fähigkeit, auf erwachsene Weise erwachsen zu sein. Einfach erwachsen sind, wie gesagt, nur altkluge Kinder.

Hier wird nun deutlich, inwiefern unsere besten und intensivsten sinnlichen Genüsse von einem »ich weiß zwar, dennoch aber« im Sinne von Mannonis Formel abhängen. Es ist die Formel einer Erwachsenheit, die einem feierlichen Anlass zuliebe die Regeln der profanen Wirklichkeit suspendiert und zu spielen beginnt. Das Spiel enthält eine anonyme Illusion,[28] und es enthält die Aufforderung: Pfeife auf das, was du weißt, und folge der Illusion, dem »dennoch aber« – dem, was irgendjemand anderer hätte glauben können. Oder, anders gesagt: Sei kein Spielverderber! Mach jetzt das, was du dir im übrigen Leben nicht erlauben würdest!

12. Wenn das Verbotene geboten ist

Sigmund Freud und Georges Bataille haben, wie zuvor ausgeführt wurde, bemerkt, dass Religionen solche Momente enthalten, in denen sie genau das gebieten, was sie selbst sonst streng untersagen: zum Beispiel in der Totemmahlzeit, wo jenes Tier gemeinsam festlich verspeist werden muss, das ein Stamm als seinen mythischen Verwandten ansieht und das darum normalerweise nicht getötet und verzehrt werden darf.[29] In diesem Ausnahmemoment aber ist die Enthaltung mindestens genauso streng untersagt wie sonst der Verzehr.

Dieses kulturelle Gebot, das den Genuss des sonst untersagten Elements befiehlt, verwandelt das Ungute dieses Elements in etwas triumphal Lustvolles. Aus diesem Grund haftet solchen Elementen, dem jeweiligen Heiligen der Kulturen, immer eine Doppeldeutigkeit an. Es ist immer sowohl »erhaben« als auch »unrein«.[30] Denn nur im Moment des Festes kann ein derartiges Element transformiert werden. Indem sie es feiert, verwandelt die feiernde Gruppe das üblicherweise ungute, »unreine« Ding in etwas über alle Maßen Lustvolles, Erhabenes beziehungsweise Sublimes. Diesen durch ein kulturelles, gesellschaftliches Gebot geleiteten Vorgang kann man im präzisen psychoanalytischen Sinn als »Sublimierung« bezeichnen.[31]

13. Lustige Dinge, traurige Menschen

Nun lässt sich erkennen, weshalb unsere aktuelle Kultur, bei aller geradezu verzweifelten Lustbezogenheit, ein Problem mit dem Genuss hat und warum ihr die Fähigkeit dazu so sehr abhanden gekommen ist: Alle flüchten auf ihre Weise vor genau jenem unguten Element, das dazu nötig wäre. Dies gilt nicht nur für diejenigen, die zu wenig Zeit haben oder dem Genuss ausweichen, indem sie Kochbücher kaufen oder verschenken, anstatt selbst zu kochen. Es betrifft mindestens ebenso sehr jene, die noch selbst kochen, allerdings aus gesteigertem Gesundheitsbewusstsein. Sie kochen nämlich selbst, um gerade zu verhindern, dass sie irgendetwas Ungutes, Ungesundes essen müssen. Das Gesundheitsbewusstsein bildet somit einen Teil des Problems, das wir mit dem guten Leben haben, und nicht dessen Lösung. Es leistet freiwillig Verzicht auf das Unreine sowie auf jenen Anteil an Gesellschaft, der nötig wäre, um dessen feierliche Transformationen ins Sublime bewerkstelligen zu können. Denn die Verwandlung kann nur durch ein feierndes Kollektiv vollzogen werden. Nur dieses kann ein entsprechend starkes Gebot an die Individuen richten, keine Spielverderber zu sein. Werden die Individuen hingegen auf sich alleine gestellt und auf ihre individuellen Genussressourcen zurückgeworfen, dann sitzen sie erstarrt wie die Kaninchen vor der Schlange vor dem, was sie bis vor kurzem noch als glamourös empfinden konnten, und beginnen sich zu ekeln und laut nach Alkohol-, Sex- oder Rauchverboten zu rufen. So kommt es, dass sich große Teile westlicher Bevölkerungen nicht nur in erotischer Hinsicht permanent als ›oversexed and underfucked‹ empfinden. Jene Genussgüter, die wir als medial heftig auf uns eindringendes Angebot vor uns haben, sind, wie Max Scheler treffend bemerkte, »sehr lustige Dinge, angeschaut von sehr traurigen Menschen, die nichts mehr damit anzufangen wissen.«[32]

14. »Es wird ein Wein sein, und wir wer'n nimmer sein«

Es scheint in dieses Bild zu passen, dass das Stillleben nicht selten mit einem Motiv des Todes aufwartet. Norman Bryson hat wohl recht, wenn er zu Bedenken gibt, dass dies nicht zu schnell im Sinn des barocken Vanitas-Themas verstanden werden sollte. Warum hätte gerade das auf den »most entropic level of material existence«[33] bezogene unter den malerischen Genres – jenes, das am meisten vom Menschen absieht, und darum, dem materialistischen Prinzip entsprechend, »keine Geschichten erzählt«[34] – Anlass, an die Vergänglichkeit zu erinnern? Weil alle Genüsse einmal enden? Aber würde genau auf eine solche Haltung nicht das Urteil des Epikur zutreffen, der bemerkte: »Undankbar gegenüber dem vergangenen Gut ist das Wort: ›Was du tust, bedenke das Ende‹«?[35]

Und außerdem – wenn hier schon etwas endet, dann sind es doch eher wir selbst als die Dinge, die Genuss verschaffen: Neben den Totenköpfen liegen in den Stillleben frisch und unbeschädigt die Speisen, Tabakspfeifen, Geschirre, Bücher, Musikinstrumente. Man könnte sich hier an einen Satz erinnert fühlen, den eine ältere Dame mir überlieferte, die ihn selbst früher von einer weisen alten Frau gehört hatte. Immer, wenn im Haushalt Geschirr zu Bruch ging, soll diese zum Trost gesagt haben: »Das Klumpert wär' imstand und überlebert uns.«

Unabhängig von den historischen Gründen, die für das Motiv des Todes maßgebend gewesen sein mögen, scheint das Stillleben jedoch eine wichtige Botschaft bereitzuhalten, welche die Probleme betrifft, die die Gegenwart mit dem Genuss hat. Es ist dieselbe, die auch Marco Ferreris filmische Parabel *Das große Fressen* vorführt: Man kann nur dann genießen, wenn man den Tod nicht fürchtet und das Leben nicht um jeden Preis festzuhalten versucht. Dem Tod gegenüber gelassen zu sein, ist eine entscheidende Voraussetzung, um überhaupt zu leben. Jene Biopolitiken hingegen, die gegenwärtig, unter dem Vorwand, das Leben zu schützen, jeglichen Genuss als gesundheitsschädigend dämonisieren und verbieten, machen schon dieses Leben selbst zum Tod, zu einer Art von vorzeitiger Leichenstarre. Genießen oder aber ohne jeden Genuss schon vor dem Tod tot sein – diese Alternative von äußerster Aktualität scheint das Stillleben uns vor Augen zu führen. Wenn wir allen Genüssen das ungute Element wegnehmen und Cafés nur ohne Zigarrenrauch sowie Fernreisen nur mit umfassender Leibesvisitation erdulden, dann haben wir aus lauter Angst vor dem Tod schon das Leben preisgegeben. Genau dagegen richteten sich in der Antike die schönen Verse aus der 8. Satire des Juvenal, wo es heißt: »Betrachte es als die größte Schandtat, das nackte Leben höher zu stellen als die Scham; und um des Lebens willen die Gründe, für die es sich zu leben lohnt, zu verlieren.«[36]

Die politische Dimension dieses lebensfrohen antiken Materialismus hat im 20. Jahrhundert wie nur wenige andere Bertolt Brecht begriffen, wenn er die Kommunarden in ihrer Resolution sagen lässt:

»In Erwägung dass ihr uns dann eben
Mit Gewehren und Kanonen droht
Haben wir beschlossen, nunmehr schlechtes Leben
Mehr zu fürchten als den Tod.«[37]

Das Leben zu lieben und am Genuss festzuhalten bedeutet nicht, den Tod zu fürchten und den Kampf zu scheuen (wie es Hegel in seiner »Dialektik der Anerkennung« annahm[38] – ebenso wie religiöse Fanatiker, die skandieren: »Ihr liebt das Leben, wir lieben den Tod!«). Ganz im Gegenteil: Es heißt, das vom Stillleben formulierte Lob des Genusses zu verstehen und sich das gute Leben nicht schon vor dem Tod nehmen zu lassen.

Anmerkungen

1. Wofür es sich zu leben lohnt

[1] S. Marx [1857]: 637.

[2] Slavoj Žižek hat diesen Mechanismus des »Beleuchtungswechsels« in der Liebe wie folgt formuliert: »love is that you accept a person with all its failures, stupidities, ugly points … nonetheless the person is absolute for you … what makes live worth living … you see perfection in imperfection itself« cf. http://www.youtube.com/watch?v=U3x5X67
OWj8 (Zugriff: 04. 03. 2010)

[3] »Summum crede nefas animam praeferre pudori / et propter vitam vivendi perdere causas.«, (Juvenal 2009: 164 (satura VIII: 83–84); meine Übers., R. P.) In der deutschen Ausgabe (Juvenal 2007: 91) wird »causas« mit »Sinn« wiedergegeben. Der Sinn des Lebens ist aber etwas anderes als dessen Gründe.

[4] S. dazu Benveniste, Émile: Le vocabulaire des institutions indo-européennes. Paris: Éds. de Minuit, 1969, Bd. II: 188 ff.; Assmann, Jan: Religion und kulturelles Gedächtnis, München: Beck, 2000: 154; Lipowatz, Thanos: Der ›Fortschritt in der Geistigkeit‹ und der ›Tod Gottes‹. Würzburg: Könighausen & Neumann, 2005: 21 ff.

[5] S. dazu unten, Kapitel 16 über Bataille und Huizinga.

[6] Vgl. dazu Durkheim 1994: 457: »Es gibt keinen positiven Ritus, der nicht im Grund eine wirkliche Entweihung ist. Denn der Mensch kann keinen Verkehr mit den heiligen Wesen haben, wenn er nicht die Schranken überschreitet, die ihn gewöhnlich von ihnen getrennt halten.«

[7] S. dazu Pfaller 2009.

[8] S. Alain 1982: 201; vgl. ebd. 187: »Allerdings ist […] zu bemerken, daß der zufriedene Mensch, wenn er allein ist, leicht seine Zufriedenheit vergißt.«

9 S. Mannoni 2006: 19.

10 S. Kant [1798]: 442: »weil ein jeder andere, daß es hiemit eben nicht herzlich gemeint sei, dabei einverständigt ist«.

11 Zur Ethik der Großzügigkeit siehe die Abschnitte 4 und 5 in diesem Buch.

12 Annelie Titze hat diesem Thema eine ausgezeichnete Analyse gewidmet (Seminararbeit, Kunsthochschule Berlin-Weißensee, 1999).

13 S. dazu Sontag [1964].

14 Zur Charakteristik dieser aus Genießen gebildeten, obszönen Kehrseite der symbolischen Ordnung siehe Žižek 1995: 134; 1998: 276.

15 S. dazu Evans 1997: 148, 202. Zur Figur der notwendigen Verdoppelung siehe unten Kap. 10.

2. Was uns das vergessen lässt

1 Ein typisches Beispiel dafür ist die sogenannte »Bologna-Reform« der Universitäten, die darin besteht, sämtliche Studien nur noch zu unmittelbar den Interessen der Wirtschaft dienlichen Ausbildungen für subalterne Funktionen herabzustufen und Forschung nur noch einer kleinen, exklusiven Minderheit von Studierenden zugänglich zu machen. Dieses Interesse der rechten »Ökonomisierungsgewinner« könnte nicht durchgesetzt werden ohne die tätige Mithilfe von vermeintlich linken »Distinktionsverlierern«, die meist in ihren wissenschaftlichen Karrieren nicht den erhofften Erfolg erreichen konnten und nun Posten in der Verwaltung besetzen, von wo aus sie einen erbitterten Kampf gegen die ihnen verhassten Freiheiten innerhalb der Universität und die angebliche Arroganz der Professoren (die es freilich geben mag) führen. Diese »Transformationsfunktionäre« vollziehen die Verwandlung der Universität in eine verschulte, geistfeindliche Zwangsanstalt mit der Schutzbehauptung, dies komme den »bildungsfernen Schichten« zugute (s. dazu Nitsch 2004, Pfaller 2010).

2   Zur Figur des obszönen Urvaters siehe Freud [1912–13]: 426 ff.; [1921 c]: 119; vgl. Žižek 1998 a: 72; 2000: 23 f.; 2001: 369.

3   Zu dieser Unterscheidung »Einbildung der anderen« / »eigene Einbildung« bzw. »croyance« / »foi« (Aberglaube / Bekenntnis) siehe Mannoni 1985: 9 ff.; vgl. Pfaller 2002, Kapitel 2, sowie unten, Kapitel 9.

4   Zu diesem Begriff siehe Pfaller 2008: 30 ff.

5   S. Rancière 2006: 26.

6   S. dazu Heine [1853]: 163; vgl. Freud [1919 h]: 259.

7   S. Freud [1930 a]: 252.

8   S. Sloterdijk 2007: 19.

9   S. Arendt 1964: 6.

10   Zum Über-Ich als Instanz des Humors siehe Freud [1927 d].

11   S. Anders 1988 Bd. 2: 16 ff.

12   S. dazu http://www.leonardo-energy.org/there-enough-every-bodys-need-not-enough-anybodys-greed (Zugriff: 28. 09. 2010)

13   S. Epikur, in: Hossenfelder 177.

14   S. Epikur 1995: 87 f.; Hossenfelder 177, 188.

15   Epikur 1995: 68.

16   Epikur, zit. nach Hossenfelder 1996: 272.

17   S. Epikur 1995: 86: »Von allem, was die Weisheit zur Glückselig-keit des ganzen Lebens beitragen kann, ist das Allergrößte der Erwerb der Freundschaft.«

18   S. Epikur, in: Hossenfelder 1996: 190 ff.

19   S. dazu unten, Kapitel 15.

20   S. Epikur 1995: 54 sowie 87; vgl. De Crescenzo 1988: 167 f.

21   An diesem Punkt teilen sich zum Beispiel die Wege von Öko-logiebewegung und Materialismus. Die österreichischen Grünen etwa haben sich jüngst unfähig gezeigt, die Frage der Rauchver-bote zu politisieren, und haben stattdessen noch selbst deren Verschärfung gefordert. Dass sie damit zur Zerstörung sowohl von sozialer Absicherung als auch von Geselligkeit beitragen, war ihnen entweder nicht bewusst oder gleichgültig. Genau darum ist Epikur, trotz seiner »Gartenexistenz«, kein Grüner.

22   S. Kant [1788]: 140; Lacan 1963: 152 ff.; vgl. dazu unten, Kap. 15.

23   Zu diesem Beispiel aus einem Drama von Racine siehe Žižek 1991: 17.

[24] S. dazu Epikur 1995: 113 f.; Spinoza 1976: 43 f.
[25] S. Epiktet 2004: 65.
[26] S. Brecht 1984: 260.

3. Die Dürftigkeit und das Grelle. Über die Rolle des pornographischen Pop in einer prüden Kultur

[1] Zur psychoanalytischen Theorie dieses Mechanismus siehe Signer 1997.
[2] Vgl. dazu Freud [1942 a]: 163.
[3] Ich bin Gregor Tholl, Berlin, dankbar für die entsprechenden, anregenden Interviewfragen.

4. Die Ordnung des Erscheinens. Die Komödie des Materialismus

[1] Dies verweist auf das Problem der Verdoppelung, das unten, in Kapitel 10, behandelt wird.
[2] Vgl. dazu die Bemerkung Epikurs: »Leer ist die Rede jenes Philosophen, durch die kein Affekt des Menschen geheilt wird [...]« (zit. nach Hossenfelder 1996: 179).
[3] Diese Akzentverschiebung ist selbst typisch für eine materialistische Herangehensweise. In diesem Sinn hat Nietzsche gelehrt, jede Theorie, gleichgültig über welchen Gegenstand sie zu sprechen behauptet, zunächst als »Rationalisierung« einer ethischen Position zu begreifen: Über die Philosophen bemerkt er, daß »*zumeist ein abstrakt gemachter und durchgesiebter Herzenswunsch von ihnen mit hinterhergesuchten Gründen verteidigt wird*« und »*daß die moralischen (oder unmoralischen) Absichten in jeder Philosophie den eigentlichen Lebenskeim ausmachten, aus dem jedesmal die ganze Pflanze gewachsen ist. In der Tat, man tut gut (und klug), zur Erklärung davon, wie eigentlich die entlegensten metaphysischen Behauptungen eines Philosophen zustande gekommen sind, sich immer erst zu fragen: auf welche Moral will es (will er –) hinaus?*« (Nietzsche [1886]: 16 f.).

4   S. dazu Gottsched ([1730]: 45): »Es muß eine eintzige recht wichtige Spitzbüberey genommen werden, dazu viele Anstalten gehören [...] und die vieler Schwierigkeiten ungeachtet gelinget ...«

5   S. dazu F. Schlegel ([1794]: 96): »Die Griechen hielten die Freude für heilig, wie die Lebenskraft; nach ihrem Glauben liebten auch die Götter den Scherz. Ihre Komödie ist ein Rausch der Fröhlichkeit, und zugleich ein Erguß heiliger Begeisterung: ursprünglich nichts anderes als eine öffentliche religiöse Handlung [...]«

6   Gerade aus materialistischer Perspektive muss das als die entscheidende Funktion einer Weltanschauung betrachtet werden: denn *in einer Weltanschauung dominiert die praktische Funktion über die theoretische* (s. dazu Althusser 1969: 140).

7   Diese Annahme liegt der berühmt-berüchtigten Dialektik der Anerkennung, dem Kampf zwischen Herr und Knecht, bei Hegel zugrunde (s. Hegel 1984: 145–155; vgl. dazu Kojève 1975). Heidnischer dagegen zeigt sich der christliche Philosoph Pascal in seiner berühmten »Wette«, wo es darum geht, das eine Leben aufs Spiel zu setzen, um mehrere zu gewinnen: der Grund zum Riskieren ist hier nichts, was jenseits des Lebens liegt. Man gewinnt nichts anderes, Besseres, sondern eben nur mehr von diesem Leben. (Pascal 2004: 1208–1214)

8   Diese Dialektik bemerkt sehr hellsichtig Tertullian, wenn er schreibt »*Welcher Genuß kann größer sein als die Geringschätzung des Genusses [...]*« (Tertullian 2008: 83). Allerdings wertet er dieses Prinzip als Argument für die christliche Askese und nicht als Einsicht in deren verborgene Antriebe. Diese massive, durch nichts zu überbietende »Lust jenseits aller Lust« ist jedenfalls genau dasjenige, was Jacques Lacan, um dem Freud'schen »Jenseits des Lustprinzips« einen Namen zu geben, als »jouissance« (Genießen) bezeichnet hat (s. Lacan 1996: 201). Da die jouissance narzisstisch ist (s. dazu Evans 1997: 91–2), ist Tertullian hier auf nichts Geringeres als auf die *grundlegend narzisstische Natur des Christentums* gestoßen, wie sie von der psychoanalytischen Theorie in jüngster Zeit ausführlich untersucht worden ist (s. Grunberger/Dessuant 2000).

9 S. dazu Lange 1902: 3 ff.; Mehring 1960: 61 ff.

10 Vgl. dazu Brecht (1971: 5): »Unser Theater muß die *Lust* am Erkennen erregen, den *Spaß* an der Veränderung der Wirklichkeit organisieren.« Vgl. dazu auch Profitlich (Hg.) 1998: 216.

11 Zur Strukturidentität zwischen den Genres des Komischen und des Unheimlichen siehe Pfaller 2008: 251–272.

12 Ein Ableger der These von der Traurigkeit der Wahrheit ist der Gedanke, *daß das Glück dumm mache.* Dieses populäre Motiv taucht z. B. bei Adorno auf – in dem Gedanken, dass es nur bewusstloses Glück geben könne, während ein Bewusstsein des Glücks schon von dessen Verlust zeuge (s. Adorno 2001: § 72). Auch diesem Gedanken widerspricht die Komödie: ihre Heldinnen und Helden wie Irene Dunne und Cary Grant (in »The Awful Truth«), Myrna Loy und William Powell (in »Libeled Lady«, »I Love You Again«, »The Thin Man«), Clark Gable (in »Too Hot to Handle«, »The Hucksters«), oder Claudette Colbert und James Stewart (in »It's a Wonderful World«) handeln glücksbewusst und extrem schlau, gerade im glücklichen Gelingen.

13 Vgl. dazu Vattimo 2003.

14 S. Lukrez 1991: 52, 55, 57; vgl. Epikur 1995: 89: »Nichts entsteht aus dem Nicht-Seienden, denn dann entstünde alles aus allem […]«; vgl. dazu Lange 1902: 12 f.

15 Epikurs Lehre vom »Klinamen«, von der seitlichen Abweichung der fallenden Atome (s. Lukrez 1991: 98), wurde kritisiert und verspottet, weil der Grund für diese Abweichung nicht erklärbar sei (s. dazu Lange 109). Allenfalls könnten die fallenden Atome, so wurde eingeräumt, bei unterschiedlichen Fallgeschwindigkeiten von hinten aufeinanderprallen, etwa wie bei einem Auffahrunfall (s. de Crescenzo 1990, Bd. 2: 171). Man braucht sich heute allerdings nur ein Autorennen anzusehen, um zu begreifen, wie aus einem Aufprall von hinten eine seitliche Abweichung entstehen kann: Wenn der langsamere Körper nicht genau in der Mitte getroffen wird, dann erfolgt die Stoßwirkung nicht in der Fahrtrichtung. Vielmehr bricht der getroffene Körper dann nach der Seite aus – und rammt oft den nächsten, seitlich von ihm dahinsausenden. Die Startkollisionen der Formel 1 liefern so ein epikureisches Bild von der Entstehung der Welt. Hätten die

Kritiker des Epikur jemals bei der Formel 1 oder auch beim
Billard zusehen können, so hätten sie wenig zu sagen gehabt.

[16] S. dazu Marx [1841], Althusser [1982].

[17] Die These von den Atomen fungiert somit als ein »Herrensig-
nifikant«, der dazu dient, andere, voreilige Totalisierungen, wie
sie durch die Illusion von Sinn entstehen, außer Kraft zu setzen.
Die Atome erfüllen also dieselbe Funktion wie die »Gottesfurcht«
bei Racine (s. dazu Žižek 1991: 16): Beide Gedanken dienen dazu,
von naheliegenden Ängsten und Besorgnissen zu entlasten. Epi-
kureer entlasten sozusagen nach unten, in Richtung des Kleinen,
Sinnlosen; Stoiker dagegen nach oben, in Richtung des Großen,
mit höherem Sinn Behafteten. Darum stellt sich für Marc Aurel
die Alternative: »Wem machst du da Vorwürfe? Den Atomen
oder den Göttern? Beides ist Wahnsinn.« (Marc Aurel 1948:
107)

[18] Die deutsche Übersetzung (Althusser 2010) gibt diesen Titel als
»Materialismus der Begegnung wieder«. Angesichts der christlichen Konnotationen, die dieser Begriff besitzt (etwa im Namen
der sogenannten »Häuser der Begegnung«), wäre vielleicht ein
anderer Ausdruck ratsamer gewesen. »Begegnung« heißt in diesen Zusammenhängen meist *absichtsvolle, sinnvolle Begegnung.*
Die »rencontre« Althussers dagegen bezeichnet ein Aufeinandertreffen von radikaler Äußerlichkeit, ähnlich wie das der Grundmaterie und ihrer Bearbeitung in einem Produktionsvorgang
(s. Althusser 1974: 124 ff.). Nichts an der Grundmaterie »erwartet« deren Transformation. Es ist der Natur des Eisens völlig
äußerlich, geschmiedet zu werden (s. Alain 1982, S. 79). Oder,
wie es bei Rimbaud heißt: »Wenn das Kupfer als Trompete
erwacht, so ist es nicht seine Schuld.« (Rimbaud 2004: 371)

[19] Der Name der »screwball-comedies«, am Bild der Flipper-Auto-
maten gewonnen, wo eine Kugel durch verschiedene Apparaturen
unvorhersehbar herumgestoßen wird, scheint den epikureischen,
atomistischen Geist der Komödie sehr treffend zu erfassen.

[20] Zu diesem Begriff siehe Lacan [1954–55]: 16; Althusser [1976]:
104.

[21] Dies gilt allerdings nur für die neuzeitliche Form der Charakter-
tragödie. Die antike Schicksalstragödie dagegen kennt lediglich

den Begriff der *tragischen Schuld* (»subjektiv nicht anrechenbar, aber objektiv bestehend«, s. http://www.klassikerforum.de/Bodies/gattungen/tragoedie.php), die nicht auf dem Prinzip der Subjektivierung beruht.

[22] S. dazu Epikur 1995: 69: »Wer sagt, daß alles aus Notwendigkeit geschieht, kann demjenigen keinen Vorwurf machen, der sagt, daß nicht alles aus Notwendigkeit geschieht. Genau dies, so muß er ja zugeben, geschieht aus Notwendigkeit.«

[23] S. dazu Freud [1905 c]: 170.

[24] S. dazu Pfaller (Hg.) 2005: 1–22.

[25] Insofern gehört die Komödie, in der Terminologie von Octave Mannoni, dem Illusionstyp der »croyance« (Einbildung der anderen, Aberglaube) an, die Tragödie dagegen dem Typ der »foi« (Bekenntnis). Siehe dazu Pfaller 2002: 194; zum Moment des der »croyance« anhaftenden Zwanges ebd.: 131 ff.

[26] Zu einer detaillierteren Analyse dieser Passage siehe Pfaller (Hg.) 2005: 127 ff.; Žižek 2009: 2 ff.

5. Sind die Gescheiterten immer die Gescheiteren?

[1] Einen guten Überblick über diese Konjunktur liefert Spindler 2007: 14.

[2] Zu diesem Begriff siehe Freud [1921 c]: 132.

[3] Zu diesem »tragischen Paradigma« siehe Critchley 1999, Pfaller (Hg.): 2005.

[4] S. dazu die hellsichtige Analyse in Sloterdijk 1983, Bd. 1: 22.

[5] Die documenta 11 zum Beispiel äußerte sich über die von ihr ausgewählten Künstler wie folgt: »[die Künstlerin] gehört zu einer neuen Künstlergeneration, die auf Grund der Tatsache, dass sie im Land ihrer Geburt leben und arbeiten, internationale Anerkennung gefunden haben.« (S. kunstforum international, Bd. 161, August – Oktober 2002: Die documenta 11: 137.)

[6] S. dazu Moebius 2006: 239 ff.

[7] Zeitypisch konstatiert z. B. die Homepage des Deutschen Hygiene-Museums Dresden das folgende »Glücksparadox«: »Am Beginn des 21. Jahrhunderts hat das Glück unseren Alltag ge-

radezu geflutet. Die insbesondere durch die Medien propagierte Vorstellung, dass nur der Glückliche erfolgreich und sexy ist, bedingt jedoch auch das unheilvolle Gegenteil.« (http://www.id3 d-berlin.de/) – Unter der Dauerpropaganda der *rich and beautiful* kann es leicht passieren, dass man vom Anspruch auf Glück angewidert ablässt. Der Kampf um das Glück muss jedoch als ein politischer Kampf auf ebendieser Ebene der Affekte begriffen werden. Er wird nicht gewonnen, indem man sich zur Diffamierung des Glücks verführen lässt und in die trotzige Bejahung des eigenen Unglücks einstimmt. Auch Adorno war übrigens in diesem Punkt vollkommen hellsichtig und übte Kritik an der »Ranküne des Glücks« (s. Adorno 1973, Bd. 1: 171).

[8] S. dazu Hartmann 1976: 81: »daß sie [die Lust] immer relativ auf Unlust ist, unter dem Gesetz des Kontrastes steht, daß man die Lust gar nicht direkt erstreben kann […] daß jede Lust mit Unlust bezahlt wird – der Wohlgeschmack mit dem Hunger, die Erholung mit der Arbeit, ja sogar der Kunstgenuß mit der schmerzhaften Reizbarkeit der Sinne.«

[9] S. dazu z. B. Birnbacher: »Eine solche formale Aussage gehört seit langem zum Kernbestand der Theoreme einer Philosophie des Glücks, das sogenannte ›Glücksparadox‹: die Unmöglichkeit, Glück direkt strebend zu erreichen. Man wird nur schwer dadurch glücklich, dass man Glück unmittelbar erstrebt. Glück entzieht sich einer direkten Intention. Um zu treffen, darf man nicht direkt aufs Ziel zielen, sondern muss darauf vertrauen, Glück über die Erreichung unabhängiger Ziele zu erlangen. Es gibt Glück gewissermaßen immer nur ex post, nicht ex ante, und niemals mit Liefergarantie.« (Birnbacher, http://www.information-philosophie.de/?a=1&t=218&n=2&y=1&c=1#)

[10] 6. März 2008: ›Die Angst des Glasbläsers vor der Spannung‹ – Eine Gastrunde zur Gründung der ›Gesellschaft des Glücks der Verfehlung‹. Mit B. Brock, V. Demuth, J. Maeder, R. Pfaller.

[11] Vgl. dazu Wittgenstein 1980: 185: »Wie erkenne ich, daß diese Farbe Rot ist? – Eine Antwort wäre: ›Ich habe Deutsch gelernt‹.«

[12] Dies entspricht der von Freud festgestellten Doppelbedeutung des Wortes »Lust«, das »ebensowohl die Empfindung des Bedürf-

nisses als auch die der Befriedigung« bezeichnet; siehe Freud
[1905 d]: 47, Anm. 2; vgl. ebd. 117, Anm. 1.

[13] S. dazu Pascal 1997: 96; vgl. dazu unten, Kapitel 13.

[14] S. dazu unten, Kapitel 11.

[15] S. dazu Hossenfelder 1996: 289.

[16] Das ist auch der Sinn von Brechts schönen Versen »*Denn alle ren-
nen nach dem Glück/Das Glück rennt hinterher.*« (Brecht 1984:
1118)

[17] S. Sextus Empiricus, Grundriß der pyrrhonischen Skepsis: 28, in:
Hossenfelder 1996: 309; vgl. dazu auch Hossenfelder ebd., 291.

6. Was sich verändern lässt. Die Stoiker und der Materialismus

[1] S. dazu Seneca 2004, Bd. 4: 288: 116. Brief : »Die Leidenschaften
sind auszutilgen, nicht zu mäßigen«; vgl. Marc Aurel 1948: 66:
»Denn das Sterben ist ja einer der Vorgänge, die zum Leben gehören. Es genügt daher, auch hierbei seine Pflicht gut zu erfüllen.«; vgl. dazu Marcuse 1981: 57.

[2] S. dazu Alain 1982: 160: »So sagt Epiktet dem Schiffsreisenden:
›Du hast Furcht vor dem Sturm. Als ob du das ganze Meer schlu-
cken solltest. Zwei Liter Wasser genügen, dich ertrinken zu
lassen.‹«

[3] S. dazu Kant [1795]: 405: »Chrysipp sagt in seiner stoischen
Kraftsprache: ›Die Natur hat dem Schwein statt des Salzes eine
Seele beigegeben, damit es nicht verfaule‹.« – Kann man sich
vorstellen, einen solchen Satz bei Seneca zu finden? Von den
stoischen Aristokraten könnte man sich wohl auch nur schwer
vorstellen, dass von ihnen überliefert würde, sie hätten sich beim
Anblick eines betrunkenen Esels totgelacht, wie Chrysipp es
getan haben soll (s. dazu Diogenes Laertios 1990, VII: 185; De
Crescenzo 1988: 186).

[4] Vgl. dazu Althussers Bezugnahme auf das von Lenin entworfene
Bild des »gekrümmten Stabes«, dem man in der Philosophie eine
Gegenbiegung versetzen muß, s. Althusser 1977: 56. Derselbe
Gedanke der Kraft, ermöglicht durch verdichtete künstlerische

Form, bei Montaigne 1998: 78: »Wie ein Ton, sagte [der Stoiker] Kleanthes, wenn er durchs enge Trompetenrohr gepreßt wird, um so heller und stärker daraus hervorschallt, scheint mir auch ein Sinnspruch, durch die abgezählten Versfüße der Dichtkunst gezwängt, um so größere Schlagkraft zu gewinnen und mich bis ins Innerste zu treffen.«

5   Anders als die Kritiker, die Seneca vorwarfen, seinem eigenen Ideal nicht zu entsprechen, müsste man ihm aus materialistischer Sicht also viel eher vorwerfen, die stoische Philosophie überhaupt in eine Angelegenheit von Idealen verwandelt zu haben.

6   An dem zuvor zitierten Zuruf Epiktets an die furchtsamen Schiffsreisenden lässt sich dieser Unterschied deutlich erkennen: Während die idealistischen Stoiker im Sinne der Bescheidung zu versichern versuchen, dass weniges zum Leben ausreichend sei, erinnert Epiktet im Sinne der Ernüchterung daran, dass weniges zum Sterben genügt.

7   Zu dieser Unterscheidung von Deleuze siehe den folgenden Abschnitt über den Neid. Psychoanalytisch lässt sich das wie folgt formulieren: Die stoischen Idealisten verfolgen das Ziel der *Identifizierung* mit einem Ideal. Die stoischen Materialisten dagegen das einer »kathartischen« *Desidentifizierung* (zu diesem Begriff siehe Mannoni 1985 a).

8   Zu den genannten philosophischen Schulen siehe Hossenfelder 1996, Luck 1997.

9   Mehr als sonst muss bei diesem Versuch der Differenzierung freilich daran erinnert werden, dass der Name eines Autors niemals die Einheit einer Theorie bezeichnet. Da die stoische Textproduktion oft auch im Wiedergeben und Neubedenken klassischer Zitate besteht (s. dazu den Spott des Apollodoros von Athen: »Entfernt man aus den Büchern des Chrysipp alles, was er an fremdem Gut mit beigelegt hat, so werden ihm schließlich nur die leeren Blätter verbleiben«, s. Diogenes Laertios VII: 181), können hier innerhalb idealistischer Bemühungen mitunter materialistische Splitter auftauchen und umgekehrt. Vgl. dazu die Bemerkung Althussers: »Es gibt weder eine idealistische Philosophie noch eine materialistische Philosophie, die absolut rein wäre, schon weil jede Philosophie, um ihre eigenen theoretischen

Klassenpositionen einzunehmen, diejenigen ihres Hauptwider-
sachers besetzen muß.« (Althusser 1973: 60, Anm. 20). Auffällig
ist hierbei die unterschiedliche Weise des Auftauchens: Innerhalb
materialistischer Philosophien gibt es *missverständliche* (idea-
listisch lesbare) Elemente. Innerhalb idealistischer Philosophien
gibt es nicht integrierbare, d. h. im Rahmen dieser Philosophien
unverständlich bleibende materialistische Elemente.

[10] S. Spinoza 1976: 108 f.

[11] S. Seneca 2004, Bd. 4: 229 – 232: 106. Brief: »Das stoische Dogma
von der Körperlichkeit aller Dinge«; vgl. Lange 1902, Bd. 1: 72:
»Auf den ersten Blick könnte man meinen, es gebe keinen conse-
quenteren Materialismus als den der Stoiker, da sie alles Wirkliche für Körper erklären. Gott und die menschliche Seele, Tugenden und Affecte sind Körper. Es kann keinen schrofferen Gegensatz geben, als zwischen Plato und den Stoikern. Jener lehrt, dass
der Mensch gerecht ist, wenn er an der Idee der Gerechtigkeit
Theil hat: nach den Stoikern muss er den Gerechtigkeitsstoff im
Leib haben.«; vgl. Aubenque 1973: 182: »Da sie jede metaphysische Realität leugneten, erkannten sie nur den Körpern
Existenz zu.«

[12] S. dazu Alain 1982: 26: »Primär ist Einbildung immer etwas
Körperliches.« Diese »primäre Körperlichkeit« von Einbildungen
rührt daher, dass sie etwas Äußerliches sind und folglich ihre
Bedeutung dem Augenschein verdanken – dem, »was man hätte
glauben können«, und nicht etwa dem, was die Eingebildeten
selbst glauben. Die »materielle« Unerschütterlichkeit und der
Fortbestand solcher Einbildungen gegenüber dem Selbstgeglaub-
ten oder Selbstgewussten rühren daher, dass ihnen eine Ichspaltung zugrunde liegt, die nicht nur in pathologischen Zusammenhängen, sondern auch in den gebräuchlichsten kulturellen Praktiken wie z. B. der Höflichkeit auftritt (s. dazu Pfaller 2002).
Weiter unten, in dem Abschnitt über die Lektionen des Neides,
wird diese Ichspaltung beim Neid untersucht.

[13] S. dazu Bachelard 1978 a: 46; Althusser 1975: 76; 1977: 137.

7. Über den Neid

1 S. Bacon 1985: 25: »near kinsfolks, and fellows in office, and those that have been bred together«; Aristoteles 2007: 106 ff.: »Neid empfinden werden solche, die Gleichgestellte haben oder zu haben scheinen. [...] ›Töpfer gegen Töpfer‹«.

2 S. Freud [1919 h] 263; Lacan 1980: 121; Bacon 1985: 28.

3 Schon in diesem Widerspruch, der dem Anderen gar keine Möglichkeit einräumt, sich nicht neiderregend zu verhalten, zeigt sich, dass es im Neid um etwas Unmögliches geht.

4 S. Žižek 1991 a: 19; 1993: 203. Diese Darstellung des Unmöglichen als etwas bloß Gestohlenes gleicht der Charakterisierung des Ödipuskomplexes in der neueren Psychoanalyse. Auch im Ödipuskomplex werde Unmögliches als bloß Verbotenes dargestellt: »Das Kind wählt das Verbot, das es der Impotenz (der Scham) vorzieht, und es erfindet [...] das ödipale Hindernis, um seine Ehre (seinen Narzißmus) zu retten.« (Grunberger / Dessuant 2000: 56 f.)

5 Das Unlustvolle dieser unmöglich gewordenen Libidoposition des primären Narzissmus bezeichnet Jacques Lacan als »Genießen« (jouissance). S. dazu Lacan 1996: 201; Evans 1997: 91 f.; Dolar 2000.

6 Verhaeghe (2009: 33 ff.) führt diesen Horror vor der Erwiderung der Liebe auf die grundsätzliche Sehnsucht des (hysterischen) Begehrens nach Unbefriedigtheit zurück. Allerdings scheint diese allgemeine Lösung keinen Spielraum für die manchmal doch auch auftretenden glücklichen Fälle zuzulassen. Darum möchten wir eine andere Lösung vorschlagen: Die Liebesdrohung entsteht nur dann, wenn die Liebe auf narzisstische Weise betrieben wird – das heißt, wenn es darin um Genießen geht. Dazu gibt es zwei Möglichkeiten: nämlich dass entweder das Begehren des Anderen als Genießen wahrgenommen oder aber das eigene Begehren als Genießen betrieben wird. Dies begründet möglicherweise einen Unterschied zwischen den Neurosen bezüglich ihrer jeweiligen »Laster«: Die Hysterie nimmt das Begehren des anderen als Genießen wahr; die Zwangsneurose betreibt das eigene Begehren als

Genießen. Darum tendiert die Hysterie zum Neid; die Zwangsneurose dagegen zur Gier.

7 S. dazu Reik 1974, Bunke 2005.

8 Die Vorstellung vom Genießen (beim Anderen) ist immer selbst
schon Genießen. Allerdings trägt sie eben jenes Merkmal, das
in der Vorstellung ausgeblendet bleibt: Genießen ist leidvoll
(s. Evans 1997: 92).

9 S. Spinoza 1976: 121; vgl. Deleuze 1988: 36.

10 Lacans Begriff des »Genießens« bildet die Entsprechung zur
Freud'schen »neurotischen Unlust« und hebt das darin auftau-
chende Paradoxon des »primären Krankheitsgewinns« hervor –
die Tatsache, dass das augenscheinlich leidvolle Symptom doch
zugleich die Sexualbetätigung des Neurotikers ist, die dieser sich
nicht nehmen lassen will (s. dazu Freud [1905 d]: 72; Evans 1997:
92).

8. Die Lektionen des Neides

1 S. dazu Yablonsky 1978: 86 ff.; vgl. Alain 1982: 160: »Es wimmelt
bei Epiktet von derart schlagkräftigen Beispielen; einem wohl-
wollenden Freund gleich legt er uns die Hand auf die Schulter
und sagt: ›Du bist traurig, weil du im Zirkus nicht den Platz hast
einnehmen können, den du dir gewünscht hast und von dem du
glaubst, daß er dir gebühre. Komm her, der Zirkus ist gerade leer;
faß ihn an, den wunderbaren Stein; du kannst dich sogar darauf-
setzen.‹«

2 S. Žižek 1986 b: 158: »In der Theorie ist es [das bürgerliche Indi-
viduum] aufgeklärter Nominalist, in der Praxis spekulativer Mys-
tiker. [...] Der Ort der Illusion ist also der wirkliche gesellschaftliche Prozess: die Illusion hat sich verdoppelt, sie besteht darin,
dass wir die Illusion verkennen, die unsere Wirklichkeit regelt.«

3 S. dazu Sade 1979: 212 – 215; vgl. Lacan [1963], Žižek 1991.

4 S. dazu Freud [1914 c]; Grunberger / Dessuant 2000.

5 Diese narzisstische Logik des »absoluten Horizonts« hat Louis
Althusser in seiner Studie zur Philosophie Ludwig Feuerbachs
präzise dargestellt (s. Althusser 1995: 169 – 251). Man könnte

Feuerbach darum nicht nur als einen unbewussten ›Theoretiker‹ der Beziehung auf ein Spiegelbild (s. dazu Althusser [1969 – 70]: 120, Anm. 22), sondern mithin auch der Paranoia bezeichnen.

6 Wenn der Neider einen Anderen zum Beispiel um dessen Schmerzfreiheit oder Gesundheit beneidet, dann verhält er sich genauso wie der Held aus Pierre Klossowskis »Gesetzen der Gastfreundschaft«, über den der Erzähler bemerkt: »Mein Onkel Octave [...] litt an seinem ehelichen Glück wie an einer Krankheit, von der er glaubte, genesen zu können, wenn es ihm gelänge, sie auf andere zu übertragen« (Klossowski, 1966: 123). Dass der Andere seine Schmerzfreiheit oder Gesundheit verliert, reicht für den Neider schon aus, um das Gefühl zu haben, sie selbst zu gewinnen. Derselbe Fehlschluss tritt innerhalb einer metaphysischen Weltsicht auf, die meint, dass in dieser schlechten Welt alles wahrhaft Großartige mit Notwendigkeit scheitern müsse. Auch innerhalb eines so beschriebenen Kosmos gibt es außer schlechter Welt und wahrhaft Großartigem nichts Drittes. Darum wird der Umkehrschluss gezogen, dass auch alles, was in dieser Welt scheitert, notwendigerweise großartig wäre. (Siehe dazu auch Kapitel 5 »Sind die Gescheiterten immer die Gescheiteren?« in diesem Band.)

7 Bezeichnenderweise tut jeder Doppelgänger in der Literatur immer genau das, was seinem armen Ebenbild versagt ist und worum es ihn beneiden muss (s. dazu Rank 1993). Er genießt das, was das Subjekt als sein Eigenstes betrachtet, an dessen Stelle und auf dessen Kosten.

8 Auch der Fetisch ist nach lacanianischer Auffassung ein Stück Narzissmus: Er repräsentiert den »imaginären Phallus« der Mutter, das heißt: jenes Objekt, mit dem das kleine Kind (Junge wie Mädchen) sich identifiziert (s. dazu Evans 1997: 129).

9 Der beneideten Person wie auch dem Neidobjekt wird vom Neider immer Narzissmus unterstellt: In dieser Unterstellung, liegt, Freud zufolge, das Wesen des Neides: Es ist, »als beneideten wir sie um die Erfahrung eines seligen psychischen Zustandes, einer unangreifbaren Libidoposition, die wir selbst seither aufgegeben haben.« (Freud [1914 c]: 55).

10 S. Freud [1911 c], [1922 b]. Zur paranoischen Struktur des Neides

siehe Schoeck (1987: 76), der bemerkt, der Neider biege sich »Wirklichkeit in der Einbildung oder sogar schon im Wahrnehmungsakt immer so zurecht, so daß er nie ohne Grund für den Neid bleibt«.

11 Dies entspricht der These Lacans, wonach Begehren nur unter der Bedingung der Kastration – d. h. der Überwindung des Narzissmus bzw. des Genießens – eröffnet werden kann. Es stellt dessen »umgekehrte Skala« (»échelle renversée«) dar (s. Lacan [1960]: 204).

12 Ein anschauliches Beispiel einer solchen geschlossenen, paranoiden Annahme gibt Žižek 1989: 49: »Let us [...] take a typical individual in Germany in the late 1930s. He is bombarded by anti-Semitic propaganda [...]. But when he returns home he encounters Mr. Stern, his neighbour: a good man to chat with in the evenings, whose children play with his. [...] How then would our poor German, if he were a good anti-Semite, react to this gap [...]? His answer would be to turn this gap, this discrepancy itself, into an argument for anti-Semitism: ›You see how dangerous they really are?‹ [...] An ideology really succeeds when even the facts which at first sight contradict it start to function as arguments in its favour.« Zur Unterscheidung zwischen dem »geschlossenen Zirkel« der Ideologie und dem »offenen Zirkel« der Wissenschaften siehe Althusser, in: Althusser / Balibar 1972: 69 f.

9. Aberglaube, Bekenntnis, Paranoia

1 Dieser Unterschied betrifft freilich nicht nur die Frage der Prioritäten. Entscheidend ist vielmehr, dass die Frage der Klassen die einzige ist, die nicht auf der Ebene individuellen Verhaltens geregelt werden kann; sie erlaubt keine »Moral«. Die postmodernen »single-issue«-Politiken hingegen erfreuen sich ihrer Beliebtheit vor allem aus diesem Grund: weil sie den Narzissmus der Individuen befriedigen, indem sie solche individuelle Betätigungsmöglichkeiten (wie Müll trennen, korrekt sprechen etc.) vorsehen, und nicht die – für alle politische Theorie grundlegende –

ernüchternde Erkenntnis Mandevilles von der Variabilität des Verhältnisses zwischen individuellem Wohlverhalten und allgemeinem Wohl voraussetzen (s. Mandeville 1980).

2 Als Dokumente dieser Auseinandersetzung siehe Pfaller 2000, 2000 a, 2003, 2009.

3 S. dazu Mannoni 1985: 9 ff.; vgl. Pfaller 2002, Kapitel 2.

4 S. dazu Wittgenstein 1989; Pfaller 2002: 75 ff.

5 S. Weber [1905]: 94.

6 S. Huizinga 1956: 51; vgl. unten, Kap. 16.

7 S. dazu Berkel (Hg.): 2009.

8 S. dazu Pfaller 2002: 253 ff.

9 S. dazu Brunkhorst 2006.

10 Theoretisch äußerst treffend ist daher, wie zuvor erwähnt, z. B. die Redewendung über eine Form der Paranoia: »Mich frisst der Neid«.

11 S. dazu Freud [1914 c]: 61: »Was er als sein Ideal vor sich hin projiziert, ist der Ersatz für den verlorenen Narzißmus seiner Kindheit, in der er sein eigenes Ideal war.«

12 S. dazu Freud [1921 c]: 122.

13 Dieses regelmäßig auftretende Elend der Paranoia lässt zwei mögliche Schlussfolgerungen zu: Entweder ist auch die Paranoia bereits ein Stück weit dem Narzissmus entwachsen und mithin vom Mangel gekennzeichnet. Oder es gibt überhaupt keinen glücklichen Narzissmus. Vgl. dazu Freuds Bemerkung, »daß die Kindheit nicht jenes selige Idyll ist« (Freud [1910 c]: 148).

14 Aus der Sicht Lacans wäre der Fetisch selbst der Repräsentant des narzisstischen Ich, da der Narzissmus in der Identifizierung mit dem imaginären Phallus der Mutter besteht (s. dazu Evans 1997: 129).

15 S. dazu Pfaller 2008: 61 ff.

10. Vernünftiger Umgang mit Vernunft: Die Rationalität der Verdoppelung

1 Ich bin in diesem Punkt Georg Gröller für die Überlegungen zur »vollkommenen Unvollkommenheit« der symbolischen Kastra-

tion sowie Karl Stockreiter für die feine Beobachtung zur kindlichen Altklugheit besonders dankbar (Forschungsgruppe für Psychoanalyse »stuzzicadenti«, interne Kommunikation).

2 S. Hegel [1812]: 149: »[...] doch letzteres ist das verendlichte Unendliche, und es wird sich ergeben, daß, eben indem das Unendliche vom Endlichen rein und entfernt gehalten werden soll, es nur verendlicht wird.«

3 S. Spinoza 1993: 29.

4 Lessing, Emilia Galotti, Akt IV, Szene 7. Vgl. Freud [1942 a]: 167.

5 Vgl. dazu auch Slavoj Žižeks luzides Beispiel zur Geschlossenheit der antisemitischen Ideologie (s. Žižek 1989: 49; vgl. oben, Kap. 8).

6 Zum Begriff des »double bind« siehe Bateson u. a. 1969: 16 f.

7 Vgl. dazu Hegels Position in der Frage des Zweifels: »Die Forderung eines solchen vollbrachten Skeptizismus ist dieselbe mit der, daß der Wissenschaft das *Zweifeln an allem*, d. i. die gänzliche *Voraussetzungslosigkeit* an allem vorangehen solle.« (Hegel [1830]: 168)

8 »Es gibt auch im kargen Leben ein Maßhalten. Wer dies nicht beachtet, erleidet Ähnliches wie derjenige, der in Maßlosigkeit verfällt.« (Epikur 1995: 71) S. dazu auch oben, Einleitung.

9 Vgl. dazu Tertullian (2008: 83): »*Welcher Genuß kann größer sein als die Geringschätzung des Genusses [...]*«.

10 In diese Richtung weist auch Pascals Bemerkung über die notwendige Verdoppelung der Philosophie: »Über die Philosophie spotten heißt in Wahrheit philosophieren.« (Pascal 1997: 327)

11 S. Lacan 1975: 10: »Le surmoi, c'est l'impératif de la jouissance – Jouis!«; vgl. Evans 1997: 201.

12 Dies geschieht bisweilen mit entgegengesetzten Terminologien: in der Schule von Bela Grunberger wird das Ichideal als tyrannisch begriffen, das Über-Ich hingegen als mildernd (s. Grunberger / Dessuant 2000: 103, 107); in der lacanianischen Tradition hingegen genau umgekehrt das Ichideal als mildernd, und das Über-Ich als tyrannisch (s. Žižek 2001 a: 429).

13 Vgl. dazu Evans 1997: 91: »The pleasure principle functions as a limit to enjoyment«.

11. Identität, Ideale, Rollen und Geschicklichkeit

[1] S. Epiktet 2004: 25: »Deine Aufgabe ist es nur, die dir zugeteilte Rolle gut zu spielen; sie auszuwählen, steht einem anderen zu.«

[2] Bezeichnend erscheinen diesbezüglich die neueren Texte von Sennett (2008a) und Sloterdijk (2009), die den Akzent auf das Handwerk und die Übung legen sowie das schöne Buch von Crawford (2009) über das Glück einfacher handwerklicher Arbeit, ihre immanenten ästhetischen Normen sowie die mit ihr verbundenen Weckkräfte für den Verstand. Dass Wortmeldungen wie diese derzeit nötig sind, sagt viel über den narzisstischen Zustand einer Kultur aus, die, wie Sennett schon früh erkannte, dazu tendiert, »*die Versenkung in die Bedürfnisse des Selbst zu verstärken und zugleich ihre Erfüllung zu blockieren.*« (Sennett [1974]: 22).

[3] Die Bereitschaft, die Konstruktion zu wechseln, mag konstruktivistisch anmuten. Sie ist aber das genaue Gegenteil. Sie lässt sich nämlich die Konstruktion vom Gegenstand diktieren – dadurch landet sie im Empirismus. Die konstruktivistische Haltung muss den Ehrgeiz haben, mit jeder Konstruktion jeden Gegenstand denken zu können (wenn auch mit unterschiedlichem Aufwand). Wie ein schönes Beispiel von Žižek zeigt: Wenn man die Konstruktion vertritt, dass die Welt nicht älter als 5000 Jahre sein darf, dann muss man eben die These entwerfen, Gott habe die Fossilien bereits als Fossilien erschaffen (s. Žižek 2001c: 131). Die Intelligenz einer Theorie besteht offenbar nicht allein darin, intelligente Konstruktionen zu haben, sondern mindestens ebenso sehr auch darin, sie auf intelligente Weise zu handhaben.

[4] S. dazu Spinoza 1976: 192; Bachelard 1978 a: 46; Althusser 1974: 124 ff.

[5] S. Epikur, in: Hossenfelder 1996: 188.

[6] S. dazu Mannoni 2006.

13. Kunst und Liebe, Gabe und Gift

[1] S. Heinrich 1997: 55: »So wie der Sammler nicht an seiner Sammlung interessiert ist und diese, sei es mäzenatisch an die Öffentlichkeit, sei es unterweltlich in die Tresore abstoßen muß, ist der Käufer der Wohnungseinrichtung schon auf deren möglichst rasche Wiederbeseitigung, der des Genußmittels auf dessen Vertilgung aus. Das Wort ›Wegwerfgesellschaft‹ bringt die Begehrensstruktur des Süchtigen, den geheimen Vertilgungswunsch, ins Spiel [...]«.

[2] Hierin besteht der Zusammenhang zwischen den Praktiken des Schenkens und jenen der Interpassivität (s. Pfaller 2008 a): Wenn das Objekt ambivalent ist, weil es zum Beispiel als kitschiges oder naives ein Stück von überwundenem Narzissmus enthält, dann wirkt Schenken als interpassive Lösung. Eigenes Genießen ist dann unmöglich;
am Ort des beschenkten Anderen hingegen erscheint der Narzissmus, wie beim Neid (s. oben, Kap. 8), erträglich. Das ist der grundlegende Antrieb für das interpassive Delegieren: Der Andere soll stellvertretend den eigenen, unmöglich gewordenen Narzissmus genießen.

[3] Blaise Pascal hat eine von der unseren abweichende, wenn auch nicht im Widerspruch zu ihr stehende Erklärung für diesen Unterschied: »Woher kommt es, daß ein Hinkender uns nicht erzürnt und ein hinkender Geist uns erzürnt? Das kommt, weil ein Hinkender erkennt, daß wir gerade gehen, und ein hinkender Geist sagt, wir seien die Hinkenden. Wäre das nicht so, empfänden wir für ihn Mitleid und nicht Zorn.« (Pascal 1997: 74).

14. Die Revolver der Überschüsse.
Über Anti-Ökonomien und Anti-Künste

[1] Einen Überblick über den Gebrauch von Revolvern und Revolvermetaphern in der Avantgarde bietet die Seite http://www.physiologus.de/revolv.htm

2 Dementsprechend nennt Bataille »3 Arten des Luxus«. Es sind »das gegenseitige Sichauffressen, der Tod und die geschlechtliche Fortpflanzung« (Bataille 2001: 59). Gunnar Heinsohn ist in jüngerer Zeit diesem Gedanken Batailles gefolgt, indem er die Aggressionsbereitschaft bestimmter Bevölkerungen oder Kulturen auf entstandene Überschüsse an jungen Männern zurückführte (s. Heinsohn 2006).

3 Diesem Gedanken entspricht auch das Zitat William Blakes, das Bataille seinem Text »La part maudite« als Motto vorangestellt hat: *»Exuberance is Beauty«* (s. Bataille 2001: 34; vgl. dazu auch Bataille, ebd.: 15: »Poesie heißt nämlich nichts anderes als Schöpfung durch Verlust.«).

4 Badiou spielt damit auf »anti-philosophische« Kritiken wie die Nietzsches an. Dieser schrieb z. B. über die Philosophen: »Sie stellen sich sämtlich, als ob sie ihre eigentlichen Meinungen durch die Selbstentwicklung einer kalten, reinen, göttlich unbekümmerten Dialektik entdeckt und erreicht hätten (...): während im Grunde ein vorweggenommener Satz, ein Einfall, eine ›Eingebung‹, zumeist ein abstrakt gemachter und durchgesiebter Herzenswunsch von ihnen mit hinterhergesuchten Gründen verteidigt wird ...« (Nietzsche [1886]: 16).

5 S. dazu z. B. Albrecht 1993; Thomas 1996; Jochum 2000.

6 Bataille (1986: 201 f.) fasst sogar das, was üblicherweise als Inzestverbot begriffen wird, als ein Gebot auf – nämlich als Gebot der Verausgabung: »Der Vater, der seine Tochter, der Bruder, der seine Schwester heiraten würde, wären dem Besitzer von Champagner gleich, der niemals Freunde einlädt und ›schweizerisch‹ allein in seinem Keller trinkt. Der Vater muß den Reichtum, den seine Tochter darstellt, der Bruder den, der seine Schwester ist, in den Verkehr zeremoniellen Tausch[s] einführen: Er muß sie zum Geschenk geben; aber der Umlauf setzt eine Gesamtheit von [...] Regeln voraus, ähnlich den Spielregeln.« – Nach den im Frühjahr 2008 bekanntgewordenen Verbrechen von Amstetten würde man heute lediglich das Wort ›schweizerisch‹ wohl eher durch ›österreichisch‹ ersetzen.

7 Diese lustbetonten Befehle der Kultur dürfen nicht verwechselt werden mit dem, was Jacques Lacan als den Imperativ des Über-

Ich erkannte: »Genieße!« (s. Lacan [1972–73]: 10). Das Genießen im Sinne Lacans ist das genaue Gegenteil der Lust. Es zeigt sich dann, wenn kulturelle Gebote der Lust als unerträgliche Heteronomie empfunden werden – zum Beispiel, wenn derzeit gewisse Leute das Rauchen in Bars als unzumutbar empfinden. Sie widersetzen sich dann im Namen ihres Genießens einem Befehl der Kultur, der etwa besagt: »Nun sei mal kein Spielverderber – dies hier ist ein mondäner Ort, und da gehört das Rauchen eben dazu.«

[8] Bataille bezeichnet diese Haltung als »die ohne Trübsinn dem Tod entgegengeschleuderte Herausforderung« (Bataille 2001: 326).

[9] Zur Analyse der entsprechenden Gabentheorie in Nietzsches »Zarathustra« siehe Hitz 1999.

[10] Vgl. dazu Bataille 2001: 298. Hier zeigt sich, daß die zuvor hergestellte (dem Zitat Willam Blakes entsprechende) Gleichsetzung: »Schönheit = Verausgabung« nicht umkehrbar ist. Nicht jede Verausgabung ist auch schön.

[11] S. zu diesem Punkt Pfaller 2002: 40.

15. Die finstere Seite der Tischmanieren

[1] S. dazu Bataille 1993: 74; vgl. auch Freud [1921 c]: 122; Žižek 1991: 98.

[2] S. dazu Adorno 2003: 31; Lyotard 1987: 26–31; vgl. auch Jacques Rancières Konzeption des »ästhetischen Regime«, s. Rancière 2006: 60 f.

[3] S. dazu http://derstandard.at/?url=/?id=3 302 771 (Zugriff: 22. 04. 2008)

[4] S. http://www.csulb.edu/~karenk/20thcwebsite/439final/ah439fin-Full.00025.html (Zugriff: 07. 10. 2007)

[5] S. Juvenal 2007: 91; vgl. oben, Einleitung.

16. Arbeiten oder Spielen: Wofür leben wir? Georges Bataille liest Johan Huizinga

[1] S. dazu die Dokumente in Kiesow/Schmidgen (Hg.) 2005; vgl. Heinrichs 1999: 34; 153, Anm. 91.

[2] S. Bataille 1999; vgl. Descombes 1981.

[3] Bataille, Georges: Spiel und Ernst, in: ders. 2001: 303 – 338 (in der Folge zitiert als: SE); frz.: Sommes-nous là pour jouer ou pour être sérieux?, in: Ders., Œuvres complètes XII, Paris: Gallimard, 1988: 100 – 125 (in der Folge zitiert als: JX).

[4] S. SE 337; PJ 125.

[5] S. Huizinga 1956: 10; vgl. SE 306.

[6] S. dazu Pfaller 2002, Kapitel 3.

[7] S. SE 306; JX 102 (»fièvre«).

[8] S. Huizinga 1956: 27 ff.

[9] S. Huizinga 1956: 131, 159, 187.

[10] Weber [1905]: 94.

[11] Huizinga 1956: 183.

[12] S. Weber [1905]: 94. Ähnlich wie Weber sieht auch Bataille die Ursache der Veränderung im Aufkommen einer radikalen monotheistischen Religion; etwa am Beispiel des Islam: »Die extreme Freigebigkeit, die oberste Tugend der Stämme, ist plötzlich ein Gegenstand des Abscheus geworden, und der individuelle Stolz wird verfemt.« (Bataille 2001: 119)

[13] S. Huizinga 1956: 8.

[14] Leiris [1938].

[15] S. dazu Moebius 2006: 136.

[16] S. SE 309 f.

[17] Mauss 1989.

[18] S. Mauss 1989: 17.

[19] S. SE 311.

[20] S. SE 314: »Denn der Gewinner ist nicht ein Mensch, der sich bereichert hat – das Geld aus dem Spiel brennt ihm auf den Nägeln, die Gewinne stellen für den Spieler nur neue Einsätze dar oder andernfalls die Möglichkeit zu überflüssigen Ausgaben …«

21 S. Bataile 1986: 202.

22 S. SE 328.

23 S. Sennett [1974].

24 S. SE 326; vgl. Juvenal 2007: 91.

25 Vgl. dazu SE 324: »Hegel hat recht, wenn er sagt, dass die Knecht-schaft stets eine freie Wahl ist; niemand ist – letzten Endes – buchstäblich zu arbeiten gezwungen; der Zwang ist der Fall des-sen, der sich ihm beugt …«

26 S. dazu Moebius 2006: 135 ff.

27 S. Caillois 1988: 210: »Das Heilige, dieser Quell der Allmacht, überwältigt den Gläubigen. In seiner Gegenwart fühlt er sich wehrlos; er ist ihm völlig ausgeliefert. Für das Spiel gilt das genaue Gegenteil […] Im Spiel entfernt sich der Mensch vom Wirklichen. Er sucht eine freie Betätigung, die ihn nur insoweit in Beschlag nimmt, als er es von vorneherein will. […] Das Spiel […] stellt eine Art Hafen dar, in dem man Herr seines Schicksals ist.«

28 SE 308 f.

29 S. dazu z. B. Albrecht 1993; Thomas 1996; Jochum 2000.

30 SE 328.

31 S. Adorno 2003: 471.

32 Möglicherweise handelt es sich bei Adornos Huizinga-Kritik auch um eine verdeckte Auseinandersetzung mit Herbert Mar-cuse, der in »Triebstruktur und Gesellschaft« einen an Schiller gewonnenen Begriff des Spiels für eine utopische »Versöhnung zwischen Lust- und Realitätsprinzip« starkzumachen versucht hatte (s. Marcuse 1980: 171 – 194, hier: 192). Insbesondere Mar-cuses Idee einer »Umformung von Arbeit (Mühe) in Spiel« (ebd.: 191) erscheint als plausibles Ziel von Adornos Kritik. Ich bin Ernst Strouhal, Wien, dankbar für den Hinweis auf diese Spur.

33 S. Descombes 1981: 17 ff.

34 S. dazu Heinrichs 1999: 140, Anm. 12.

35 S. Hegel 1984: 145 – 155; vgl. Kojève 1975: 20 – 47.

36 S. Kojève 1975: 43.

37 S. SE 328: »Spiel und Souveränität sind untrennbar.«

38 S. SE 314: »…der Spieler um Geld ist ein Mensch, der darin glänzt [excelle], *dass er seinen Reichtum loslässt.*«

[39] S. SE 324: »…ebenso gut ist die Arbeit … die Sache dessen, der den Tod ernst nimmt.«

[40] S. SE 329. An diesem Punkt könnte man von einer Dialektik der Souveränität sprechen. Wahre Souveränität verdoppelt sich und wird dadurch zu ihrer eigenen Negation: sie besteht eben darin, alles aufs Spiel zu setzen – sogar die Souveränität selbst.

[41] S. SE 334.

[42] S. Huizinga 1956: 187; SE 315.

[43] SE 321.

[44] SE 337.

[45] SE 321.

[46] SE 322.

[47] SE 322.

[48] S. dazu Colletti 1977.

[49] SE 317.

[50] S. SE 316; s. auch Bataille 1986: 202; zur Bedeutung dieser These von Huizinga und Bataille für die psychoanalytische Theorie siehe Pfaller 2009.

[51] SE 304.

[52] SE 323.

[53] SE 323.

[54] SE 323.

[55] S. Freud [1908 e]: 171.

[56] S. SE 336.

[57] S. dazu die vom Herausgeber Iring Fetscher zitierte Stellungnahme in Kojève 1975: 299, Anm. 4.

[58] S. Huizinga 1956: 112.

[59] S. dazu Pfaller 2002, Kapitel 9.

[60] S. Lacan 1986: 103.

[61] SE 336.

[62] S. Huizinga 1956: 19.

[63] S. SE 309.

[64] SE 309.

[65] S. dazu z. B. Peter Sloterdijk, der in diesem Punkt eine witzige, aber irreführende Interpretation Batailles vorlegt, wenn er bereit ist, großzügig spendende Kapitalisten als stolze, anti-ökonomische Verschwender zu begreifen (s. Sloterdijk 2006: 50). Das

Prestige, das durch solche Verausgabung entsteht, ist, wie Louis Althusser und Pierre Bourdieu wussten, immer eine reale, d.h. *in letzter Instanz* ökonomische Größe; es bildet keine anti-ökonomische Gegenwelt zu jener, der es entstammt.

66 S. SE 327: Für das »trübselige Menschentum, das die Arbeit vorzieht«, muss das Spiel, »das seinem Wesen nach nutzlos ist«, sich beschränken »auf eine schwache Funktion der Entspannung, die selbst als vorteilhaft für die nützliche Tätigkeit angesehen wird, und in dieser Eigenschaft als nützlich.«

67 S. SE 312.

68 S. Nietzsche [1887]: 291 f.

69 S. Bataille 1986: 201. Dieselbe Gleichzeitigkeit von strenger Verpflichtung und einem »als ob« von Freiwilligkeit war bereits Mauss in Bezug auf die Gabe aufgefallen. Siehe Mauss 1989: 16: »Schließlich vollziehen sich diese Leistungen und Gegenleistungen in einer eher freiwilligen Form, obwohl sie im Grunde streng obligatorisch sind.«

70 S. dazu Georg Gröllers schöne Studie »Andouillette AAA! A digest of the doctrine of the anal – and an account of the relationship between art and shit« (Gröller 2007).

71 S. Kant [1798]: 442: »…weil ein jeder andere, dass es hiemit eben nicht herzlich gemeint sei, dabei einverständigt ist«.

72 Zur Struktur solcher Einbildungen ohne Eigentümer und ihrer Funktion als soziale Lustquelle siehe Mannoni 2006; vgl. dazu Pfaller 2002.

17. Der Genuss, die Philosophie und das Niedrige

1 Freud [1914 c].

2 Epikur, zitiert nach Hossenfelder 1996: 192.

3 Kant [1790]: 193.

4 Kant [1790]: 116.

5 S. McLuhan 1994: 111.

6 Adorno 2003: 26.

7 Adorno 2003: 26 f.

8 Nietzsche [1887]: 291 f.

9 Brecht 1984: 633.

10 Freud [1915 a]: 226.

11 Althusser 1972 a: 74.

12 Bryson 1990: 60.

13 Mauriès (Hg.) 1998: 13.

14 »I adore simple pleasures. They are the last refuge of the complex.« Wilde 1997: 549.

15 Epiktet 2004: 11.

16 Mannoni 1985: 11.

17 S. Pfaller 2002.

18 Bryson 1990: 53.

19 Anatole France zitiert nach Apter / Pietz (Hg.) 1993: 6.

20 S. Barthes 1964: 36 – 38.

21 In einer 2009 ausgestrahlten Fernsehdokumentation über ein Unternehmen in Dresden, das »Silikondildos in Gemüseoptik« herstellt, kam eine Sexualforscherin zu Wort, die ihren Lieblings-vibrator in der Vitrine im Wohnzimmer ausgestellt hatte. Dazu befragt, erklärte sie freimütig: »Meinen Ehemann verstecke ich ja auch nicht.« Diese historische Veränderung von Verstecken zu Vorzeigen betrifft Kochbücher ebenso wie Sextoys; ihr scheint die Verschiebung von »so tun, als ob man es nicht täte« zu »so tun, als ob man es täte« zu entsprechen.

22 S. Slouka 1995: 75; Rifkin 2002: 228 f.; Žižek 2002: 118.

23 S. Ullrich 2003: 128.

24 S. Pfaller 2008 a.

25 S. Anders 1988, Bd. 2: 16.

26 Klossowski 1966: 123.

27 Siehe Žižek 1992: 8.

28 Huizinga und Mannoni haben auf den Zusammenhang der Begriffe ›ludus‹ (Spiel) und ›illusio‹ (Einbildung; wörtlich ›Einspielung‹) hingewiesen. Siehe Huizinga 1956: 19; Mannoni, 1985: 162.

29 S. Bataille 1993: 74; s. auch Freud [1921 c]: 122, sowie Žižek 1991: 98.

30 S. Freud [1912 – 13]: 311.

31 S. Pfaller 2008 a.

32 Scheler 1955: 129 f.

[33] Bryson 1990: 13.

[34] »Sich keine Geschichten erzählen« (»ne pas se raconter d'histoire«), dies bezeichnete Louis Althusser als »die einzige Definition des Materialismus« (Althusser 1994: 247).

[35] Epikur 1995: 72.

[36] »Summum crede nefas animam praeferre pudori / et propter vitam vivendi perdere causas.« Juvenal 2009: 164, dt.: 2007: 91.

[37] Brecht 1984: 653 f.

[38] Hegel 1984: 145 – 155.

Literaturverzeichnis

Adorno, Theodor W.
1973 Philosophische Terminologie. Zur Einleitung. 2 Bde. Frankfurt / M.: Suhrkamp
2001 Minima Moralia. Reflexionen aus dem beschädigten Leben. Frankfurt / M.: Suhrkamp
2003 Ästhetische Theorie. Gesammelte Schriften, Bd. 7. 1. Aufl. Frankfurt / M.: Suhrkamp

Agamben, Giorgio
2005 Profanierungen. Frankfurt / M.: Suhrkamp

Alain
1982 Die Pflicht glücklich zu sein (Propos sur le bonheur). Frankfurt / M.: Suhrkamp

Albrecht, Horst
1993 Die Religion der Massenmedien. Stuttgart / Berlin / Köln: Kohlhammer

Althusser, Louis
[1969] Ideologie und ideologische Staatsapparate (Anmerkungen für eine Untersuchung), in: Ders., Ideologie und ideologische Staatsapparate. Hamburg / Westberlin: VSA, 1977: 108 – 153
[1969 – 70] Idéologie et appareils idéologiques de l'état. (Notes pour une recherche). In: Ders., Positions. Paris: Editions sociales, 1976: 67 – 125
1972 Der Gegenstand des ›Kapital‹, in: L. Althusser, E. Balibar, Das Kapital lesen. Reinbek: Rowohlt 1972, Bd. I: 94 – Bd. II: 267
1972 a Vom Kapital zur Philosophie von Marx, in: L. Althusser, E. Balibar, Das Kapital lesen. Reinbek: Rowohlt 1972, Bd. I: 11 – 93
1973 Antwort an John Lewis, in: H. Arenz, J. Bischoff, U. Jaeggi (Hrsg.): Was ist revolutionärer Marxismus? Kontroverse über

Grundfragen marxistischer Theorie zwischen Louis Althusser und John Lewis. Westberlin: VSA, 1973: 35 – 76

1974 Für Marx. Frankfurt / M.: Suhrkamp

1975 Elemente der Selbstkritik. Westberlin: VSA

[1975] Ist es einfach, in der Philosophie Marxist zu sein? In: Ders., Ideologie und ideologische Staatsapparate. Hamburg / Westberlin: VSA, 1977: 51 – 88

[1976] Über Marx und Freud, in: Ders., Ideologie und ideologische Staatsapparate. Hamburg / Westberlin: VSA, 1977: 89 – 107

1977 Ideologie und ideologische Staatsapparate. Hamburg / Westberlin: VSA

[1982] Le courant souterrain du matérialisme de la rencontre. In: Ders., Écrits philosophiques et politiques, Tome I. Paris: Stock / Imec, 1994: 539 – 580 (deutsch siehe: http://www.episteme.de/htmls/Althusser-Materialismus-Begegnung.html, Zugriff: 14. 07. 2010)

[1986] Portrait du philosophe matérialiste. In: Ders., Écrits philosophiques et politiques, Tome I. Paris: Stock / Imec, 1994: 581 – 2

1994 Écrits philosophiques et politiques, Tome I. Paris: Stock / IMEC

1995 Écrits philosophiques et politiques, Tome II. Paris: Stock / IMEC

2010 Materialismus der Begegnung. Hrsg. und übers. von Franziska Schottmann. Zürich: Diaphanes (Subjektile)

Althusser, Louis / Balibar, Etienne
1972 Das Kapital lesen. 2 Bde., Reinbek: Rowohlt

Anders, Günther
1988 Die Antiquiertheit des Menschen. 2 Bde., 4. Aufl. München: Beck

Apter, E., Pietz, W. (Hg.)
1993 Fetishism as Cultural Discourse. Ithaca and London: Cornell Univ. Press

Arendt, Hannah
1964 Gespräch mit Joachim Fest. Hg. v. Ursula Ludz und Thomas Wild http://www.hannaharendt.de/download/fest_interview.pdf (Zugriff: 23. 04. 2010)

Aristoteles
1982 Die Poetik. Stuttgart: Reclam
2007 Rhetorik. Übers. u. hg. v. Gernot Krapinger, Stuttgart: Reclam

Assmann, Jan
2000 Religion und kulturelles Gedächtnis. München: Beck

Aubenque, Pierre
1973 Die hellenistischen Philosophien: Stoizismus, Epikureismus,
   Skeptizismus. In: F. Châtelet (Hg.), Geschichte der Philosophie,
   Bd. 1: Die heidnische Philosophie. Frankfurt / M. / Berlin / Wien:
   Ullstein, 1973: 177 – 209

Bacon, Francis
1985 Of Envy. in: Ders., Essays. Introduced by M. J. Hawkins. 5. Aufl.
   London und Melbourne: Dent

Badiou, Alain
2008 Wittgensteins Antiphilosophie. Berlin / Zürich: Diaphanes

Barthes, Roland
1964 Mythen des Alltags. Frankfurt / M.: Suhrkamp
1988 Der Baum des Verbrechens. In: Das Denken des Marquis de
   Sade, Frankfurt / M.: S. Fischer

Bataille, Georges
1986 Der heilige Eros (L'Érotisme). Frankfurt / M. / Berlin: Ullstein
1993 Die Tränen des Eros. München: Matthes & Seitz
1999 Wiedergutmachung an Nietzsche. Das Nietzsche-Memoran-
   dum und andere Texte. München: Matthes & Seitz
2001 Die Aufhebung der Ökonomie. 3., erweiterte Aufl. München:
   Matthes & Seitz

Bateson, Gregory u. a.
1969 Schizophrenie und Familie. Frankfurt / M.: Suhrkamp

Benasayag, Miguel / Charlton, Edith
1989 Critique du Bonheur. Paris: La Découverte

Benjamin, Walter

[1940] Über den Begriff der Geschichte. In: Ders., Gesammelte Schriften, Frankfurt / M.: Suhrkamp, 1980, Bd. I.2 (WA Bd. 2): 691–704

Benveniste, Émile

1969 Le vocabulaire des institutions indo-européennes. 2 Bde., Paris: Éds. de Minuit

Berkel, Irene

2006 Missbrauch als Phantasma. Zur Krise der Genealogie. München: Fink

2009 (Hg.): Postsexualität. Zur Transformation des Begehrens. Gießen: Psychosozial-Verlag

Birnbacher, Dieter

Philosophie des Glücks. In: Information Philosophie http://www.information-philosophie.de/?a=1&t=218&n=2&y=1&c=1# (Zugriff: 27. 03. 2008)

2003 Analytische Einführung in die Ethik. Berlin: De Gruyter

Bourriaud, Nicolas

2007 Über Altermodernität. Interview von Rita Vitorelli. In: spike art quarterly No. 11 2007: 32–38

Brecht, Bertolt

1971 Über Politik auf dem Theater. Hg. v. W. Hecht, Frankfurt / M.: Suhrkamp

1984 Die Gedichte von Bertolt Brecht in einem Band. 3. Aufl. Frankfurt / M.: Suhrkamp

Breton, André

[1930] Zweites Manifest des Surrealismus. In: Ders., Die Manifeste des Surrealismus. Reinbek: Rowohlt, 1977: 49–99

[1932] Der weisshaarige Revolver. In: Ders., Der weisshaarige Revolver. Berlin: Sirene, 1984: 79–128

Brunkhorst, Hauke
2006 So wird Sachzwang gebaut. In: taz, 12. 8. 2006
   http://www.taz.de/index.php?id=archivseite&dig=2006/08/12/
   a0147 (Zugriff: 27. 10. 2006)

Bryson, Norman
1990 Looking at the overlooked. Four Essays on Still Life Painting.
   London: Reaktion Books

Bunke, Simon
2005 Erotomanie. In: von Jagow, Bettina, Steger Florian (Hg.),
   Literatur und Medizin im europäischen Kontext. Ein Lexikon.
   Göttingen: Vandenhoek & Ruprecht, 2005: Sp. 204 – 208

Burger, Rudolf
1991 Abstriche. Vom Guten. Und Schönen. Im Grünen. Wien:
   Sonderzahl

Caillois, Roger
[1958] Die Spiele und die Menschen. Maske und Rausch. München /
   Wien: Langen-Müller, o. J.
1988 Der Mensch und das Heilige. München / Wien: Hanser

Colletti, Lucio
1977 Marxismus und Dialektik. In: Ders., Marxismus und Dialektik.
   Frankfurt / M. / Berlin / Wien: Ullstein, 1977: 5 – 41

Crawford, Matthew B.
2010 Ich schraube, also bin ich. Vom Glück, etwas mit den eigenen
   Händen zu schaffen. [orig.: Shop Class for Soulcraft.] Berlin:
   Ullstein

Critchley, Simon
1999 Comedy and Finitude: Displacing the Tragic-Heroic Paradigm
   in Philosophy and Psychoanalysis. In: Ders. (Hg.), Ethics-Poli-
   tics-Subjectivity. Essays on Derrida, Levinas and Contemporary
   French Thought. London / New York: Verso, 1999: 217 – 238

De Andrade, Oswaldo
1928 Cannibal Manifesto. siehe http://feastofhateandfear.com/archi-
   ves/andrade.html

De Crescenzo, Luciano
1988 Geschichte der griechischen Philosophie. Von Sokrates bis
    Plotin. Zürich: Diogenes

Deleuze, Gilles
1988 Spinoza. Praktische Philosophie. Berlin: Merve

Deleuze, Gilles / Guattari, Félix
1977 Anti-Ödipus. Kapitalismus und Schizophrenie I. Frankfurt /
    M.: Suhrkamp

Descombes, Vincent
1981 Das Selbe und das Andere. Fünfundvierzig Jahre Philosophie
    in Frankreich 1933-1978. Frankfurt / M.: Suhrkamp

DiBattista, Maria
2001 Fast Talking Dames. New Haven / London: Yale University
    Press

Diogenes Laertios
1990 Leben und Meinungen berühmter Philosophen. 3. Aufl. Ham-
    burg: Meiner

Dolar, Mladen
1991 The Aesthetics of the Uncanny. In: Mesotes. Zeitschrift für
    philosophischen Ost-West-Dialog, Nr. 3 / 1991: 51 – 66.
2000 Die Maschine des Genießens. In: Pfaller (Hg.): Interpassivität.
    Studien über delegiertes Genießen. Wien / New York: Springer,
    2000: 85 – 106

Durkheim, Émile
1994 Die elementaren Formen des religiösen Lebens. Frankfurt / M.:
    Suhrkamp

Epiktet
2004 Handbüchlein der Moral. Griechisch / Deutsch. Übers. u. hg. v.
    Kurt Steinmann, Stuttgart: Reclam

Epikur
1949 Von der Überwindung der Furcht. Katechismus. Lehrbriefe.
    Spruchsammlung. Fragmente. Zürich: Artemis

1995 Über das Glück. Zürich: Diogenes

2005 Briefe. Sprüche. Werkfragmente. Griechisch / Deutsch. Übers.
u. hg. v. Hans-Wolfgang Krautz, Stuttgart: Reclam

Ernst, Heiko

2006 Wie uns der Teufel reitet. Von der Aktualität der 7 Todsünden.
Berlin: Ullstein

Evans, Dylan

1997 An Introductory Dictionary of Lacanian Psychoanalysis
[Reprint]. London / New York: Routledge

Fink, Bruce

1997 A Clinical Introduction to Lacanian Psychoanalysis. Theory
and Technique. Cambridge / London: Harvard Univ. Press

Foucault, Michel

[1976] Der Wille zum Wissen. Sexualität und Wahrheit. Bd. I.
Frankfurt / M.: Suhrkamp, 1983

Freud, Sigmund

[1895 d] Studien über Hysterie. In: Ders., Gesammelte Werke. Bd. 1.
Frankfurt / M.: S. Fischer, 1999: 75 – 312

[1905 c] Der Witz und seine Beziehung zum Unbewußten. In:
Ders., Studienausgabe. Bd. IV. Frankfurt / M.: S. Fischer 1989:
9 – 219

[1908 e] Der Dichter und das Phantasieren. In: Ders., Studienausgabe. Bd. X. 11. Aufl. Frankfurt / M.: S. Fischer, 1997: 169 – 180

[1910 c] Eine Kindheitserinnerung des Leonardo da Vinci. In:
Ders., Studienausgabe. Bd. X. Frankfurt / M.: S. Fischer 1994:
87 – 160

[1911 c] Psychoanalytische Bemerkungen über einen autobiogra-
phisch beschriebenen Fall von Paranoia (Dementia paranoides).
In: Ders., Studienausgabe. Bd. 7. Frankfurt / M.: S. Fischer, 1989:
133 – 204

[1912 – 13] Totem und Tabu. In: Ders., Studienausgabe. Bd. IX.
Frankfurt / M.: S. Fischer, 1993: 287 – 444

[1914 c] Zur Einführung des Narzißmus. In: Ders., Studienausgabe.
Bd. III. Frankfurt / M.: S. Fischer, 1989: 37 – 68

[1915 a] Bemerkungen über die Übertragungsliebe. In: Ders., Studienausgabe. Erg.-Bd. 4. Aufl. Frankfurt / M.: S. Fischer, 1994: 217 – 230

[1919 h] Das Unheimliche. In: Ders., Studienausgabe. Bd. IV. Frankfurt / M.: S. Fischer, 1989: 241 – 274

[1920 g] Jenseits des Lustprinzips. In: Ders., Studienausgabe. Bd. III. Frankfurt / M.: S. Fischer, 1989: 213 – 272

[1921 c] Massenpsychologie und Ich-Analyse. In: Ders., Studienausgabe. Bd. IX. Frankfurt / M.: S. Fischer, 1993: 61 – 134

[1922 b] Über einige neurotische Mechanismen bei Eifersucht, Paranoia und Homosexualität. In: Ders., Studienausgabe. Bd. 7. Frankfurt / M.: S. Fischer, 1989: 217 – 228

[1925 h] Die Verneinung. In: Ders., Studienausgabe. Bd. III. Frankfurt / M.: S. Fischer, 1989: 371 – 378

[1927 d] Der Humor. In: Ders., Studienausgabe. Bd. IV. 7. Aufl. Frankfurt / M.: S. Fischer, 1989: 275 – 282

[1930 a] Das Unbehagen in der Kultur. In: Ders., Studienausgabe. Bd. IX. Frankfurt / M.: S. Fischer, 1993: 191 – 270

[1933 a] Neue Folge der Vorlesungen zur Einführung in die Psychoanalyse. In: Ders., Studienausgabe. Bd. I. Frankfurt / M.: S. Fischer, 1989: 448 – 608

[1940 e] Die Ichspaltung im Abwehrvorgang. In: Ders., Studienausgabe. Bd. III. Frankfurt / M.: S. Fischer, 1989: 388 – 394

[1942 a] Psychopathische Personen auf der Bühne. In: Ders., Studienausgabe. Bd. X. Frankfurt / M.: S. Fischer, 1997: 161 – 168

Gottsched, Johann Christoph
[1730] Versuch einer Critischen Dichtkunst vor die Deutschen. In: Profitlich (Hg.) 1998: 42 – 48

Greenblatt, Stephen
1995 Schmutzige Riten. In: Ders., Schmutzige Riten. Betrachtungen zwischen den Weltbildern. Frankfurt / M.: S. Fischer, 1995: 31 – 54

Griffin, Victoria
1999 The Mistress. Histories, Myths and Interpretations of the ›Other Woman‹. New York / London: Bloomsbury

Gröller, Georg

2007 Andouillette AAA! A digest of the doctrine of the anal – and an account of the relationship between art and shit. In: The Hamsterwheel, Wien: Schlebrügge editors, 2007: 18 f.

Grunberger, Béla / Dessuant, Pierre

2000 Narzißmus, Christentum, Antisemitismus. Eine psychoanalytische Untersuchung. Stuttgart: Klett-Cotta

Hanske, Paul-Philipp

2009 Alles viel zu prüde hier. In: Süddeutsche Zeitung. 8. 1. 2009: 12; siehe auch: http://sz-shop.sueddeutsche.de/mediathek/shop/ Produktdetails/Buch+Das_schmutzige_Heilige_und_die_reine_Vernunft+Robert_Pfaller/4 436 948.do;jsessionid=FBBDE-4BB514FDCD545 856 078 826ADD39.kafka:9009?extraInformationShortModus=false (Zugriff: 09. 10. 2010)

Hartmann, Nicolai

1976 Ethik. Berlin: De Gruyter

Hegel, Georg Wilhelm Friedrich

[1812] Wissenschaft der Logik I. Erster Teil. Die objektive Logik. Erstes Buch. Werke. Bd. 5. Frankfurt / M.: Suhrkamp, 1986

[1820] Vorlesungen über die Ästhetik (Ausz.). In: Profitlich (Hg.) 1998: 124 – 128

[1830] Enzyklopädie der philosophischen Wissenschaften. Bd. I. Werke. Bd. 8. Frankfurt / M.: Suhrkamp, 1986

1984 Phänomenologie des Geistes, Werke. Bd. 3. Frankfurt / M.: Suhrkamp

Heine, Heinrich

[1853] Die Götter im Exil. In: Ders., Sämtliche Werke. Bd. I: Vermischte Schriften. Amsterdam: Binger & Söhne, 1854: 161 – 196

Heinrich, Klaus

1995 Floß der Medusa. 3 Studien zur Faszinationsgeschichte mit mehreren Beilagen und einem Anhang, Basel, Frankfurt / M.: Stroemfeld

1997 anfangen mit freud. Basel / Frankfurt / M.: Stroemfeld / Roter Stern

Heinrichs, Hans-Jürgen
1999 Der Wunsch nach einer souveränen Existenz. Georges Bataille: Philosoph. Dichter. Kunsttheoretiker. Anthropologe. Graz: Droschl

Heinsohn, Gunnar
2006 Söhne und Weltmacht. Terror im Aufstieg und Fall der Nationen. Zürich: Orell Füssli

Hitz, Torsten
1999 Gift, Gaben, Geschenke. In: Hetzel, Andreas / Wiechens, Peter (Hg.): G. B. Vorreden zur Überschreitung. Würzburg: Königshausen & Neumann, 1999: 133- 156

Hossenfelder, Malte
1996 Antike Glückslehren. Kynismus und Kyrenaismus, Stoa, Epikureismus und Skepsis. Quellen in deutscher Übersetzung mit Einführungen. Stuttgart: Kröner

Hughes, Robert
1994 Nachrichten aus dem Jammertal. Wie sich die Amerikaner in ›political correctness‹ verstrickt haben. [Orig.: The Culture of complaint.] München: Kindler

Huizinga, Johan
1956 Homo Ludens. Vom Ursprung der Kultur im Spiel. Reinbek: Rowohlt

Jochum, Christian
2000 Fernsehen als Religion. Innsbruck (kath.-theolog. Dipl.-Arb.)

Juvenal
2007 Satiren. Übers., Einf. u. Anhang v. Harry C. Schnur. Stuttgart: Reclam
[Juvenal] Iuvenalis, Decimus Iunius / Persius Flaccus, Aulus
2009 Juvenal and Persius. With an engl. transl. by G. G. Ramsay. London: Heinemann

Kant, Immanuel
[1788] 1974 Kritik der praktischen Vernunft. In: Ders., Werkausgabe. Bd. VII. Frankfurt / M.: Suhrkamp, 1974: 103 – 302

[1790] 1977 Kritik der Urteilskraft. In: Ders., Werkausgabe. Bd. X.
Frankfurt: Suhrkamp
[1795] 1977 Verkündigung des nahen Abschlusses eines Traktats
zum ewigen Frieden in der Philosophie. In: Ders., Werkausgabe.
Bd. VI. Frankfurt/M.: Suhrkamp, 1977: 403 – 416
[1798] Anthropologie in pragmatischer Hinsicht. In: Ders., Werkausgabe. Bd. XII. 2. Aufl. Frankfurt/M.: Suhrkamp, 1978: 399-690

Kiesow, Rainer M./Schmidgen, Henning
2005 Kritisches Wörterbuch. Beiträge von Georges Bataille, Carl
Einstein, Marcel Griaule, Michel Leiris u. a. Berlin: Merve

Klein, Richard
1995 Schöner blauer Dunst. Ein Lob der Zigarette. München/Wien:
Hanser

Klossowski, Pierre
1966 Die Gesetze der Gastfreundschaft. Reinbek: Rowohlt

Kojève, Alexandre
1975 Hegel. Eine Vergegenwärtigung seines Denkens. Frankfurt/M.:
Suhrkamp

Krafft-Ebing, Richard von
1997 Psychopathia sexualis. München: Matthes & Seitz

Lacan, Jacques
[1954 – 1955] Das Seminar, Buch II: Das Ich in der Theorie Freuds
und in der Technik der Psychoanalyse. 2. Aufl. Weinheim/Ber-
lin: Quadriga
[1958 c] Die Bedeutung des Phallus. In: Ders., Schriften. Bd. II.
3. Aufl., Weinheim/Berlin: Quadriga, 1991: 119 – 132.
[1959 – 60] Das Seminar, Buch VII: Die Ethik der Psychoanalyse.
Weinheim/Berlin: Quadriga, 1996
[1962 – 63] Le Séminaire, Livre X : L'angoisse, 1962 – 63. Ed. Jacques-
Alain Miller, Paris: Seuil, 2004
[1963] Kant mit Sade. In: Ders., Schriften. Bd. II. 3. Aufl. Weinheim/
Berlin: Quadriga, 1991: 133 – 164
[1972 – 73] Le Séminaire, Livre XX: Encore, 1972 – 73. Ed. Jacques-
Alain Miller, Paris: Seuil, 1975

1980 Das Seminar, Buch XI: Die vier Grundbegriffe der Psychoanalyse. 2. Aufl. Olten: Quadriga
1986 Schriften. Bd. III. 2. Aufl. Weinheim / Berlin: Quadriga
1996 Das Seminar, Buch VII (1959 – 60): Die Ethik der Psychoanalyse. Weinheim / Berlin: Quadriga

Lange, Friedrich Albert
1902 Geschichte des Materialismus. Und Kritik seiner Bedeutung in
der Gegenwart. 2 Bde. 7. Aufl. Leipzig: Baedeker

Leiris, Michel
[1938] Das Heilige im Alltagsleben. In: Ders.: Die eigene und die
fremde Kultur. 2. Aufl. Frankfurt / M.: Syndikat, 1979: 228 – 238

Lipowatz, Thanos
2005 Der ›Fortschritt in der Geistigkeit‹ und der ›Tod Gottes‹.
Würzburg: Könighausen & Neumann

Löwith, Karl
[1948] Der christliche Gentleman. Über die Schizophrenie eines
gesellschaftlichen Ideals. In: Ders., Sämtliche Schriften. Bd. 3:
Wissen, Glaube und Skepsis. Stuttgart: Metzler, 1985: 163 – 170

Luck, Georg
1997 Die Weisheit der Hunde. Texte der antiken Kyniker in deutscher Übersetzung mit Erläuterungen, Stuttgart: Kröner

Lukrez
1991 Von der Natur. Übers. v. H. Diels, München u. a.: dtv / Artemis

Lyotard, Jean-François
1987 Beantwortung der Frage: Was ist postmodern? In: Ders., Postmoderne für Kinder. Briefe aus den Jahren 1982 – 1985. Wien:
Passagen, 1987: 11 – 31

Mandeville, Bernard
1980 Die Bienenfabel oder Private Laster, öffentliche Vorteile.
Frankfurt / M.: Suhrkamp

Mannoni, Octave
1985 Clefs pour l'Imaginaire ou l'Autre Scène. Mayenne: Seuil
1985 a La désidentification. In: J. Dor (éd.), Le Moi et l'Autre. Paris:
     Denoel, 1985: 61–79
2006 Das Spiel der Illusionen oder das Theater aus der Sicht des
     Imaginären. In: Maske und Kothurn. Internat. Beitr. Zur Theater-,
     Film- und Medienwissenschaft, 52. Jg. 2006, Heft 1: Mit Freud,
     Wien: Böhlau, 2006: 17–36

Marc Aurel [Marcus Aurelius Antoninus]
1948 Selbstbetrachtungen. Übertr. u. m. Einl. v. W. Capelle. Stutt-
     gart: Kröner

Marcuse, Herbert
1980 Triebstruktur und Gesellschaft. Ein philosophischer Beitrag zu
     Sigmund Freud. Frankfurt/M.: Suhrkamp

Marcuse, Ludwig
1972 Philosophie des Glücks. Von Hiob bis Freud. Zürich: Diogenes
[1964] Meine Geschichte der Philosophie. Aus den Papieren eines
     bejahrten Philosophiestudenten. Zürich: Diogenes, 1981

Marx, Karl
[1841] Doktordissertation: Differenz der demokritischen und epi-
     kureischen Naturphilosophie nebst einem Anhange. In: Karl
     Marx/Friedrich Engels, Werke (MEW). Ergänzungsband. Ber-
     lin: Dietz, 1974: 257–373
[1844] Zur Kritik der Hegelschen Rechtsphilosophie. Einleitung. In:
     Karl Marx/Friedrich Engels, Werke (MEW). Bd. 1. Berlin:
     Dietz, 1970: 378–391
[1852] Der achtzehnte Brumaire des Louis Bonaparte. In: Karl
     Marx/Friedrich Engels, Werke (MEW). Bd. 8. Berlin: Dietz,
     1978: 111-207
[1857] Einleitung [zur Kritik der politischen Ökonomie]. In: Karl
     Marx/Friedrich Engels: Werke (MEW). Bd. 13. Berlin: Dietz,
     1985: 615–642
[1867] Das Kapital. Kritik der politischen Ökonomie. Band 1. Buch
     I: Der Produktionsprozeß des Kapitals. In: Karl Marx/Friedrich
     Engels: Werke (MEW). Bd. 23. Berlin: Dietz, 1984

Mauriès, Patrick (Hg.)
1998 Trompe-l'œil. Das getäuschte Auge. Köln: DuMont

Mauss, Marcel
[1925] Die Gabe. Form und Funktion des Austauschs in archaischen
    Gesellschaften. In: Ders., Soziologie und Anthropologie. Bd. 2.
    Frankfurt / M.: Fischer, 1989: 11 – 144

McLuhan, Marshall
1994 Die magischen Kanäle. Dresden: Verlag der Kunst

Mehring, Franz
1960 Aufsätze zur Geschichte der Philosophie. Leipzig: Reclam

Meinhold, Philip
2010 Die Rache der Spanier. In: taz, 24. 8. 2010, siehe: http://
    www.taz.de/1/wahrheit/artikel/1/die-rache-der-spanier/ (Zugriff:
    09. 10. 2010)

Moebius, Stefan
2006 Die Zauberlehrlinge. Soziologiegeschichte des Collège de
    Sociologie (1937 – 1939). Konstanz: UVK

Montaigne, Michel de
1996 Um recht zu leben. Eine Auswahl aus den Essais. Zürich:
    Diogenes
1998 Essais. Erste moderne Gesamtübersetzung von Hans Stilett.
    Frankfurt / M.: Eichborn
2006 Von der Freundschaft. 4. Aufl. München: Beck

Neiman, Susan / Kross, Matthias (Hg.:)
2004 Zum Glück. Berlin: Akademie Verlag

Nietzsche, Friedrich
[1886] Jenseits von Gut und Böse. In: Ders., Werke. Bd. III. Hg. v.
    K. Schlechta, Frankfurt / M. / Berlin / Wien: Ullstein, 1984: 9 – 206
[1887] Zur Genealogie der Moral. Eine Streitschrift. In: Ders.,
    Werke. Bd. III. Frankfurt / M. / Berlin / Wien: Ullstein, 1984:
    207 – 346
Kritische Studienausgabe [KSA]. Hg. v. Giorgio Colli u. Mazzino
    Montinari. München: dtv, 1980 ff.

Nitsch, Wolfgang
2004 Die Hochschulen im Bologna-Prozess – zwischen neuartiger
     Ökonomisierung und Politisierung. http://www.arbeitsstelle-neo-
     nazismus.de/reader/neinzu/14_nitsch.html

Nusser, K.-H.
Neid. In: Historisches Wörterbuch der Philosophie. Hg. v. Joachim
     Ritter u. Karlfried Gründer. Bd. 6: Mo-O. Basel / Stuttgart: Schwa-
     be & Co, 1984: 695 – 706

Opitz, Martin
[1624] Buch von der Deutschen Poeterey (Ausz.). In: Profitlich (Hg.)
     1998: 22

Pascal, Blaise
1997 Gedanken über die Religion und einige andere Themen. Stutt-
     gart: Reclam
2004 Les Provinciales, Pensées et opuscules divers. Paris: livre de
     poche

Pfaller, Robert
2000 »Hurrah, die Butter ist alle!« – Das Paradoxon der opferberei-
     ten Massen. In: S. Stoller / E. Nemeth / G. Unterthurner (Hg.):
     Philosophie in Aktion. Demokratie – Rassismus – Österreich.
     Wien: Turia & Kant, 2000: 41 – 52
2000 a Geliebte Askese und Babykultur. Interview. In: Texte zur
     Wirtschaft, siehe: http://web.archive.org/web/20041016022927/
     http://www.tzw.biz/www/home/article.php?p_id=516 (Zugriff:
     13. 10. 2010)
2002 Die Illusionen der anderen. Über das Lustprinzip in der
     Kultur. Frankfurt / M.: Suhrkamp
2003 From Sexual Liberation to Sexual Harassment: An Analysis of
     Discourse / Von der sexuellen Befreiung zur sexuellen Belästi-
     gung: eine Analyse der Diskurse. In: Madam, I'm Adam. The
     Organization of Private Life. Hg. v. Piet Zwart Institute u. Kunst-
     universität Linz, Bereich Experimentelle Gestaltung. Rotterdam /
     Linz, 2003: 23 – 31
2005 (Hg.:) Schluß mit der Komödie! Über die schleichende Vor-
     herrschaft des Tragischen in unserer Kultur / Stop that Comedy!

On the Subtle Hegemony of the Tragic in Our Culture. Hg. v. R.
Pfaller. Wien: Sonderzahl (Linzer Augen, Bd. 1)

2008 Das schmutzige Heilige und die reine Vernunft. Symptome der
Gegenwartskultur. Frankfurt / M.: S. Fischer

2008a Ästhetik der Interpassivität. Hamburg: Philo Fine Arts (Fundus)

2009 Die Sublimierung und die Schweinerei. Theoretischer Ort und
kulturkritische Funktion eines psychoanalytischen Begriffs. In:
Psyche. Zeitschrift für Psychoanalyse und ihre Anwendungen.
Hg. v. W. Bohlerer, 63. Jg., Heft 7, Juli 2009: 621 – 650

2009 a Strategien des Beuteverzichts. Die narzisstischen Grundlagen
aktueller Sexualunlust und Politohnmacht. In: Irene Berkel (Hg.):
Postsexualität. Zur Transformation des Begehrens. Gießen: Psychosozial-Verlag, 2009: 31 – 48

2010 Der Kampf gegen die Fortentwicklung der Universität zur
repressiven Attrappe. In: Unbedingte Universitäten: Was passiert?
Stellungnahmen zur Lage der Universität. Zürich: diaphanes,
2010: 41 – 54

Profitlich, Ulrich (Hg.)
1998 Komödientheorie. Texte und Kommentare. Vom Barock bis
zur Gegenwart. Reinbek: Rowohlt

Power, Michael
1994 The Audit Explosion. London: Demos
1997 The Audit Society. Rituals of Verification. Oxford: Oxford
Univ. Press

Radisch, Iris
2007 Das ewige Rein-Raus. Die Anti-Porno-Kampagne der »Emma« ist dringend nötig – und hoffnungslos altmodisch. In: Die
Zeit, 06. 09. 2007: 37, siehe auch: http://www.zeit.de/2007/37/
Anti-Porno-Kampagne (Zugriff: 13. 08. 2010)

Rancière, Jacques
2006 Die Aufteilung des Sinnlichen. Die Politik der Kunst und ihre
Paradoxien. Berlin: b_books / Reihe PoLYpeN

Rank, Otto
1993 Der Doppelgänger. Eine psychoanalytische Studie. Wien: Turia
& Kant

Rawls, John
1975 Eine Theorie der Gerechtigkeit. Frankfurt / M.: Suhrkamp

Reik, Theodor
1974 Das Verlangen, geliebt zu werden. München: Kindler

Rhonheimer, Martin
2001 Die Perspektive der Moral. Philosophische Grundlagen der
Tugendethik. Berlin: Akademie Verlag

Rifkin, Jeremy
2002 Access. Das Verschwinden des Eigentums. Warum wir weniger
besitzen und mehr ausgeben werden. Frankfurt / M. / New York:
Campus

Rimbaud, Arthur
2004 Sämtliche Dichtungen. Zweisprachige Ausgabe. 3. Aufl. München: dtv

Russell, Bertrand
1956 Logic and knowledge. Essays. 1901 -1950. Ed. by Robert
Charles Marsh. London: Allen & Unwin

Sade, D. A. F. de
1979 Die hundertzwanzig Tage von Sodom oder Die Schule der
Ausschweifung. Dortmund: Die bibliophilen Taschenbücher

Scheler, Max
1955 Vom Umsturz der Werte. Abhandlungen und Aufsätze. Bern
u. a.

Schlegel, August Wilhelm
[1798] Vorlesungen über philosophische Kunstlehre (Ausz.). In:
Profitlich 1998: 109 – 111
[1802 / 03] Vorlesungen über schöne Literatur und Kunst. Zweiter
Teil: Vorlesungen über schöne Literatur (Ausz.). In: Profitlich
(Hg.): 1998: 112 – 114

Schlegel, Friedrich
[1794] Vom ästhetischen Werte der griechischen Komödie (Ausz.).
In: Profitlich (Hg.): 1998: 96–104

Schoeck, Helmut
1987 Der Neid und die Gesellschaft. Ungek. Ausg. nach der 5. Aufl.
Frankfurt/M./Berlin: Ullstein

Schulze, Gerhard
2006 Die Sünde. Das schöne Leben und seine Feinde. München/
Wien: Hanser

Schummer, Joachim
2004 Über das Streben nach Lust. In: Friesen, Hans (Hg.): Angewandte Ethik im Spannungsfeld von Begründung und Anwendung. Frankfurt/M. u. a.: Lang, 2004: 417–432 (siehe auch
http://64.233.183.104/search?q=cache:S-Alhi5J0sMJ:www.joa-
chimschummer.net/papers/2004_Lust_Friesen-Berr.pdf+epikur
+lust+direkt+erstreben&hl=de&ct=clnk&cd=2&gl=at&client=
firefox-a (Zugriff: 03. 04. 2008)

Schwarz, Christine
2006 Evaluation als modernes Ritual. Zur Ambivalenz gesellschaftlicher Rationalisierung am Beispiel virtueller Universitätsprojekte.
Hamburg: LIT

Sennett, Richard
[1974] Verfall und Ende des öffentlichen Lebens. Die Tyrannei der
Intimität. 12. Aufl. Frankfurt/M.: S. Fischer, 2001
2008 Autorität. Berlin: Berlin Taschenbuch Verlag
2008a Handwerk. Berlin: Berlin-Verlag

Signer, David
1997 Fernsteuerung. Kulturrassismus und unbewußte Abhängigkei-
ten. Wien: Passagen
2004 Die Ökonomie der Hexerei. Oder warum es in Afrika keine
Wolkenkratzer gibt. Wuppertal: Peter Hammer Verlag

Sloterdijk, Peter

1983 Kritik der zynischen Vernunft. 2 Bde. Frankfurt / M.: Suhrkamp

2006 Zorn und Zeit. Politisch-psychologischer Versuch. Frankfurt /
M.: Suhrkamp

2007 ›Religion ist nie cool‹. Streitgespräch mit Walter Kardinal
Kasper. In: Die Zeit, Nr. 7, 8. Februar 2007: 15 – 19

2009 Du mußt dein Leben ändern. Über Anthropotechnik. Frankfurt / M.: Suhrkamp

Slouka, Mark

1995 War of the Worlds. Cyberspace and the High-Tech Assault on
Reality. New York: Basic Books

Smith, William Robertson

1899 Die Religion der Semiten. Freiburg u. a.: Mohr

Sontag, Susan

[1964] Anmerkungen zu Camp. In: Dies., Geist als Leidenschaft.
Ausgewählte Essays zur modernen Kunst und Kultur. Leipzig /
Weimar: Kiepenheuer, 1990: 41 – 59

1968 Kunst und Antikunst. 24 literarische Analysen. Reinbek:
Rowohlt

Spindler, Gabriele

2007 Scheitern. Sprache und Bilder. In: Dies. (Hg.): Scheitern. Aus-
stellungskatalog Landesgalerie Linz. Weitra: Bibliothek der Pro-
vinz

Spinoza, Benedict de (Baruch)

1967 Der Theologisch-politische Traktat. Leipzig: Reclam

1976 Die Ethik. Nach geometrischer Methode dargestellt. Hamburg:
Meiner

1993 Abhandlung über die Verbesserung des Verstandes. Lateinisch – Deutsch. Hamburg: Meiner

Stavrokakis, Yannis

2003 The Lure of Antigone: Aporias of an Ethics of the Political. In:
Umbra. A Journal of the Unconscious, no. 1, 2003: Ignorance of
the Law: 117 – 130

Strathern, Marilyn
2000 (ed.:) Audit Cultures. Anthropological studies in accountabili-
    ty, ethics and the academy [EASA series in Social Anthropology].
    London: Routledge

Tertullian (Tertullianus, Quintus Septimus)
2008 De spectaculis. Über die Spiele. Stuttgart: Reclam

Thomas, Günter
1996 Medien – Ritual – Religion. Zur religiösen Funktion des
    Fernsehens. Frankfurt / M.: Suhrkamp

Ullrich, Wolfgang:
2003 Tiefer hängen! Über den Umgang mit der Kunst. 2. Aufl.
    Berlin: Wagenbach
2005 Was war Kunst? Biographien eines Begriffs. Frankfurt / M.:
    S. Fischer

Vattimo, Gianni
2003 The Metaphysics of Suffering. In: Journal of European Psycho-
    analysis, Number 16 – Winter – Spring 2003: 17 – 24

Verhaeghe, Paul
2009 Liebe in Zeiten der Einsamkeit. Drei Essays über Begehren
    und Trieb. 2. Aufl. Wien: Turia & Kant

Weber, Max
[1905] Die protestantische Ethik und der Geist des Kapitalismus.
    In: Ders., Gesammelte Aufsätze zur Religionssoziologie. Band I.
    Tübingen: Mohr, 1988: 1 – 206

Wilde, Oscar
1997 A Woman of No Importance. In: Collected Works of Oscar
    Wilde. The Plays, the Poems, the Stories and the Essays inclu-
    ding De Profundis. Hertfordshire: Wordsworth Editions, 1997:
    533 – 588

Wittgenstein, Ludwig
1980 Philosophische Untersuchungen. 2. Aufl. Frankfurt / M.: Suhr-
    kamp
1982 Über Gewißheit. Frankfurt / M.: Suhrkamp

1989 Bemerkungen über Frazers *Golden Bough*. In: L. Wittgenstein: Vortrag über Ethik und andere kleine Schriften. Hg. u. übers. v. J. Schulte. Frankfurt / M.: Suhrkamp, 1989: 29 – 46

Wüllenweber, Walter
2007 Voll Porno! In: Stern, 5. 2. 2007, siehe auch: http://www.stern. de/politik/deutschland/sexuelle-verwahrlosung-voll-porno-581936.html (Zugriff: 09. 10. 2010)

Zaunschirm, Thomas
1983 Bereites Mädchen Ready-Made. Klagenfurt: Ritter

Žižek, Slavoj
1986 b »… der Automat, der den Geist, ohne daß er es merkt, mit sich zieht«. In: Wo Es war 2 / 1986: 147 – 165
1989 The Sublime Object of Ideology. 6. Aufl. London / New York: Verso 1997
1991 Sade – die Wahrheit Kants? In: Gestalten der Autorität. Seminar der Laibacher Lacan-Schule. Wien: Hora-Verlag, 1991: 87 – 103
1991 a For they know not what they do. Enjoyment as a Political Factor. London / New York: Verso
1992 Psychoanalyse und deutscher Idealismus. In: Mesotes. Zeitschrift für philosophischen Ost-West-Dialog, 1 / 1992: 5 – 14
1993 Tarrying with the Negative. Durham: Duke Univ. Press
1995 Ideologie zwischen Fiktion und Phantasma. In: RISS, 10. Jg., Nr. 29 / 30, Feb. 1995: 131 – 149
1997 Die Pest der Phantasmen. Die Effizienz des Phantasmatischen in den neuen Medien. Wien: Passagen
1998 Gibt es ein perverses Genießen in der Politik? In: Jahrbuch für klinische Psychoanalyse 1: Perversion. Hg. v. A. Michels u. a. Tübingen: Ed. diskord: 268 – 283
1998 a Plädoyer für die ehrliche Lüge. In: Die Zeit, Nr. 42, 8. 10. 1998: 72
2000 Die Substitution zwischen Interaktivität und Interpassivität. In: Robert Pfaller (Hg.): Interpassivität. Studien über delegiertes Genießen. Wien / New York: Springer, 2000: 13 – 32
2001 Die gnadenlose Liebe. Frankfurt / M.: Suhrkamp

2001 a Die Tücke des Subjekts. Frankfurt / M.: Suhrkamp

2001 c Enjoy your Symptom! Jacques Lacan in Hollywood and out. London / New York: Routledge

2002 Die Revolution steht bevor. Dreizehn Versuche über Lenin. Frankfurt / M.: Suhrkamp

2003 »What Some Would Call ...«: A Response to Yannis Stavrokakis. In: Umbra. A Journal of the Unconscious, no. 1, 2003: Ignorance of the Law: 131 – 135

2004 Leidenschaft in Zeiten der Political Correctness. In: Der Standard, 13. 4. 2004, Album A4

2004 a »I am a Fighting Atheist: Interview with Slavoj Žižek«. Interview by Doug Henwood. Intro by Charlie Bertsch. In: Bad Subjects, Issue 59, February 2002 (http://eserver.org/bs/59/zizek. html)

[2004] Passion In The Era of Decaffeinated Belief: http://www.lacan. com/passion.htm (Zugriff: 13. 08. 2008)

[2004 a] A Cup of Decaf Reality. Online-document: http://www. lacan.com/zizek decaf.htm (Zugriff: 08. 09. 2006)

2006 Bluttrübe Zeiten. Die Antinomien der toleranten Vernunft und die Würde des Atheismus. In: Lettre International 73, Sommer 2006: 10 – 14 (vgl. http://www.lettre.de/archiv/73_zizek.html)

2007 Knight of the Living Dead. In: The New York Times, March 24, 2007 http://www.nytimes.com/2007/03/24/opinion/24zizek.html?

2009 First as Tragedy, then as Farce. London / New York: Verso

Zupančič, Alenka
2003 On Love as Comedy. In: Dies., The Shortest Shadow. Nietzsche's Philosophy of the Two. Cambridge / London: MIT press, 2003: 164 – 182

2008 The Odd One. In: On Comedy. Cambridge / London: MIT press

Stichwortverzeichnis

Robert Pfaller
Das schmutzige Heilige
und die reine Vernunft
Symptome der Gegenwartskultur

Band 17729

Elegante Gesten, bestechende Formen, Müßiggang, Anhänglichkeit an Rauchwaren, laszive Bitten um Feuer, unanständige Worte und Witze: das sind die alltäglichen Erscheinungsformen des »schmutzigen Heiligen«. Warum aber muss sich eine »reine Vernunft« heute so heftig gegen diese Dinge wehren, die vor wenigen Jahren noch als mondän empfunden wurden? Wie vernünftig ist eine Vernunft, die sich in ästhetischer Hinsicht um ihre Lust, und in politischer um ihre Beute bringt?

»Die Stärke von Robert Pfallers Studie ist es,
ein diffuses Lebensgefühl zu benennen und zu erklären.
[...] ein zeitgemäßes und wichtiges Statement.«
Paul-Philipp Hanske, Süddeutsche Zeitung

»geistreich scharf geschliffen«
Rainer Just, Die Presse

Fischer Taschenbuch Verlag

Robert Pfaller
Kurze Sätze über gutes Leben
Band 18917

Nach dem großen Erfolg von Robert Pfallers Studie »Wofür es sich zu leben lohnt« sind in dem vorliegenden Band alle Interviews in Originalfassung versammelt, die rund um die Themen dieses philosophischen Bestsellers kreisen: Genuss und Verbot, Rauchen und Neoliberalismus, Glück, Neid und – natürlich – die Liebe. Eine Vertiefung und Weiterentwicklung seiner Ideen, aber auch eine Einführung in Robert Pfallers Gedankenwelt.

»… liest sich ebenso amüsant wie
provokant und ist eine verständliche Einführung
in die Philosophie des Materialismus«
Emotion

»Lektüregenuss garantiert, bei leicht
lebensverändernder Wirkung. Hilft bei: Sinnsuche,
Melancholie, Lebenshunger.«
MDR FIGARO

»Es sind tatsächlich kurze Sätze, die eine Stärke
Pfallers bilden. Er ist ein guter Aphoristiker, und das ist oft
die Kunst, eine Wahrheit gelassen auszusprechen«
Franz Schuh, Die Zeit

Das gesamte Programm gibt es unter
www.fischerverlage.de

After you get what you want, you don't want it

Wunscherfüllung, Begehren und Genießen
Herausgegeben von Beate Hofstadler und Robert Pfaller

Band 03591

Robert Pfaller, Autor des Bestsellers »Wofür es sich zu leben lohnt«, hat mit Beate Hofstadler einen Band zur Ehrung des bekannten Wiener Psychoanalytikers August Ruhs herausgegeben.

Das Werk Sigmund Freuds wird zu Unrecht für abgeschlossen gehalten. In Wahrheit entstehen immer noch neue Erkenntnisschübe, Fragmente, Korrespondenzen und Paralipomena – von prominenten Helfern und Helferinnen aus den Gebieten: Action Painting, Verkehrswesen, Heilkunde, Metzgerei, Dämonologie, konzeptuelle Photographie, Tauschhandel, Hospitalität, Prosopopoia, Wunschmaschinenbau, Ekklesiastik, Maskerade, Montage, Anmaßung, Phrenologie, Geheimniskrämerei, Graphomanie, Genealogie, Fabulatorik, Blendwerkkonstruktion, Hamsterkunde und Zauberei.

Mit Beiträgen u. a. von Isolde Charim, Sibylle Lewitscharoff, Robert Pfaller, Christoph Ransmayr, Elisabeth Roudinesco, Edith Seifert, Walter Seitter und Slavoj Žižek.

Das gesamte Programm gibt es unter
www.fischerverlage.de

fi 03591 / 1

Martin Seel
111 Tugenden, 111 Laster
Eine philosophische Revue
288 Seiten. Gebunden

Wie schon Aristoteles wusste, sind Tugenden heikle Balan-
cen, die oft nur mit Mühe gehalten werden können. Aber
auch mit den Lastern verhält es sich nicht anders. Sie tragen
Energien in sich, die immer einmal wieder zum Guten aus-
schlagen können. Mit dieser Diagnose macht Martin Seel auf
eine erhellende und unterhaltende Weise ernst. Die vielen
Tugenden und ihre labile Einheit, so führt er vor, haben den
Sinn, das eigene Glück im Auge zu behalten, ohne das Wohl
der anderen aus dem Blick zu verlieren.

»111 vor Geist und Witz funkelnde Mini-Essays.«
Philosophie Magazin

»wohldurchdacht, elegant und unprätentiös.«
Frankfurter Allgemeine Zeitung

»Brillante Kurzessays präsentieren ein Panorama unserer
moralischen Grundlagen – und plötzlich erstrahlt die gute
alte Tugendlehre in hochaktuellem Glanz.«
Die ZEIT

S. Fischer